楊踐形著作集

卷四

卷四目録

論文

詩歌

附録一

附録二

附録三

靈學叢誌出版頌詞 並序

楊璿 瑞麟

歲丁巳中秋後。璿因研究精神學術。旅寓滬上。旬有五日。適盛德壇創立。奉家君命。每夕在壇扶鸞。藉以考驗鬼神之眞理。闡究造化之玄妙。仰承　濟祖師宣示鬼神論。洩造物之機。露化工之奧。於此可見監臨在上。如在左右之語。爲不虛矣。璿自顧猥以菲才。任壇正之職。竊冀天誘我衷。神啟其靈。或有藉於神道設教。以覺世牖民。此璿之微意。亦同壇諸君子之闕願也。迺於十月十一日。會三十六天　聖賢仙佛神祇。同涖本壇。題名者百八十人。推定　孟聖主壇。　莊墨二賢爲之輔。並置四秉十六司。以贊揚宣化。頒定壇規科則。俾恪知遵守。神示諄諄。至矣。偉矣。更命組織學會。徵集有志會員。研究靈學。即就乩壇所錄。月刊叢誌一冊。以餉同好之士。尤足以見神明。教誨之殷。而慈願慧力。益覺高厚罔極。肫仁彌涯矣。此固神靈之指示迷津。啟誘覺路。亦在壇諸君子之至誠。瀰積善氣。充周有以感格冥漠。而逕神庥者也。璿雖不敏。逆知叢誌出版後。定當風行一世。或者藉以挽已泯之天理。救方溺之人心。亦未可知耳。爰爲之頌曰。

於維神聖。道貫古今。啟誘後覺。德澤隆新。憫茲俗士。載浮載沈。罔知趨避。如索遺簪。赫然

頌詞　二

來降惠我蒼黔。飛鸞顯化。示我規箴，皇皇訓典。穆穆淵深。昌明學術、消散陰霓。靈學成編。醍醐甘霖。乃啟乃沃。維繫人心。無疆盛業。惟神德歆。恭獻頌詞。敬申悃忱。

盛德壇頌詞

吳有倫　鏡淵

於維壇墠。聖敎是崇。羣仙畢集。西哲亦東。質疑問難。有感斯通。闡幽顯微。委竟源窮。飛砂走筆。發聵振聾。牖民覺世。力挽澆風。無相有相。非空卽空。神兮感格。德媲玄穹。

盛德壇頌詞

楊光熙　字青

皇皇穆穆。維聖維神。通天達地。識貫古今。學無不備。法無不精。類分科別。敎立四乘。窮源竟委。釋解迷津。臨壇宣化。道德爲本。誠能感格。如響斯應。走鸞飛沙。於斯爲盛。

盛德壇頌詞

屠伯常

國所與立。在大夫士。世衰道微。人心皆死。惟神降靈。憫愚儆狂。沙飛丹篆。夢醒黃粱。幽明殊途。其道一致。盛德大業。永垂千禩。

第一卷 第一期

扶乩學說

無錫楊 璿瑞麟著

第一章 自述

第一節 乩壇之經歷

當有清光緒季年。家伯與家君奉先祖命。設立乩壇。名迓仙社。就吾族義莊內花廳後軒爲壇址。人音寂靜。屋宇幽敞。庭前假山玲瓏。池水清澄。夏日竹影遮陽。涼風拂暑。冬令燭光映雪。早梅送香。洵合爲仙靈駐降之所。時有號草木老人者。常降壇。據老人自述。姓歐陽。仕漢。征夷有功。未封。沒後修練爲鬼仙。愛此地靜僻。而假寓焉。故迓仙社之乩諭。以老人之詩歌爲多。迨宣統二年八月。先祖母棄養。先祖悼於喪偶。常假扶乩問答。以遞人鬼之音。而通陰陽之隔。遷壇於住宅內西側廂之臥雲軒碧紗廚中。名其壇曰碧雲。有所訊問。便於開乩。而命璿執乩務。先祖立其旁。囑視沙盤。筆錄乩字。每藉是以爲消遣。宣統三年冬。先祖卽世。壇遂中止。既而余教弟習扶乩。更遷壇於東牆門內進聽月軒之思棠室。室有小庭。多栽秋海棠。爲先祖時遺物也。壇遷於冬至後一日。故更其名爲照復壇云。未數年。余任市立學校校長之職。無暇再事乩務。壇遂告終。丙辰秋。余因研究精神哲學靈魂原理。而旁及催眠通腦諸術。見有所謂奇妙之神秘作用。不可思議之現象者。尋繹其道。則與六通三昧相出入。而五蘊八識。轉不免焉。蓋非上乘之義也。然有是理。必有是象。有是體。必有是用。推原其故。不外艮咸之術。寂感之理而已。默識心通者。可坐而致也。至我聖賢經傳。仙佛典乘。其理完。其象備。其體弘。其用廣。其相偉。其功普。其神化。其智圓。以視催眠等術。糞土焉耳。草芥焉耳。行千里者。百步爲近。登泰巓者。諸嶽在下。吾行吾固有之道術。則方術莫能外也。於是舊念重整。乩思復集。開東閣之門庭。倚南窗爲壇墠。每夕約友數人扶乩。其中怡然自得。夜深方罷。此丁巳正月間事也。

嘗招三五童子。相與爲降神之戲。每至靈通感應之際。恍惚徜徉。若與神接。而預言如嚮。事後多應。余驚其神而奇其靈。因稱謂玄機壇云。

暑假歸後。復與余弟稍續爲之。以消長夏。一夕。余叩精神靈魂之學。研究有成否。乩仙判詩一絕。但憶次句爲羨君有志作中流。末句爲二月春分八月秋。當時觀者。僉謂今歲八月發軔。來年二月當有成云。

中秋前三日。余偕弟同赴上海。侍家君在中華書局事務所。偶與俞仲還、陸伯鴻、陳協恭諸君。談及扶乩之靈。陳君頗爲驚異。亟欲一睹斯術。以驗其奇。遂約家君同至濟生壇參觀。適值停乩之期。遂與家君議立新壇。八月十八日。在上海交通路通裕里屋內始開乩。家君命余主持乩務。此盛德壇創立之始也。越旬日。余與弟同旋里。壇中屢促來滬。十月朔二日。余辭教職。復至盛德壇任乩務。即蒙乩諭指令編纂靈學叢誌。每月刊行一冊。後以他務未遑就緒。是月下旬乩諭諸聖仙佛、均往柏林巡視。命暫輟乩務。余因返錫歸省。十一月望。復赴滬。時壇址已遷山東路書業商會三層樓上。地僻人靜。頗宜仙靈寄迹。余居其中。晝則讀書修養。夜則開乩扶鸞。俗務不紛。塵囂絕少。境何寂。心何和也。近奉乩諭。命撰扶乩學說。顧不獲辭。願與同志共研究之。

第二節　研究之心得

余研究扶乩之學。前後凡十六年。可分三期。一羨慕期。此期雖有志研究。而未獲償研究之願者也。二研究期此期已能從事研究而未窺其堂奧也。三自得期。此期自設乩壇。確有把握而扶乩之理。少得其奥矣。分述如左。

第一　羨慕期

余十二歲時。家君在越。每將乩錄寄呈先祖。爲助談之資。余夜侍時。先祖出乩錄詔余曰。此汝父寄歸壇諭。中多仙佛警世之語。堪爲自勵者。既而特揭一頁。怡然微笑。指余曰。此濟祖所降諭。道我一門宿因。既詳且盡。爾亦在其中。頗蒙稱許。好自勉之。余謹受而讀之。少選。又謂余曰。扶乩之事。修心匡世。寓教化於懲勸之中。雖愚夫愚婦可以與知焉。汝年尙幼。不能知也。自是之後。余遂生羨慕之念。急欲解釋其故。而苦乏相當之機會耳。

第二　研究期

歲辛亥。余就江陂敎席。離家近。朝夕往返甚便。祖母棄養。先祖獨居書齋。夜深方歸寢。余每自校中散課回家。常侍先祖旁。尋繹趣聞故事。先祖固深信扶乩者。然未嘗親扶。家君自浙偶歸。亦不久留。因命余隨家伯同司乩務。一夕福德尊神臨壇降諭。謂今夜門戶宜謹愼云云。當時觀者均色然。遂停乩務。命諸傭僕分搜諸室。以索異徵。諸伯叔各就近監視。余隨家君秉燭詣東廂聽月軒一帶巡視。至一處。家君陡然發聲。燭光驟滅。出火柴燃燈。則一人跪地乞恕。遂憫而釋之。此事發生後。余於研究扶乩之理。益懇切矣。

第三　自得期

余研究扶乩既久。漸覺靈明透徹。慧光流露。亦不知何由而然。或於夢中得之。或於乩上遇之。或於瞥然一瞬之間悟之。事後追溯。則如捕無影之風。恍惚不可名象。將毋天誘其衷。神啟其靈歟。抑感有所觸。智有所會。而心有所悟歟。是皆不可知也。

自余設立照復壇以來。所降臨者。多屬聖賢仙佛神祇。狐鬼之靈。未有上乩者。蓋余不敢以一毫游戲視乩務。其或誠意所感。神其來格歟。顧念外間普通乩壇。多半遊仙作戲。非醫疾病。卽卜休咎。從未有以乩爲師。而講求學理。傳授心術者。有之。自今盛德壇始。余旣欽佩同壇諸君子之熱誠感格。而又竊以自幸研究斯術之有進也。

近日玉鼎孚陽兩眞人臨壇降諭。略謂余數生前姓賈。出家剃度。與濟祖同爲遠師弟子。法名道濬。後轉世爲莫氏。獨隱山中。與虎同居。呂祖授以馴制之術。並錫法號曰道源。按儒者每諱言輪迴。不信轉世之說。以今兩眞人所示証之。是耶非耶。神明在上照臨於下。

其不我欺乎。余研究扶乩之學。今固深信不疑矣。不揣愚陋。謹遵神示。將歷來研究有得者列述於後。一孔之見矛盾之處。倘祈於斯道有得者匡而正之是幸

第二章　歷史

第一節　乩理起原

欲明乩理之起原。須先明乩字之義。卜以問疑謂之乩。其最古之義。見於書經洪範。曰七稽疑稽疑卽乩疑。乩與稽本同字。乩从卜者。以火灼龜而取其坼兆之象也。从口者。所以問說禱時詳述原委。敢告神明。而後神示之以繇也。从乙者。神靈既降。則休徵咎徵各有攸分。而以兆示之。「乚」卽象兆之形也。故兆字古亦作「兆」。傳曰。卜以決疑。決疑卽洪範稽疑之意。中庸亦曰、質諸鬼神而無疑。蓋心有未安。不敢自專。靜俟神靈啟瀹。使事先無昧理之動。則事後無覆轍之悔。傳曰。三人占。從二人。衆故也。又曰。筮短龜長。不如從長。蓋從衆則理備。從長則計遠。原始要終。慎終圖始。發軔之初。毫釐千里。顧可忽哉。古人敬惕如此。是以無事不卜。無時不卜。非以邀福。亦以戒慎而已。十手所指。十目所視。洋洋在上。昭昭在旁。屋漏衾影。朝夤夕惕。曾子有三省之文。楊氏垂四

知之戒。此乃眞知所謂卜者也。若夫問災問福。指禨指祥。卜世卜年。千名干利。事預前定。言稱先知。或奇管輅之術。或驚鬼谷之神。是則卜之淺者矣。夫事在人修。咎由自取。橫逆之來。貴乎自反。苟不愧不怍。理愜於心。矣而天命靡常。人事多違。以此不釋於懷。所謂疑也。古之人灼龜以卜。蓍象於坼兆。以顯其徵而露其機。若者休徵。若者咎徵。是雖不能明示文字以通其意。而亦可略藉符號以著其象。此卽乩理之起源。而有緒可尋者也。

第二節　沿革變遷

龜卜之法。既如上述。爲扶乩最古之理。研究扶乩之術者。不可不知也。其後周穆王時。有西域異人。獻傀儡。善爲俳優之戲。鼓舞跳躍。宛如生人。王觀其術。矚目久之。竟忘其爲幻術矣。未幾。傀儡頻運其睛。熟視王之左右妃嬪。王怒甚。命侍者執之。斷其手。既而悟爲傀儡。悔甚。環顧左右。無有能爲續之者。遂藏其斷手。王日夜視之。久則其手蠕蠕然動。王命人挾之。竟能指畫。訊諸宮中事。則皆中。王奇之。名曰神手。此卽乩具之作俑也。然當時徒視爲戲玩之具而已。未嘗用以卜疑也。

漢武帝追念李夫人不已。有齊人李少翁者。自云能致其神。命夜張帳。置酒食。令帝居他帳遙望見如李夫人容貌。帝欲就近。少翁止之。帝爲作詩曰。是耶非耶。立而望之。翩何珊珊其來遲。一說。暗海有潛英之石。其色青。輕如毛羽。寒甚則石溫。暑甚則石冷。刻爲人像。神悟無異眞人。方士李少君致其石。刻作李夫人形。置輕紗幙內。令帝望之。宛如生人。旣而遣去。帝心依依。不忍舍釋。遂供其像於宮中。早夕頻禱。使宮女扶之。每能動作字畫形。此卽扶鸞之肇祖矣。

唐玄宗日夜思念楊太眞。神形憔悴。有道士房舟自蜀來。出袖中筆。索細黃絹。誦咒呵筆。畫符形。令帝齋戒藏之。凝神定慮。日夜念其平日事。三晝夜不懈。道士啟畫示帝。畢肖太眞貌。更命具五色沙壇供之。選十五六齡端慧女子二十四人。齊聲歌子建步虛詞。更研五色衡極石爲細末。和諸藥作燭。披五色衣。謂之還魂燭。夜深。令帝一人入內。反扃之。見太眞涕泣。訴其背誓。帝亦悔泣。綢繆有逾平日。天曉。道士啟戶入。遂不見。事見瑯嬛記嗣後供諸壇中。每感禱之。輒有指示。此卽設壇請神之儀式也。長恨歌敘與此說異。情天寶鑑作道士楊通幽云。

世俗有稱請紫姑仙者。相傳始於唐時。每於歲之正月。集未笄女子或稚兒戲爲之。其法以簪插箕。或以筯插籮。使兩人扶之。至門角或豬闌邊。口誦極鄙俚之術語。以召之。紫姑臨於其上。則箕若籮能轉動。或問蠶禾豐歉。輒有應驗。若桌上布灰或鋪米。則簪筯能劃字畫形。其中謂之卜紫姑。亦稱迎紫姑。類多閨閣婦稚爲之。有識者似不屑研究也。然扶乩之原由。卽基於此。故曲園雜纂謂扶乩二字、當作扶箕云者。蓋指此也。然其形不一。其法各異。難以一例概之。其用箕者謂之扶箕。固當。其不用箕者謂之扶乩。則名實較稱。所以合於洪範之理也。更有稱扶鸞者。則取象於輿矣。竊謂以扶箕爲扶乩之原則可。指扶乩卽當作扶箕則不可也。

後世扶乩之法。先焚香祝咒。化符誦經。靜候有頃。乩漸有兆。應乩自動。則所請者已降。亦猶請紫姑之先有一種儀式也。扶乩雖童子或不識字者。苟宿有道緣。或素具虔誠之心。往往應驗。蓋神既感通。便能來格。與請紫姑仙之純由婦稚者。理本一貫。惟其事程較高尚。則方法亦較煩難耳。苟能得神降臨。雖五尺之童。亦可扶焉。人有請仙而不驗者。非神之不降也。己之誠不足以感格也。降仙之術。法亦多端。要本於一誠而已。誠苟不立。徒事儀式。未見其可也。坊間所售通天秘書、萬法歸宗、幻術彙編、諸書。所載異法甚多。非詡於怪誕。則失之纖巧。類皆舍本務末。徒事儀式。不足以資研究之實者也。

第三節　旁通諸法

扶乩之術。起原於迎紫姑之法。旣如前述。此外旁通附屬類似諸法。亦復不少。更略叙之。俗有所謂請厤姑仙者。其儀式略如迎紫姑。間能賦詩題畫。又有請門臼姑娘及請竹籃神者。皆紫姑之俗稱而同類者也。

以上諸法。大都家居之暇。婦稚之流。發於好奇之心。藉以爲遊戲者耳。然其靈異顯著。恆使觀者咋舌。故與扶乩之理。實相貫通者也。扶乩之術。盛於中國者固已如此。以今考之。外國亦有流行之者。蓋理之在人。本無古今之異。中外之隔。惟其用法與儀式。自有不能盡同者耳。

西歷一千八百五十二年。美國婦女有希的温夫人與巴羅夫人二名。同在英京倫敦。試驗搖桌之術。能由搖桌以預言未來之事。令求卜者以指按有字之紙片上。循序點之。術者則靜坐其旁。寂思默念。以感通神靈。突於無意中。輒加暗號於桌上。或打桌。或推桌。或抽桌。動作多端。以爲標識。其事播揚至遠。及於法國巴黎。喧傳一時。遂引起學人研究云。

（未完）

八大人覺經箋註序

吳敬恒 稚暉

吾友丁先生仲祜自少卽具度世苦厄之婆心。故於躭悅經史詞章之餘。窮研醫理實際救人之患苦者已二十年。顧雖每日求施治者衆多。先生得暇卽讀書。精篤特至。於學多所通。通必造其深。其著述若醫書、若詞章算術書。已刊行者雖極精博。尙僅所學之一斑。最近由文章之深妙。廣徵於哲理。由哲理之會通。潛心於內典。先生乃恍然曰、戔戔已人之疾苦。猶爲末施。而惟能澈悟人之迷妄。斯云大慧。今之同胞衆生。顚倒於四魔五欲。攪亂世常。卽自身亦同陷苦惱。藥之者其惟佛說歟。然三藏奧典。其蘊深秘。向日衲氏箋疏。務暢玄論。不重訓解。所以詞理鮮通。難達經旨。先生乃發願以中土詩書箋詁之法。施於梵經。並欲就漢魏古譯。先加釋註。重初源也。今註八大人覺經一卷已成。殆爲先生度世之第一法身船誰歟。能先至涅槃岸。余姑序於其首。而與同胞之撞擾苦海者一商榷也。

民國七年一月六日序

紫姑考

楊璿 瑞麟

顯異錄曰。紫姑萊陽人。姓何。名眉。字麗卿。壽陽李景之妾。景妻妬。正月十五日殺姑於厠

雜纂 紫姑考

中。天帝憫之。命爲厠神。俗呼三姑。(吳俗稱謂坑三姑娘)今人於是日呼其名而請之。以問一年蠶禾之事。又異苑云。世有紫姑神。相傳是大家妾。爲大婦所嫉。每以穢事相次役。正月十五日。感憤而死。故世人以其日作其形。夜於厠間或豬欄邊迎之。祝曰。子胥不在。曹姑亦歸。小姑可出。子胥其婿名。曹卽大婦也。戲投者覺重。便是神來。奠設酒果。亦覺貌輝輝有色。卽跳躞不止。能占衆事。卜行年蠶桑。遊宦紀聞云。少小時嘗見親朋間有請紫姑仙。以筯插筲箕。布灰桌上畫之。有能作詩詞者。初間必先書姓名。皆近世文人。能作詩賦時論記跋之類。往往敏而工。又夢溪筆談云。近歲迎紫姑者極多。大率多能文章歌詩。有極工者。予屢見之。多自稱蓬萊謫仙。醫卜無所不能。棋與國手爲敵。談苑稱金陵夏氏能致紫姑神。神能屬文。其書畫似唐人。應對機捷。彥周詩話亦謂請紫姑神。太抵能作詩。頃刻滿紙云云。仇池筆記又謂有神仙降。自言女仙。賦詩立成。有超逸絕塵語。或以其托於箕帚。如世所謂紫姑神者疑之。然味其言。非紫姑所能至。又睽車志云。岳侯死後。臨安雨溪寨軍將子弟因請紫姑。而岳侯降之。大書其名云云。此當爲忠義騷墨之神。鬼藉迎紫姑之游戲。憑箕顯靈。托跡以寫其素衷也。

講　演

先後天卦象之旨趣（錄尙賢堂紀事）　楊踐形

吾國自維新以來。學界多注重科學。對於舊有經書。多擱置不觀。於易理尤少研究。三月二十五日、上海尙賢堂開教務聯合會。特請楊踐形先生講演此篇。精闡易理。演講透闢。且言易義包涵各教眞理。深可印證。聞者均表滿意。茲將演詞錄後

第一節　卦畫爲文化之原　易學始自伏羲之畫卦象。實爲中國最古之經書。祖龍一炬。諸經悉遭巨厄。惟用易以卜筮之書、得存。故免而獨全。然則易經一書雖謂在中國諸經籍中爲最完善最信實之本也可。而易理所含廣大精微。義無不備。關於宇宙觀、人生觀、進化論、知識論、教育哲理、政治哲理、宗教哲理等古說。尤覺簡賅靡盡。觀其象而玩其辭。可以修身。可以處世。可以進學。可以稽古。洵中國自有文化以來最古之國粹也。研究哲學史者。分全世界爲東西兩大支。東支中震旦一系。自彙

講演　先後天卦象之旨趣

攝印度一系。後勢更雄厚。說愈圓滿。而溯其發源所自。則實肇於遂古羲皇之一畫開天也。羲皇仰則觀象於天。俯則觀法於地。觀鳥獸之文與地之宜。近取諸身。遠取諸物。於是始畫八卦。以通神明之德。以類萬物之情。作易以垂教後世。其圖象則有如宋儒所命為先天八卦方位。以乾坤坎離為四正。震巽艮兌為四維者是也。

第二節述易含三義。嘗考鄭康成作易贊及易論云。易一名而含三義。易簡、一也。變易、二也。不易、三也。崔觀劉貞簡等並用此義云。易者謂生生之德。有簡易之義。不易者言天地定位。不可相易。變易者謂生生之道。變而相續。周簡子云。不易者常體之名。變易者相變之義。愚按易簡者、乾坤之元德。不易者天地之常體。變易者造化之效用也。常體者即卦象之謂。效用者即爻變之理。今日所講。即依常體以致效用之方也。今先就常體言之。

第三節釋先天卦位之定象　易曰。天尊地卑。乾坤定矣。乾鑿度曰。乾坤相具並生。天地既分。乾升坤降。是太極既生兩儀。陽氣輕清者、上升為天。故曰尊。陰氣重濁者、下降為地。故曰卑。易曰。日月運行。一寒一暑。王夫之周易稗疏指以為坎離。蓋日月往來。寒暑相推。日東升。月西沉。懸象著明。莫大乎日月也。故天地定位。乾坤辨上下之分。日月運行。坎離列東西之門。吳澄曰。左方起震而次以離。鼓之以雷霆也。右方起巽而次以坎。潤之以風雨也。離爲日。坎爲月。艮山在西方嚴凝之方。爲寒。兌澤在東南濕熱之方。爲暑。左離次以震者。日之運行而爲暑也。右坎次以艮者。月之運行而爲寒也。韡園易話云。雷出地以行天。風起天而行地。山根地而上峙。澤從天而下降。故先天之象。天在上。地在下。則乾坤定位矣。日東升。月西沉。則坎離對望矣。兌巽二卦、在圖之上半而屬天。則風雨日天也。艮震二卦、在圖之下半而屬地。則山雷出地也。是爲易之常體。儼然一宇宙之現象也。蓋乾以純陽位正南。坤以純陰位正北。乾坤交而男女生。離爲日象。位東而得坤正性。故中虛。坎爲月象、位西而得乾正性、故中滿。四正既定。而後乾初變成巽。故巽居乾左。再變成艮。故艮居坎左。三變成坤。此陰儀居圖象之右也。坤初變成震。故震居坤左。再變成兌。故兌居離左。三變成乾。此陽儀居圖象之左也。震一陽進息爲離兌二陽。而離中虛。此陽儀中有陰也。巽一陰、退消爲坎。艮二陰。而坎中滿。此陰儀中有陽也。是故八卦之總象。可以合成一個

講演　先後天卦象之旨趣

古太極圖也。即所謂先天卦位而已。

第四節證明先天卦位不自宋始　維先天之說、歷來崇斥互競。是非難審。漢宋之爭。實以此爲焦點。自朱子以河圖洛書、及先天卦位圓方各圖、並於周子之首。本邵子之說。開宋學之端。遂爲後世言漢學者所抨擊。然豈知趙宋以前。雖未有先天之圖。而乾坤坎離震巽艮兌之卦位。固早已散見於漢人之易注。荀爽之升降。虞翻之納甲。細按之、殆無不與先天之方位相合。即以經文上下之篇論之。上經首乾坤、終坎離。非即先天位象四正之卦乎。下經首上兌下艮之咸。上震下巽之恒。非即先天位象四隅之卦乎。至孔子說卦傳之論先天象者。有如曰雷以動之。風以散之。雨以潤之。日以晅之。艮以止之。兌以說之。乾以君之。坤以藏之。又曰天地定位。山澤通氣。雷風相薄。水火不相射。則兩兩對舉。指陳先天卦位。更明白曉暢而無餘疑矣。祇以唐宋以前。易家之傳授。均未重視圖象。至邵康節始悟其妙。特爲指出。曰此伏羲八卦方位。乾南坤北。離東坎西。兌居東南。震居東北。巽居西南。艮居西北。自震至乾爲順。自巽至坤爲逆。所謂先天之學也。以上所說。僅就其象耳。更以數言之。則乾一、兌

二、離三、震四、巽五、坎六、艮七、坤八。天地定位、一與八錯也。山澤通氣、二與七錯也。雷風相薄、四與五錯也。水火不相射、三與六錯也。其合數也皆乾元陽九。此其數之妙者也。又更以五行之理言之。則先天象五行、分爲五層。土最重濁、故坤艮在下。金氣輕清、故乾兌居上。天地之中、植物最蕃。而介乎兩間、巽震是也。水性潤下、坎故近地。火勢炎上、離故近天。此一定之象也。水行地底。日麗中天。亦潤下之炎上之。故土金最爲中和。故火金之交有☷土。水火之間有艮土也。又更以五行之氣言之。朱子謂先天象具五行相克之序。即火克金、金克木、木克土、土克水、水又克火。而植物間之。亦微茫也。關於先天象之解說。略備於此矣。

講演

楊踐形

先後天卦象之旨趣

續前期　錄尚賢堂記事

第五節證明先天圖象之得成立　昔許慎論易字之義云、秘書日月爲易象陰陽也。所謂秘書者、當時必有傳本。許慎與魏伯陽同時。決非指參同契也。杜氏春秋左氏傳集解後序、曰汲郡有發舊冢者。大得古書周易上下篇、與今本同。別有陰陽說。而無彖象文言繫辭。疑於時仲尼造之於魯。尚未播之遠國也。由是觀之。上下二篇外。必尚有類於圖書之簡篇。漢時猶有流傳。或稱爲秘書。亦未可知。朱子所謂先天各圖。決非後人所能僞造。必當初有所本。後來散逸。流入道家。至希夷傳出。得復還儒家之舊云云。殊非無所見而云然也。若漢學家必謂經傳無乾南坤北離東坎西、之明文。以斷定先天卦位之未能成立。則又有說可證焉。夫先王制禮、推本於易。固漢學家所公認也。乾天坤地離日坎月、亦漢學家所公認也。禮記祭義篇曰、祀天南郊。祭地北郊。朝日東門。夕月西門。明是乾南坤北離東坎西之理。儼然一先天卦位象也。豈亦帝出於震一章之方位所能推其誼耶。依是論之。當知先天八卦方位、確有是象。宋以後雖加以羲圖先天之名。而宋之前則無非此先天之象也。且以予個人之私臆言之。與其謂之先天卦位。無寧謂之天地之定象。即天地之立體也。

第六節有先天即有後天之可變　體立、然後用行。有不易之定象、然後有變易之化運。先天既爲定象、爲立體、必更有爲化運、爲致用之後天。與之同緣互存。此其寂然不動、天且不違之時。常無觀妙。中而未發。如如之性。刹那無量。此太極之藏諸體也。及其刹那變現。恒續隨轉。發而中節。常有觀竅之際。太極已顯諸用。則奉行天時、感而遂通矣。故先天即後天之未發。後天即先天之已現。有顯藏之異。而無先後之殊。若執先天是一象、後天又是一象。則天地造化非一貫、非不二矣。

唐孔穎達易疏曰、天地不交。水火異處。則庶類無生成之用。品物無變化之理。故云天地定位而合德。山澤異體而通氣。雷風各動而相薄。水火不相入而相資。八卦之用。變化如此。豈非先天可變後天。後天變自先天耶。豈非體外無用、離用無體、先天外無後天、後天不離先天耶。

第八節先天後天八卦交變圖象　夫先天後天關係甚大。不明先天後天交變之義。則無以明八卦變化之由。不明八卦變化之由則無以知六十四卦變化之序。與重卦名義。及各卦爻位。當名辨物之妙。此鄙人所以玩索先天後天八卦交變之微旨、而精擘宋易系統各家之傳注專集外。兼參考唐鼎祚周易集解、宋朱震漢上易傳、明來知德易集注、付楷周易訂詁、清惠棟易漢學周易述、張惠言鄭荀易義虞易義、毛奇齡仲氏易、姚配中姚氏易、焦循易通釋、紀大奎易問、與觀易外編、端木國瑚周易指等言象之書。晉王弼易說及略例、宋程子易傳、清任啟運周易洗心等言理之書。乾坤鑿度易緯類、漢焦贛易林、京房易傳等言術之書。宋丁易東數衍、清江永河洛精蘊等言數之書。旁及揚雄太玄經、關郎洞極經、司馬溫公潛虛數、邵康皇極經世、蔡九峯洪範數等易學外支。自周卜商僞傳、以迄最近年來日本高島氏易斷。博採三百數十家之學說。酌取八十餘種易象圖釋。參互覈訂。錯綜盡變而創製此先天後天八卦交變圖象一具。外形宛似車輪。環以輪緣。內分八觚。即八卦方位是。中心有一大圓形切之、此其表面也。其裏面則依先天後天八卦交變之理、由及方

講演　先天後天八卦交變圖象

法。製就樞機。應用之時。祇須按其當然之途徑。一轉移間、可以瞬息萬變。而以之證明從先天可以變成後天之理。尤爲易簡。故易含三義。而易簡居首。惟此圖足以象之。當先天卦位之未動。固所謂不易也。及定象已爲化運。立體竟然致用。則又所謂變易也。故先天圖象、一交變而三義備焉。此聖人有以見天下之動而觀其會通也。按世之言哲學者。有謂宇宙之恒續唯動。時空之存在唯數。故依數爲動。倚動成數。勢如是也。易涵象義。固已經歷來治易者之所公認。而易顯動用。僅爲安排式交變卦變而已。至於攬易象之全體。成擬議於變化。蓋未之前聞也。余在辛亥暮春、夢謁羲皇於宛丘。覺而大有所悟。遂得易象全體之妙用。而後知吉凶悔吝生乎動之旨。維其議之而後動。故言天下之至動、而不可亂也。安危窮通。在此一動之頃。先天動而爲後天。後天不更動而爲非後天。故天下之動貞夫一者也、是其所動也。非偶然、非安排。有天定之秩序。有必然之趨勢。所謂安其身而後動也。所謂待時而動。見幾而作也。若不然。先天可任意以變後天。後天何不可任意以變非後天耶。先天可以變一後天。又何不可變多數後天耶。何以先天象祇許變此後天象。而未許變別一後天象耶。何以證知後天象之來自此先天象而不可來自別一先象耶何以證知天先後天兩象之唯一無二、而由唯此一先天象必變爲唯此一後天象耶。此則鄙人先天後天八卦交變圖象之所由創製也。其理由與方法、均詳備於拙著易象一貫。及易學叢書第三十六種交變原旨兩書中。

講演　先天後天八卦交變圖象

講演

說易理

八月二十六日講於上海尙賢堂

楊踐形

易爲上古哲學之書。以通神明之德。以類萬物之情。自伏羲畫卦垂象。肇建人極以來。連山歸藏。代有著述。至文王繫卦辭。而周易之名始立。桓譚新論云。夏易詳而殷易簡。蓋皆未適其中也。孔子贊易。獨用周易。於是二易寖微。而周易之書獨傳。周易曷爲謂周易耶。易而繫之周者。蓋有二誼。一曰代名。鄭康成易贊及易論云。夏曰連山。殷曰歸藏。周曰周易。是以揭爲代名也。孔穎達正義曰。周易稱周。取岐陽地名。是也。二曰普誼。鄭君又謂易道周普。無所不備。故曰周易。是易之名寓誼。取溥普廣衍。範圍曲成。孟子有云。萬物皆備於我是也。易者略函數誼。曰不易。所謂乾坤定位。動靜有常是也。曰簡易。所謂乾以易知。坤以簡能是也。曰變易。謂陽變陰。陰變陽也。曰交易。謂陰交乎陽。陽交乎陰也。曰反易。謂相其順逆。審其向背。而反見之也。曰對易。謂比其陰陽。絜其剛柔。而對觀之也。曰移易。謂審其分聚。計其往來。而推移而上下

講演　乾易增

之也。而要皆蘊於身心。發爲事業。雜物撰德。擬言議行。所以導人寡過而日新也。

昔者孔子誠發弘道之願。廣開進德之門。振木鐸以金聲範人心於天則。而傳贊周易。序繫卦象。發憤之勤。至於韋編三絕。鐵撾三折。是以通於天人之故。達於性命之理。知周萬物。道備一身。致中和。而位天地。參化育。行之於事。則可展爲經綸。縱之於書。則日發爲文章。顏子所謂夫子之道至大。史遷所謂夫子可謂至聖。孟子所謂未有盛於夫子者。蓋皆孔子博學於文。好古敏求。集羣聖之大成。傳斯文之道統。而作十翼。以發後世之功也。詩書刪自宣尼。春秋例自魯史。皆所謂述而不作者是也。至論語則門弟子記之。又非孔子之所手編也。是故孔子之道德文章。播於天下。以詔萬世者。唯此十翼之傳已爲耳。十翼以外。而欲上窺我孔子之質相。以求聖訓之所垂。法範之所存者。蓋未之可得也。夫天生孔子。爲生民以來未有之至聖。而聖傳十翼。尤爲孔子畢生學問之精髓。然則後之學者。苟不景仰孔子。不思門進於聖人之域則已。如欲追溯孔子之遺文。而服膺孔子之至道者。舍十翼其復何求。此聖人終日乾乾。夙夜匪懈。研究周易。以求天下之理。居則觀其象而玩其辭。動則觀其變而

二

靜

玩其占。庶乎言有物而行有恆。可以合乎君子之樞機。其始也、言必信而行必果。其終也、言寡尤而行寡悔。其終也、言中倫而行中理。而推其至也。則言而民莫不信。行而民莫不悅。斯可以言而世為天下則。行而世為天下法矣。其研究周易之功歟。

禮記經解篇。記孔子之言易教曰。絜靜精微而不賊。則深於易者也。夫絜者。小人勿用。而賢人以此齋戒。小人革面而聖人以此洗心。靜者以言乎遠則靜而正。是立其所。在止於至善。知止而后有定。定而后能靜。靜者此正靜之方也。靜而后能安。安而后能慮。慮而后能得。得者此則靜之效也。故其靜之極而至於動也。感而遂通天下之故。

微

精者。剛健中正純粹精也。君子將有為也。將有行也。問焉而以言。其受命也如響。无有遠近幽深。遂知來物。非天下之至精。其孰能與於此。微者。放之則彌六合。卷之則退藏於密。百姓日用而不知也。能說諸心。能研諸慮。則因時之宜。知幾其神。言行之發。而不畏遠。慮不亦微乎。賊者。傳曰。毀則為賊。夫民有常則。以賊曰失。勸善而懲惡。悔過以齊賢。道之以德而納民於軌物。教之以敬而安民於義理。故曰。人之秉彝如見過德悅元用九乃見天則。君子大慢合義期。為其不賊。求遂已之大欲。而皆天下

講演 說易理　四

以正。禍則孔子所謂棄民。而孟子所謂食人者。匪服上刑。奚定民志。斯正賊之尤者也。夫人同此心。心同此理。何以竟有好惡拂人之性。壞措乖人之情。而私心日錮。人言莫恤者。豈非易道之不明不行。有以致此。是以學人之於易也。極深而研幾。率辭而揆方。上以體天地之撰。下以明失得之報。其出入以度。外內使知懼。尤有師保。如臨父母。辨是與非。其要无咎。是故言出乎身。加乎民。行發乎邇。見乎遠。變而通之以盡利。化而裁之以盡神。推而行之天下之物。以觀其會通．舉而措之天下之民．以成其事業。凡此皆有得夫易致深靜精微之旨。而不致於自賊以賊人也。非深於易者。其孰能於與此。

人爲乎生。寘天地之中以生．人形爲乎成。本氣氣之化以成形．夫乾生坤育．各正性命。在天成象。在地成形。形而上者謂之道。形而下者謂之器。形於兩氣之間者。林總享毒。謂之群生。萬物負陰而抱陽。冲和氣以爲人。惟人也天地之心。中和之極。得其秀而最靈。形既生矣。神發知矣。性斯立焉。分乃定焉。萬理以具。衆事以應。動靜相感而善惡以分．情僞相感而利害環生。天命之賦。我不常。必思宜如何可以充全此天試。人禀之形我有度。又必思宜如何可以實踐此人形。是研究周易者所不可不知也。亦研究周易者所不可不能也。夫乾確然示人易矣。故曰乾以易知。夫坤隤然示人簡矣。故曰坤以簡能。易知簡能者。雖夫婦之不肖。而可以與知與能。卽孩提之無識。而亦固有良知良能焉。何其易也。何其簡也。豈復有功倍小學而無用。高過大學而無實者。所可竊亂紫奪。故衒深奧耶。孔子曰。仁者見之謂之仁。智者見之謂之智。百姓日用而不知。孟子曰。行之而不著焉。習矣而不察焉。終身由之而不知其道者。衆也。君子於是始乎學易之書。而終乎用易之道。焉中庸所云。君子之道費而隱者。其卽此易知簡能之道。不慮而至。不學而能。不勉而得。從容中道者與。嗟夫。誰能出不由戶。何莫由斯道也。斯道者何。道曰易道也。亦人道也。人道者孝弟而已矣。忠恕而已矣。是聖凡共由之正路。而人禽分別之大防也。由之者盡其性分之所固有。守其職分之所當爲。如斯而已焉。處之至中。而勿使驚高也。行之有常。而勿使希奇也。是故不言而信。不行而至。造端乎夫婦。而極至於聖人。其爲易簡也。何如韓子所云。其爲道易明。而其爲教易行者。正指此也夫。

他教之道協力同心以成善舉方與衆人有稗以上三條爲上海尙賢堂內各教聯合會辦理之大旨久已行之者今在北京舉行當壹秉斯旨庶幾有所遵循望我各教　同志諸友互相遵守是爲幸

上海尙賢堂演講易理

上海本堂於三月二十五日下午三時、開教務聯合會由堂內周藍田君主席、特請學鐸社楊踐形先生演講易理、題爲（先後天卦象之旨趣）吾國自維新以來、學界多注重科學、對於經書、多擱置不觀、於易理尤少研究、楊君精闡易旨、演講透闢、且言易義包涵各教眞理、深可印證、聞者均表滿意、茲將演詞原稿、刋列於後、

楊踐形先生演說詞　來稿

第一節、卦畫爲文化之原　易學始自伏羲之畫卦、象實爲中國最古之經書、祖龍一炬、諸經悉遭巨厄、惟周易以卜筮之書得存、故免而獨全、然則易經一書、雖謂在中國諸經籍中爲最完善最信實之本也可、而易理所含、廣大精微、義無不備、關於宇宙觀、人生觀、進化論、知識論、教育哲理、政治哲理、宗教哲理等古說、尤覺簡賅靡盡、觀其象而玩其辭、可以修身、可以處世、可以進學、可以稽古、洵中國自有文化以來、最古之國粹也、研究哲學史者、分全世界爲東西兩大支、東支中震旦一系自兼攝印度一系後、勢更雄厚、說愈圓滿、而溯其發源所自、則實肇於邃古羲皇之

一畫開天也、羲皇仰則觀象於天、俯則觀法於地、觀鳥獸之文、與地之宜、近取諸身、遠取諸物、於是始畫八卦、以通神明之德、以類萬物之情、作易以垂教後世、其圖象則有如宋儒所命爲先天八卦方位、以乾坤坎離爲四正、震巽艮兌爲四維者是也、

第二節、述易含三義　嘗考鄭康成作易贊及易論云、易一名而含三義焉、易簡、一也、變易、二也、不易、三也、崔觀劉貞簡等並用此義云、易者、謂生生之德、有簡易之義、不易者、言天地定位、不可相易、變易者、謂生生之道、變而相續、周簡子云、不易者、常體之名、變易者、相變之義、愚按、易簡者、乾坤之元德、不易者、天地之常體、變易者、造化之效用也、常體者、即卦象之謂、效用者、即爻變之理、今日所講、即依常體以致效用之方也、今先就常體言之、

第三節、釋先天卦位之定象　易曰、天尊地卑、乾坤定矣、乾鑿度曰、乾坤相具並生、天地既分、乾升坤降、是太極既生兩儀、陽氣輕清者、上升爲天、故曰尊、陰氣重濁者、下降爲地、故曰卑、易曰、日月運行、一寒一暑、王夫之周易稗疏、指以爲坎離、蓋日月往來、寒暑相推、日東升、月西沉、懸象著明、莫大乎日月也、故天地定位、乾坤辨上下之分、日月運行、坎離列東西之門、吴澄曰、左方起震而次以離、鼓之以雷霆也、右方起巽而次以坎、潤之以風雨也、離爲日、坎爲月、艮山在西方嚴凝之方、爲寒、兌澤在東南濕熱之方、爲暑、左離次以震者、日之運行而爲暑也、右坎次以艮者、月之運行而爲寒也、韡園易語云、雷出地以行天、風起天而行地、山根地而上峙、澤從天而下降、故先

天之象、天在上、地在下、則乾坤定位矣、日東升、月西沉、則坎離對望矣、兌巽二卦、在圖之上半而屬天、則風雨自天也、艮震二卦、在圖之下半而屬地、則山雷出地也、是爲易之常體、儼然一宇宙之現象也、蓋乾以純陽位正南、坤以純陰位正北、乾坤交而男女生、離爲日象、位東而得坤正性、故中虛、坎爲月象、位西而得乾正性、故中滿、四正既定、而後乾初變成巽、故巽居乾左、再變成艮、故艮居坎左、三變成坤、此陰儀居圖象之右也、坤初變成震、故震居坤左、再變成兌、故兌居離左、三變成乾、此陽儀居圖象之左也、震一陽進息爲離兌二陽、而離中虛、此陽儀中有陰也、巽一陰退消爲坎艮二陰、而坎中滿、此陰儀中有陽也。是故八卦之總象、可以合成一個古太極圖也、即所謂天先卦位而已、

第四節證明先天卦位、不自宋始、　維先天之說、歷來崇斥互競、是非難審、漢宋之爭、實以此爲焦點、自朱子以河圖洛書及先天卦位圓方各圖、幷於周子之首、本邵子之說、開宋學之端、遂爲後世言漢學者所抨擊、然豈知趙宋以前、雖未有先天之圖、而乾坤坎離震巽艮兌之卦位、固早已散見於漢人之易注、荀爽之升降、虞翻之納甲、細按之、殆無不與先天之方位相合、即以經文上下之篇論之、上經首乾坤、終坎離、非即先天位象四正之卦乎、下經首上兌下艮之咸、上震下巽之恒、非即先天位象四隅之卦乎、至孔子說卦傳之論先天象者、有如曰、雷以動之、風以散之、雨以潤之、日以晅之、艮以止之、兌以說之、乾以君之、坤以藏之、又曰、天地定位、山澤通氣、雷風相

薄、水火不相射、則兩兩對舉、指陳先天卦位、更明白曉暢而無餘疑矣、祇以唐宋以前、易家之傳授均未重視圖象、至邵康節始悟其妙、特爲指出曰、此伏羲八卦方位、乾南、坤北、離東、坎西、兌居東南、震居東北、巽居西南、艮居西北、自震至乾爲順、自巽至坤爲逆、所謂先天之學也、以上所説、僅就其象耳、更以數言之則乾一、兌二、離三、震四、巽五、坎六、艮七、坤八、天地定位、一與八錯也、山澤通氣、二與七錯也、雷風相薄、四與五錯也、水火不相射、三與六錯也、其合數也皆乾元陽九、此其數之妙者也、又更以五行之理言之、則先天象五行、分爲五層、土最重濁、故坤艮在下、金氣輕清、故乾兌居上、天地之中、植物最蕃、而介乎兩間、巽震是也、水性潤下、坎故近地、火勢炎上、離故近天、此一定之象也、水行地底、日麗中天、亦潤下炎上之故、土金最爲中和、故火金之交有坤土、水火之間有艮土也、又更以五行之氣言之、朱子謂先天象具五行相克之序、即火克金、金克木、木克土、土克水、水又克火、而植物間之、亦微意也、關於先天象之解説、略備於此矣、

（未完）

已發刊英文報中容俟譯登

二十二日又開產業董事會以現在租住本堂之東南商科大學擬於契約滿了之日延租一年諸董事之意以暫時不能定奪以其租期滿後本堂房屋或須自行辦理各事當將以此言答覆該核同日李總理開各教聯合會演講題爲聯絡各教一處有何等之利益

二十六日總理與夫人離滬二十七日返京此次李夫人仝往上海以本堂東首洋房將來如何佈置以爲先時之籌備云云

上海尙賢堂演講易理

上海本堂於三月二十五日下午三時、開教務聯合會、由堂內周藍田君主席、特請學鐸社楊踐形先生演講易理、題爲（先後天卦象之旨趣）吾國自維新以來、學界多注重科學、對於經書、多擱置不觀、於易理尤少研究、楊君精闡易旨、演講透闢、且言易義包涵各教眞理、深可印證、聞者均表滿意、茲將演詞原稿、續刊於後、

楊踐形先生演說詞 來稿 （續）

第五節、證明先天圖象之得成立、　昔許愼論易字之義云、秘書、日月爲易、象陰陽也、所謂秘書者、當時必有傳本、許愼與魏伯陽同時、决非指參同契也、杜氏春秋左氏傳集解後序曰、汲郡有發舊冢者、大得古書、周易上下篇與今本同、別有陰陽說、而無彖象文言繫辭、擬於時仲尼造之

於魯、尚未播之遠國也、由是觀之、上下二篇外、必尚有類於圖書之簡篇、漢時猶有流傳、或稱爲秘書、亦未可知、朱子所謂先天各圖、决非後人所能僞造、必當初有所本、後來散逸、流入道家、至希夷傳出、得復還儒家之舊云云、殊非無所見而云然也、若漢學家必謂經傳無乾南坤北離東坎西之明文、以斷定先天卦位之未能成立、則又有説可證焉、夫先王制禮、推本於易、固漢學家所公認也、乾天坤地、離日坎月、亦漢學家所公認也、禮記祭義篇曰、祀天南郊、祭地北郊、朝日東門、夕月西門、明是乾南坤北離東坎西之理、儼然一先天卦位象也、豈亦帝出於震一章之方位所能推其誼耶、依是論之、當知先天八卦方位、確有是象、宋以後雖加以羲圖先天之名、而宋之前、則無非此先天之象也、且以予個人之私臆言之、與其謂之先天卦位、無寧謂之天地之定象、卽天地之立體也、

第六節　有先天即有後天之可變　　體立然後用行、有不易之定象、然後有變易之化運、先天既爲定象、爲立體、必更有爲化運、爲致用之後天、與之同緣互存、甚其寂然不動、天且不違之時、常無觀妙、中而未發、如如之性、刹那無量、此太極之藏諸體也、及其刹那變現、恒續隨轉、發而中節、常有觀竅之際、太極已顯諸用、則奉行天時、感而遂通矣、故先天即後天之未發、後天即先天之已現、有顯藏之異、而無先後之殊、若執先天是一象、後天又是一象、則天地造代非一貫、非不二矣、

唐孔頴達易疏曰、天地不交水火異處則庶類無生成之用品物無變化之理故云天地定位而合德、山澤異體而通氣、雷風各動而相薄、水火不相入而相資、八卦之用、變化如此、豈非先天可變後天、後天變自先天耶、豈非體外無用、離用無體、先天外無後天、後天不離先天耶、

第八節、先天後天八卦交變圖象、　夫先天後天關係甚大、不明先天後天交變之義、則無以明八卦變化之由、不明八卦變化之由、則無以知六十四卦變化之序、與重卦名義、及各卦爻位當名辨物之妙、此鄙人所以玩索先天後天八卦交變之微旨、而精擘宋易系統各家之傳注專集外、兼參考唐李鼎祚周易集解、宋朱震漢上易傳、明來知德易集注、付楷周易訂詁、清惠棟易漢學周易述、張惠言鄭荀易義、虞易義、毛奇齡仲氏易、姚配中姚氏易、焦循易通釋、紀大奎易問與觀易外編、端木國瑚周易指等言象之書、晉王弼易說及略例、宋程子易傳、清任啓運周易洗心等言理之書、乾坤鑿度易緯類、漢焦贛易林、京房易傳等言術之書、宋丁易東數衍、清江永河洛精蘊等言數之書、旁及揚雄太玄經、關朗洞極經、司馬温公潛虛數、邵康節皇極經世、蔡九峯洪範數等易學外支、自周卜商僞傳、以迄最近年來日本高島氏易斷、博採三百數十家之學說、酌取八十餘種易象圖釋參互覈訂、錯綜盡變而創製此先天後天八卦交變圖象一具、外形宛似車輪、環以輪緣、內分八觚、即八卦方位、是中心有一大圓形切之、此其表面也、其裏面則依先天後天八卦交變之理由、及方法、製就樞機、應用之時、祗須按其當然之途徑、一轉移間、可以瞬息

萬變、而以之證明從先天可以變成後天之理、尤爲易簡、故易含三義、而易簡居首、惟此圖足以象之、當先天卦位之未動、固所謂不易也、及定象已爲化運、立體竟然致用、則又所謂變易也、故先天圖象一交變而三義備焉、此聖人有以見天下之動而觀其會通也、按世之言哲學者、有謂宇宙之恒續唯動、時空之存在唯數、故依數爲動、倚動成數、勢如是也、易涵象義、固已經歷來治易者之所公認、而易顯動用、僅爲安排式之爻變卦變而已、至於攬易象之全體、成擬議於變化、蓋未之前聞也、余在辛亥暮春、夢謁羲皇於宛丘、覺而大有所悟、遂得易象全體之妙用、而後知吉凶悔吝生乎動之旨、維其議之而後動、故言天下之至動而不可亂也、安危窮通、在此一動之項、先天動而爲後天、後天不更動而爲非後天、故天下之動、貞夫一者也、是其所動也、非偶然、非安排、有天定之秩序、有必然之趨勢、所謂安其身而後動也、所謂待時而動、見幾而作也、若不然、先天可任意以變後天、後天何不可任意以變非後天耶、先天可以變一後天、又何不可變多數後天耶、何以先天象祇許變此後天象、而未許變別一後天象耶、何以證知後天象之來自此先天象、而不可來自別一先天象耶、何以證知先天後天兩象之唯一無二、而由唯此一先天象必變爲唯此一後天象耶、此則鄙人先天後天八卦交變圖象之所由創製也、其理由與方法、均詳備於拙著易象一貫、及易學叢書第三十六種交變原旨兩書中、

（未完）

尚賢堂紀事

楊踐形先生演講易理詞(續二十三期來稿)

第八節、　先天後天交變之由先天之象乾巽相連、是天下有幾月窟之象也、邵康節曰、乾遇巽時爲月窟、巽承乾下、以陰消陽之始也、昔者殷紂嬖於妲己、而戮商容比干、囚文王、奴箕子、甚矣女壯之禍、故君子防漸杜微、戒愼於始也、又艮坤相連、山附於地、剝爛之劇也、剝象傳曰、山附於地、剝、是以柔變剛、以陰滅陽、小人道長、靡爛邦國、紂惑於僉壬、億兆離心、三分去二、碩果僅存、猶未悔悟、卒致剝廬無國、詩有匪風下泉、又曰慍於羣小、故君子戒之、孔子曰、易之興也、其當殷之末世、周之盛德耶、當文王與紂之事耶、是故其辭危、又曰、聖人囚於萬里、明於憂患與故、欲錯綜以濟天下之辜、此先天圖之所以變爲後天圖也、朱震曰、聖及設卦、本以觀象、自伏羲至於文王一也、史記周本紀謂西伯囚羑里、蓋易之八卦、漢書列傳謂西伯拘而演周易、此宋易學所以有文王後天圖之說也、今依其先天後天交變必經之象而述之、

第九節、　泰否爲先天後天交變之象、禮記經解篇曰、潔淨精微、易之教也、故孔子贊易自道、而

有假我數年、五十以學易、可以無大過之歎、在易繫辭傳亦云、繼之者善、成之者性、此易教之所以明於天之道、而察於民之過、繹之者、能使人懲忿窒慾、寡過日新、而進德以修業也、易之爲道、窮則變、變則通、通則久、易之爲教、則革去故而鼎取新、故曰、大人虎變、小人革面、革而當時、順乎天而應乎人、其義可思矣、中庸篇曰、其人存、則其政舉、其人亡、則其政息、人道敏政、地道敏樹、氣運之轉變、全繫乎日新之盛德以感化也、是以反覆其道、七日來復、自天祐之、吉無不利矣、在泰之象傳曰、泰小往大來、吉亨、則是天地交而萬物通也、上下交而其志同也、內陽而外陰、內健而外順、內君子而外小人、君子道長、小人道消也、其在否之象傳曰、否之匪人、不利君子貞、大往小來、則是天地不交而萬物不通也、上下不交而天下無邦也、內陰而外陽、內柔而外剛、內小人而外君子、小人道長、君子道消也、其象傳曰、天地不交否、君子以儉德避難、不可榮以祿、卽所謂邦無道富且貴焉恥也之旨乎、按易之於小人、更別有稱匪人者、比之匪人、黨小人之匪人也、否之匪人、害君子之匪人也、無論爲黨小人、爲害君子、其擾亂和平、阻礙和平則一也、是故揚于王庭、以剛決柔而去之、孚號有厲、其危乃光也、來知德曰、從來君子雖多、小人用事、其象爲陰、小人雖多、君子用事、其象爲陽、蓋小人爲君子所制、則治、君子爲小人所制、則亂、故泰卦不曰有君子無小人、而曰內君子外小人、故處之得其道、用之得其宜、雖有小人、亦烏足爲害哉、

第十節、　姤復爲先天後天交變之樞、夫初六履霜、垂戒至深、馴至其道、必至堅氷、故女不可壯、

陰不可長、君子防漸杜微、遏滔天之浪於涓涓之始、其惟於姤之初爻三注意乎姤之一陰雖佔微、然能消陽而至於剝、卒變陽而成純坤、姤卦與復旁通、卽對錯之卦也、復陽之至微者也、然動而以順行、則利有攸往、陽息而歸於夬、終決柔而成純乾、所謂多一小人則少一君子、而多一吉人則少一凶人、其姤復之謂乎、在一國然、在一家然、卽在一身、理亦同然、聖人有言、勿以善小而勿爲、勿以惡小而爲之、河海始於泉流、積小可以成大、善不積不足以成名、惡不積不足以滅身、積善之家、必有餘慶、積不善之家、必有餘殃、過涉滅頂、剝廬無國、非一朝一夕之故、其所由來者漸矣、由辨之不早辨也、復小而辨於物、則辨之早矣、故曰君子知微知彰、其唯內文明而外柔順之聖人、有以知之乎、此先天之所以不得不變、而乾坤之所以不得不交也、在先天之時、雖爲姤剝之象、當交變之頃、則轉復夬之兆、剝而爲復、姤而爲夬、非初也碩果僅存、而今也剛長利往乎、非初也柔道來牽、而今也剛决去柔乎、至後天之時、而反否爲泰、則拔茅連茹、有教無類、丕變之風、被於上下、所謂禹稱善人、而不善人遠者此也、是故危者使平、亂者使治、其道甚大、百物所資、懼以終始、其要無咎、此之謂易之道也、

（完）

尙賢堂紀事

楊踐形先生演講易理（續）

（來稿）

夫盈天下皆道、則盈天下皆易、內而念慮之細、外而酬酢之繁、大而倫常之間、小而起居之際、莫不皆有易道存焉、君子善用之以吉、小人反悖之而凶且悔吝、然則窮理盡性以至于命、豈非肇于學易之書而發爲用易之道乎、試就易卦大象之切於日用者、舉其說、夫人能如損象之懲忿窒慾、益象之見善思遷、有過則改、斯可以如大有之遏惡揚善、順天休命矣、夫人能如頤象之愼言語、節飲食、家人之言有物而行有恒、斯可以如恒象之立不易方矣、夫人能大壯之非禮弗履、震象之恐懼修省、斯可以如既濟之思患而預防之矣、若夫大過之獨立不懼、遯世无悶、則所謂窮則獨善其身、達則兼善天下者也、而原其所自、蓋莫非乾象之自強不息有以致之、自強不息者、聖人久於其道而天下化成、中庸所謂至誠無息、不息則久也、夫誠者自成也、唯天下至誠爲能化、亦唯天下至誠爲能盡其性、盡其性者知其性也、知其性則知其天矣、孟子盡心篇曰、形色天性也、惟聖人然後可以踐形、孟子之言、實與周易相爲表裏、深得用易之道、邵子謂孟子得易之用者、夫豈虛哉、昔者任翼聖作有周易洗心一書、踐形因做之而述周易踐形說、夫洗心者、洗滌其利欲熏染之人心、而擴充夫仁義漸摩之道心、而踐形者、循踐此彝倫稟賦之常形、而充實夫品物含章之美形也、人之視聽言動、發之於心而彰之於形、人果能革去其非心而自洗之、即亦可充實此美形而自踐矣、故踐形之初步不離洗心、而洗心之極詣必歸踐形、是踐形與洗心、其道本一貫耳、然心乃虛靈也、而形則實體也、虛者不可見、而實者有可恃、與其語入虛無之心以詔世、而鑽研夫性命之精微者、爲難於領悟、則何如指出實有此形以示人、而體貼夫倫常之切近者、爲易於曉喻耶、庸是玩索周易象義、沈潛反覆、而得其流行於彝倫日用之常理、始識研究周易、不在人索隱以爲高深、而在踐實以著易簡、易簡之道、不外庸言之信庸行之謹而已、人能修其實以副之、則天爵可得、聖域可登、雖未嘗研究周易、而亦可以得用易之道矣、豈非易簡之至耶、

程子曰、人得天地之正气而生、與萬物不同、既爲人、須盡得人理、然後稱其名、衆人有之而不知也、朱子曰、衆人梏於形气之偏、狃於習俗之蔽、而不能無人欲之私、是以視則不明、聽則不聰、貌則不恭、言則不從、蓋不能盡其形色本然之理、則雖有是形而無以踐其形也、惟聖人能盡其性、而無一毫人欲之私雜於其間、是以視則極明、聽則極聰、貌則極恭、言則極從、蓋凡形色本然之理無一不盡、既有是形、而又可以踐其形焉、游氏曰、能盡視聽之性、則能踐耳目之形、苟視聽不

足於聰明、則是有耳目之形而無視聽之實德也、蓋萬物皆備於我、則其所有、何物不備、反身而誠樂莫大焉爲其能盡性而踐形、若反身未至於誠、則是於性有所不盡、未能盡性、則於質有所不充矣、戴震曰、人之形、官器利用、大遠於物而於人之道不能無失、是不踐此形也、焦循曰、形色即是天命、禽獸之形色不同乎人、故禽獸之性不同乎人、惟其爲人之形、人之色、所以爲人之性、聖人盡人之性、正所以踐人之形、苟拂乎人性之善、則以人之形而入於禽獸矣、不踐形矣、嗟夫、形色天性也、人皆有之、愚不肖者縱其四肢之欲、戕此性於形色之中、賢智者又高談性命、隳聰黜明、離此性於形色之外、是皆徒具爲人之形而不能踐人之實、辜負此人形、卽辜負此天性也、李安溪曰、不盡性、無以踐形、不踐形、無以爲人、旨哉斯言、可以爲入聖之要矣、明道曰、惟聖人爲能盡人之道、故可以踐形、又曰、聖人人倫之至、故可以踐形、夫聖人千言萬語、無非爲人道之五倫說也、盡性者、盡此五倫之天性也、踐形者、踐此五倫之人形也、一倫之性有未盡、即一倫之形有未踐也、是以恐懼修省、反身而誠、有所不足、不敢不勉焉、其將充踐此人形而與天地參歟、試引易象以證之、踐者、義取於震、說卦傳曰、震爲足、足可以踐也、形者、義取於坤、孟喜易傳曰、坤爲形、即繫辭傳曰、在地成形是也、然則踐形二字、實合震坤兩卦之義、其在重卦、殆卽復見天心之復乎、復以初九一陽來復爲主卦之爻、其繇曰、不遠復、旡祇悔、元吉、孔子象傳曰、不遠之復、以修身也、修者奈何、省察克治之功也、是故曾子曰、吾日三省吾身、此即孔子不遠之復以修身之旨、大學曰、自天子以至於庶人、壹是皆以修身爲本、中庸曰、故君子不可以不修身、孟子曰、君子之守、修其身而天下平、皆言修身之要也、修身者、文言傳曰、君子進德修業、忠信所以進德也、修辭立其誠所以居業也、忠信者、曾子曰、爲人謀而不忠乎、與朋友交而不信乎、大學曰、君子有大道、必忠信以得之、是故子以四教、而忠信與文行並重、可知忠信爲進德之基、即入德之門也、忠信亦曰忠恕、曾子曰夫子之道忠恕而已矣、中庸曰忠恕違道不遠、程子曰中庸所謂忠恕違道不遠、斯乃下學上達之義、下學上達者、一陽自下而升、逐漸上進、以達於乾之天德也、求則得之、舍則失之、道不遠人、人之爲道而遠人、蓋天道之密邇人情、切近人事、其應也如嚮、違道不遠、故曰不遠之復以修身也、修辭立其誠之誠、所謂詩三百一言以蔽之、曰思無邪、夫憧憧往來、朋從爾思、思何以能無邪、則修省工夫存立其誠以閑之也、一誠既立、而羣疑悉亡、言行相顧、尙何悔咎之有、故曰无祇悔、元吉也、一誠既存、思必無邪、此中庸篇著君子慎獨之功、而大學云在止於至善也、中庸曰、不明乎善、不誠乎身矣、

謹按孟氏易象乾爲善爲德爲性、坤爲形爲業爲身、在卦象、消息之爻自坤出震、以震息乾、從坤卦初爻一陽下生、逐漸上進、自二陽臨而三陽泰、而四陽觀而五陽夬、以至於全陽純乾、修身者、修此坤身以至於乾善也、居業者居此坤業以進乎乾德也、即踐形者、踐此坤形以盡夫乾性也、皆即明人倫以復天道之旨也、　踐字从戔、朱子云小之意者、所以合乎地雷之復也、其在易象

乾之初九、亦即復之初九、微陽在下、故潛龍勿用、繫辭傳曰、復小而辨於物、此一陽之微、潛藏坤陰之下、至小者也、而君子以是辨物居方焉、按孟易象、物與方皆取坤也、居之辨之、則神妙萬物、帝出乎震矣、在坤象傳曰、初六履霜、陰始凝也、馴致其道、至堅冰也、文言傳曰、履霜堅冰、蓋言順也、又推原其致咎之由、而戒之曰、由辨之不早辨也、不早辨、故自姤一陰浸長而消乾、柔道之牽、女壯之禍、洵可畏哉、能早辨、則一陽雖微小、然由是而進焉、可積小以成高大、故繫辭傳曰、勿以善小而勿爲、善不積、不足以成名也、故文言傳曰、積善之家、必有餘慶、非一朝一夕之故、其所由來者漸矣、是以繼之者善、成之者性、成性存存、道義之門、蓋其感通純陰之坤、而成爲純陽之乾、變化气質之偏、而復反於天性之全也、克去利欲之私、而擴充夫義理之公也、易大畜象傳云、君子以多識前言往行以畜其德、夫詩書六藝、固皆古人之陳迹、然聖人博文以約禮、温古而知新、嘉言懿行、有足令人景仰而興起者、故顧炎武日知錄曰、服堯之服、誦堯之言、行堯之行、乃所謂踐也、是故循踐夫前言往行之彝迹、卽所以充踐此天賦人稟之美形、若欲人人實踐天賦之人形者、請自研究周易始、

（巳完）

尚賢堂紀事

中說張曉初眞人演講道教之眞理

學鐸社楊踐形

（上略）今日第六十二代天師張曉初眞人蒞尚賢堂演講道教之眞理。踐形攙冗來此。得聆道要。欣幸何如。夫傳道教之法統。固承自漢留侯。（留侯導引辟穀欲從赤松子遊其五世孫道陵即第一代天師）而原道家之學說。實出于周老子。見周德衰。西出函谷。遇關令尹喜。強爲著書。乃授以道德經五千餘言。開宗明誼。首即提出道字。以爲全書綱領。且鄭重言之曰。道可道。非常道。蓋道無可道。可道者。非道之實。皆形下之粗迹耳。是以視之不見名曰夷。聽之不聞名曰希。摶之不得名曰微。無狀之狀。無象之象。恍惚而無盡藏。所謂有物混成。先天地生。獨而不改。周行而不殆。可以爲天下母。吾不知其名。強字之曰道。然則道之爲道。未始可以名物擬矣。故云無名天地之始。此老子尊道之至也。至考老子之所祖。或謂出于史官。或謂本于容成子。或謂本于黃帝。而其實則皆本于易也。故論者每以易老並稱。蓋古來言道之書。最古而最精者。其理莫備于易矣。羲黃文周而下。述易之旨。傳易之教。以爲萬世式者。則唯我孔子之十翼。爲至其極也。繫辭傳曰。形而上者謂之道。形而上者。道之無名無欲。玄之又玄。以爲衆妙之門。天地之始。象帝之先。衆父之父。至于先天而天且弗違。誠不可以名物擬。言語形狀達之。然不可名者。道之體也。而或可言者。道之用也。天道之本體。即宇宙之本體。實即吾心之本體。此道之蘊而藏諸體也。及其顯而發爲用也。道之現象。即宇宙之現象。實即吾心之現象。此道之爲道。雖不可以名物外擬。而未始不可以吾心自覺也。是以繫辭傳又云一陰一陽之謂道。繼之者善。成之者性也。夫易對待之辭。陰陽之象也。陰陽息則乾坤毁。幾無以見易矣。故云一陰一陽者。道之現象。萬物之母。玄牝之門。天地之根。即道德經云萬物負陰而抱陽。沖氣以爲和也。莊子之贊易也曰。易以道陰陽。而其惜道也曰。道隱于小成。又曰道術裂而爲方術。夫道家諸書。老子而後。首推莊子。爲巨擘。故論者又以老莊並稱。而其所言如此。則厥誼可思矣。故宋儒稱莊子得易之體也。而孟子得易之用者。其言道又曰。道二。仁與不仁而已矣。仁與不仁者。理欲之間。義利之辨。公私之際。善惡之分。即一陰一陽之謂也。易象不能有陰而無陽。即世道不能有君子而無小人也。然而推之性相近。習相遠、堯舜性、湯武反之說。則道體未始有二。厥用乃在時中。小人雖反中庸。而能革面洗心。則氣質可以變化。天命自然。顧諟人心之危。化成道心之微。利欲之私。轉爲義理之公。道不遠人。求仁即得。萬物皆備于我。天爵卽加其身。此董仲舒所謂道之大原出于天者。猶就天人合一言耳。惟孟子獨得繼善成性之旨。故主性善之説。謂性無有不善。乃若其情。則可以爲善矣。然則仁者之得道。若其性也。不仁者之失道。不若其性也。得道者多助。失道者寡助。故云道二。非謂道可二也。道家云。得其一。萬事畢。又云。惟此一是實。即佛家之不二法門。儒家亦云其爲物不貳則其生物不測。不測者易繫辭傳所謂陰陽不測之謂神。張横渠所謂一故神。兩故化也。一神兩化。即老子所謂同出而異名也。陰陽同出而異名大道一神而兩化。故君子舉賢而教不材。嘉善而矜不能。豈徒遏惡揚善寡過齊賢而已。孟子曰人皆可以爲堯舜也。夫聖人者。先得我心之同然耳。故王陽明至謂滿街都是聖人。佛氏亦云一切衆生悉具佛性。可知世無今古。人無夷夏。至善之性。天命之所同也。道一故也。出而異。始有善不善矣。故禮中庸篇曰。天命之謂性。率性之謂道。修道之謂教。命者。劉康公云人受天地之中以生、所謂命也。焦循孟子正義云。禽獸之形色不同乎人。故禽獸之性不同乎人。惟其爲人之形、人之色。所以爲人之性。聖人盡人之性。即所以踐人之形。然則能充踐人形者。乃能善率人性。即程子所云聖人盡得人道是也。故道無他。率性而已。道無爲。率性而已。道無得。率性而已。道無欲。率性而已。道無名。率性而已。率性之外。更無道存。是以尋常日用之間。動靜語默之際。無在而非道。無適而非道。故子思又曰。道也者。不可須臾離也。可離非道也。蓋人不能一日去人之形。即不能一日離人之道。而體道之常。味道之腴。尤非聖人不得盡。是以修道又有待于教也。昔我孔子。周行天下。以弘道爲己任。諄諄善誘。誨人不倦。鄙夫有問。必叩其兩端而竭焉。與其進也。與其潔也。有教無類。必因其材而篤焉。合君子而時中。集羣聖之大成。繼天立極。宣木鐸以振金聲。師表萬世。此教之至也。而其所爲教者。則散見于周易、學、庸、論、孟諸書。所謂閑邪存誠。所謂修已以敬。所謂忠恕違道不遠。所謂孝弟爲仁之本。修身以道修道以仁修辭立其誠至誠之道可以前知故至誠如神至誠無息惟天下至誠爲能化惟天下至誠爲能盡其性誠則明矣故君子誠之爲貴子以四教文行忠信曾子三省與人謀而不忠乎君子有大道必忠信以得之忠信所以進德也言必忠信行必篤敬雖蠻貊之邦行矣居處恭執事敬雖至夷狄不可棄也敬義立而德不孤敬以直內敬人者人恒敬之毋不敬孝敬盡于事親夫孝天之經也地之義也民之行也孝弟而好犯上者鮮矣而好作亂者未之有也堯舜之道孝弟而已矣夫子之道忠恕而已矣是也。夫所謂道者。此道也此外無道矣所謂教者教此也此外非教矣今張曉初眞人演講道教之眞理。乃竟挈其要而舉其宗。揭誠敬忠孝四字。以爲修道立教之綱。信乎深得道教二字之誼矣。踐形有志于道。博稽道家書籍。自周秦諸子。以迄近代著述。先後校讀。約其旨歸。庚申年冬。徧覽道藏全書。共分三洞、四輔、七藏、十二類。爲書凡七千八百餘卷。考唐武后時。始命史崇崔湜等集道藏書。宋初。又命徐鉉等讎校廣益之。　（未完）

尚賢堂紀事

楊踐形先生申說道教要理（續）

眞宗時。又命王欽若等修補。合爲新錄。而舛謬參差未符原目。更薦張君房專其事。如成七藏。君房又撮其精要。爲雲笈七籤百二十二卷。其後元明相繼纂修。爲書益增。而天啟刊本。所收多古子書。尤皆藏書家罕有之秘籍。故清乾嘉間學者。多從之校訂俗本焉。宏富哉道藏全書也。惟其中瑜瑕不掩。非果能有益志道之士。踐形於是擷取菁英。删削穢雜。而述修道纂要一書。雖然。道本無名。豈多言說。魚筌兔蹄。徒煩人心。是以三教之於道。皆所不言也。故道德經云。處無爲之事。行不言之教。即佛教起信論云無六塵境。離言說相。亦即論語所謂無爲而治。天何言哉之旨。孔子曰。予欲無言。子貢曰。夫子之言性與天道。不可得而聞也。使道若可言。則孔子之聖。何以欲無言。子貢之賢。何以不得聞耶。是道固不可言。又不可聞耶。然道苟不可言。則小子何述焉。後世又可述焉。是以孔子又曰。吾無隱乎爾。吾無行而不與二三子者。是丘也。然則孔子何嘗不言。而子貢何嘗不聞耶。不然。一貫之傳。何以曾子獨唯。而門人不解。可知用力未久。積學未至。則雖聞而如不聞耳。況聖門教不躐等。而中人未可語上。苟其學未至境。未可與言而言之。則有失於時。而無益於人。故學記著大學之法。當其可之謂時。不陵節而施之謂孫。相觀而善之謂摩。此教之所由興也。若教人而不盡其材。其施之也悖。其求之也佛矣。故君子之教。喻也。善教者使人繼其志。其言罕譬而喻。陳皓集說云。示之以人道之所由者。亦民可使由、不可使知意也。由者。由於其事之當然實踐而行之也。知者。知其理之所以然。多學而識之也。實踐而行。則人能弘道矣。多學而識。則非道弘道也。蓋偏行則近於罔從。而所行未必盡合乎中節。偏知則必至於冥索。而所知枉自猜度。夫空虛斯皆道以爲己任者之所憂也。夫道不遠人。道不可離。固在身體而力行之。豈可以名字言說相外求耶。反求之己而已矣。聖人贊道之至曰。誰能出不由戶。何莫由斯道也。是故百姓日用而不知。行之而不著焉。習矣而不察焉。終身由之而不知其道者衆也。安之若素。則相忘於無形。忘故不知也。忘故不知。知之至也。使由不使知。教之至也。是故孔子之無言。正孔子之文行忠信詳爲門弟子教耳。子貢之不聞。正子貢久入芝蘭之室。習與善人居耳。孔子雖不言於口。而實言之以動作威儀之則。子貢雖不聞以耳。而實聞之於亦步亦趨之詳。是故孔子未嘗不言。言之至。且不必言矣。子貢未嘗不聞。聞之至。且不必聞矣。誰謂道固不可言。又不可聞耶。惟人外無道。道外無人。而人心有覺。道體無爲。故人能修道以教。而道非能利人於學。即使道有名字言說相可執。豈不思詩書六藝。固皆先王之陳迹。而歸求放心者。自有餘師也。故積功之至。用力之久。而一旦開悟。豁然貫通。則吾心之全體。卽宇宙之全體。實卽道之全體。吾心之大用。卽宇宙之大用。實卽道之大用。一理渾然。而泛應曲當。修身以俟。且旦暮遇之矣。故道無不行。卽無不明。此伊川陽明皆主知行合一之說也。伊川曰。知而不能行。只是知得淺。陽明云。知而不行。只是未知。是知者過之。實未有知也。朱子云。不明故不行。陽明云。行是知之成。知行不可分作兩事。是行者過之。固已早知矣。然則行者必有知。知者未必有行耳。猶之有德者必有言。有言者不必有德也。是故行之過。乃所以爲賢者。知之過。則流於詭辯而已。彼道聽塗說者。豈眞有所知耶。況常人之患。每在徒知而不能實踐。僅以供酒後茶餘之談資。巧言如簧。適足遂其文過飾非之私耳。故曰其言之不怍。則爲之也難。而彼剛毅木訥。言如不出者。先行其言。恥躬之不逮也。故曰。大智若愚。大辯若訥。愚如回之不違。魯如參之一貫。皆足以入聖人之室。而子貢屢中。正坐多學而識之病。殆宋儒所謂玩物喪志也。故孔子問以發之、曰。賜也。女以予爲多學而識之者與。對曰。然。非與。子貢方信而忽疑。亦將觸悟而自覺耶。故孔子正語之曰。非也。予一以貫之。子貢至是。始得聞大道之要。而發爲歎美之辭。故有夫子之言性與天道。不可得聞之說。不可得聞而竟聞。子貢之極意形容。情見乎辭矣。故後日有夫子之牆數仞。不入、不見富美之喩。則子貢信道之篤。已夙悟於一貫之下矣。他日孔子又曰。參乎。吾道一以貫之。曾子曰。唯。蓋惟聖如曾子。方能默契一貫之指。應之速而無疑也。降聖人一等。雖賢如子貢。而聞道之難。猶至如此。信乎大道難聞矣。聖門一貫之道。孔子獨爲參賜二子發之。則道之隆重而難言難聞。更可知矣。夫豈徒子貢云爾。孔子亦曰。朝聞道。夕死可矣。苟非道之難聞。何以欲聞之切。至於雖死而無悔也。不第孔子云爾。即文王亦以爲望道而未之見。夫以孔子之聖。而猶有聞可夕死之警。文王之聖。而猶有望而未見之歎。是道之不可以名物擬、言語形狀達者、有如此。丹經有云。人身難得今已得。大道難聞今已聞。此身不向今修習。更待何時修此身。時乎時乎。此修道立教之所以隆重乎。今日張曉初眞人演講道教之眞理。是道之難言者。今已言矣。諸君來此。得聞大道之要。是道之難聞者。今已聞矣。踐形竊爲諸君幸。尤爲吾道幸。

（完）

修養 （續第六期）

自然康壽法

第二十一章　宋明道學諸家之修養訣（續第六期）

楊踐形編

第四節　主觀法門之各家說

〔第三〕主觀法門。以周濂溪爲誠學之宗師。邵康節爲先天學之宗師。張橫渠程明道爲仁學之宗師。李延平湛甘泉爲體認學之宗師。而以調和程朱陸王之學說附者於此。

即濂溪通書有誠上誠下等篇。蓋誠則衆理自然無一不備。不勉而中。不思而得。從容中道矣。其言誠實本於大易及中庸之誼。即孟子所謂萬物皆備於我。及反身而誠之說也。故周濂溪之法門。左教人觀天、地、生、物、氣、象。

邵康節觀物外篇曰。以物觀物、性也。以我觀物、情也。性公而明。情偏而暗。按以我觀者。即主觀之說也。以物觀者。蓋邵康節主張客觀之說也。故其論爲學之極功。曰學不至於樂。不可謂之學。又曰。學不際天人。不足以謂之學。

張橫渠之西銘。以民、胞、物、與爲懷。善觀者莫切於此矣。其論學者修養之功。謂莫先於變、化、氣、質、與虛、心、相、表、裏。孟子曰。居移氣。養移體。況天下之大居乎。居仁由義。自然心和而體正。更要約時拂去舊日所爲。使動作皆中禮。則氣質自然全好。禮曰。心廣體胖。心既弘大。自然舒樂也。若心但能弘大。不謹敬。則不立。若但能謹敬。而心不弘大。則入於險。須寬而敬。大抵有諸中者。必形於外。故君子心和則氣和。心正則氣正。

程明道識仁篇曰。學者須先識仁。仁者。渾然與物同體。義理信智皆仁也。識得此理。

以誠敬存之而已不須防檢不須窮索孟子言萬物皆備於我須反身而誠乃爲大樂其說識仁之方在於隨事精察勿忘勿助能識仁體自有萬物皆備之樂學者加以存養之功久則可庶幾於此明道嘗與呂藍田問答中庸喜怒哀樂未發之中一節以觀喜怒哀樂未發時之氣象即開李延平之驗心法

李延平每默坐澄心以驗夫喜怒哀樂未發之前氣象爲何如嘗自謂曩從羅豫章學時羅先生令靜看喜怒哀樂未發之中未發時作何氣象此意不唯於進學有力兼亦是養心之學故朱子曰李先生教人大抵令於靜中認大本未發時氣象分明即處事應物自然中節此乃龜山門下相傳指訣

王震澤答問致知之要曰宜近思且體究喜怒哀樂未發之中又曰莫被中字礙只看未發時如何

魏鶴山私淑朱子之學而以心爲人之太極而人心又爲天地之太極以立兩儀以

命萬物不越諸此，自繼善以及於成性，皆一本而分也。而人心之靈，則所以與人極，人極立而天地位焉。此頗近楊慈湖之己易說，實本於邵康節之心爲太極說，及周濂溪之太極圖說。又謂人生有剛柔，故有善惡，在變化氣質，則可以至聖賢，是又本於張橫渠之變化氣質說矣。其論修養之要曰：吾儒只說正心養心，不說明心。又論無欲與寡欲之辨曰：聖賢言寡欲矣，未嘗言無欲也。不入主敬主靜兩門，故附於此。

元之吳草盧嘗言：朱子于道問學之功居多，而陸子以尊德性爲主，問學不本于德性，則其蔽必偏於語言訓釋之末。又曰：朱陸二師之爲教一也。此可見有和會二家之意。

鄭師山嘗以太極圖說、與西銘比較，謂二書之言雖約，而天地萬物無不備矣。此非精於周濂溪張橫渠之書者不能道。又論朱陸異同曰：陸子之質高明，故好簡易；朱子之質篤實，故好邃密。各因其質之所近，故所入之途不同，及其至大本達道，豈有不同者嘗謂學者曰斯道之懿不在語言文字之間而具於性分之內不在高虛廣遠之際而在日用常行之中以此窮理以此淑身以此治民以此覺後亦和會二家之說者故二人均附於此。

明之胡敬齋陳白沙同師吳康齋。而略有異趣。胡敬齋近於狷。故曰靜中有物則只是常有箇操持主宰。而無空寂昏塞之患。又曰心常有主乃靜中之動事得其所乃動中之靜。

陳白沙近於狂。其與賀克恭書曰爲學須從靜中養出箇端倪來方有商量處。又曰見吾心之體常如有物日用間種種應酬隨吾所欲如馬之御銜勒也體認物理稽諸聖訓各有頭緒來歷如水之有源委也。

湛甘泉學於陳白沙。與王陽明同時講學及門者甚盛。王陽明標致良知爲宗旨。湛甘泉標隨處體認天理爲宗旨。學者遂以王湛學說之異各立門戶。其間爲之調停

修養

者謂天理與良知一也體認與致亦一也甘泉又言知行並進又言求放心嘗作心性圖說然二家往復辯詰終不可以強合也

清之孫夏峯持身務自刻砥而與人無町畦每晨起謁先祠畢澄心端坐雖疾病未嘗有惰容有問學者隨其高下淺深必開以性之所近使自力於庸行其學始以象山陽明爲宗晚更利通朱子之學其旨以愼獨爲宗而于人倫日用間體認天理嘗言喜怒哀樂中節視聽言動合禮子臣弟友盡分乃終身行之不能盡者又言自七十以往每閱十年功加密惟獨知之地不敢自欺無或懈而已家故貧日食常不繼嘗與友講學自晨至日昃始得豆麵作羹怡然無不足之色自言從憂患困鬱中默識心性本原生平得力實在此

湯潛庵學于孫夏峯十年爲學兼綜程朱陸王之長大指主于刻厲實行以講求實用身居撲職自奉甚儉佐膳惟豆腐羹而已故時號爲豆腐湯實有乃師之遺風此

二人、皆會合、程、朱、陸、王、之說、者。故附於此。

第五節　宋明道學各家之靜坐

秦漢以來。學者不聞教人默坐澄心以爲修養之學。自宋以後。靜坐之說甚盛。其源、雖本於道家。而其風、實行、於宋儒。故自周濂溪邵康節程明道等。旣主靜以爲學者法式。而伊川亦嘗瞑目靜坐。游廌山楊龜山立侍不敢去。久之。乃顧曰。日暮矣。姑就舍。二子者退。則門外雪深尺餘矣。

靜坐法門。程伊川傳之楊龜山。龜山傳之于羅豫章。豫章傳之于李延平。延平論靜。坐曰。某曩時從羅先生學問。終日相、對靜坐。只、亡、文字。未嘗、及、一、雜語。先生極好靜坐。某時未有知。退入室中。亦只靜坐而已。

朱紫陽承李延平之學。亦言靜坐。曰。延平先生嘗言。道理、須、是、日、中、理、會。夜裏、却、去靜坐思量、方、始、有依。此法去做。眞是不同。朱子之學。擷取佛道兩教之精華。以發揮

修養　　四二

儒教之至理。而於陰符經參同契。尤爲玩索有得。故朱子固嘗以靜坐之法教人。惟不專主於靜坐已耳。

楊慈湖初見陸象山。聞其本心之說。忽覺此心、澄然、清明。既退。拱坐達旦。質明納拜受業。後觀書有疑。終夜靜坐。不能寐。曈曈、欲曉。灑然、有物、脫去。此心益明、

元之趙寶峯承楊慈湖之餘習。頗論靜坐。嘗曰。凡除合應用之事、外必入齋莊之所、靜坐。又曰。凡得此、道融化之後。不可、放逸。所實、者清泰之妙。猶恐散失。宜靜坐以安、之。又曰。凡日夜靜坐之後。若即寢席。無非此道。若非此道。不即寢席。庶不失。雖寢而不寢之妙。又曰。凡行住坐臥。雖未能精一。亦必有事焉。雖應酬交錯之間。未能無間斷。無忘、可也。

明之吳康齋嘗示細密至微之修養法曰。食後、坐東、牕。四體、舒泰。神氣、清朗。讀書、愈有進、益。數日、趣同。此必、又透一、關、矣。

胡敬齋論一息非存心之法曰人以朱子調息箴爲可以存心此特調氣耳只恭敬安詳便是存心法豈假調息以存心害道甚矣此敬齋靜坐之法也

陳白沙築陽春臺靜坐其中不出閾外者數年

劉蕺山云主靜工夫最難下手姑爲學者說方便法且教之靜坐日用間除應事接物外苟有餘刻且靜坐坐間本無一切事即以無事付之即無一切事亦無一切心無心之心正是本心又云只在尋常日用中有時倦則起有時感則應行住坐臥都作靜觀念息起居都作靜念昔人所云勿忘勿助間未嘗致纖毫之力此其眞消息也又云程子每見人靜坐便知其善學善學云者只是求放心親切工夫從此入門即從此究竟非徒小小方便而已會得時立地聖域會不得時終身狂馳了更無別法可入不會靜坐且學坐而已學坐不成更論甚學坐如尸坐時習學者且從整齊嚴肅入漸進于自然劉蕺山靜坐之說備矣學者可以知儒教靜坐入手工夫之所

在、矣。此儒、者、修、養、之、法、也。初編所述儒家修養工夫。即止於此。至入道以後所有甚深微妙之法則。非初編所宜言也。姑以俟諸續編可耳。

第六節　宋明道學出於道家之證

周濂溪太極圖。本名無極圖。得之於道家。昔河上公傳修養之旨於魏伯陽。伯陽以其說授鍾離權。權以受呂洞賓嵒。嵒以授陳圖南摶。摶以授种放。放以授穆伯長修。修以授周濂溪。其圖四位五行。其中由下而上。初一曰玄、牝之門。次二曰煉、精化、氣、煉氣、化、神。次三曰五、行、定、位。五氣、朝元。次四曰陰、陽配、合。取坎、填離。最上曰鍊、精、還、虛、復、歸、無、極。故曰無極圖。乃養生家修鍊之術也。周濂溪取而轉易之爲圖。亦四位五行。其中由上而下。最上曰無、極而、太極。次二曰陰、陽配、合。陽動、陰、靜。次三曰五、行。定位。五行、各一、其性。次四曰乾、道、成、男。坤、道、成、女。最下曰化、生、萬、物。更名之曰太極圖。仍不沒無極之旨。然則太極圖出於道家。而原於易教。故周濂溪因之以明易。

邵康節先天圖。及卦變圖。亦均得之于道家。同出於陳圖南。摶。摶以授种放。放以授穆伯長修。修以授李挺之之才。之才以授邵康節。康節因之以明易而演爲皇極經世一書。然則周邵二子。皆得其學說於道家。以歸儒家。而其原實同出於周易也。故周易一書。貫天人。而致中和。贊化育。至修養云者。僅其萬分中之一端耳。

宋儒修養之術。所以本於道家。而又勝於道家者。正以其能善利用之。取其精華。棄其糟粕。豈徒後來者居上而已哉。善變與不善變之辨也。朱子嘗言佛家偷得老子好處。後來道家只偷得佛家不好處。譬如道家有箇寶藏。被佛家偷去。後來道家卻只取得佛家瓦礫。殊可笑。嗟夫。道家之寶藏盡矣。一遭唐時佛家大乘諸宗之攘奪。再遭宋時儒家理學諸賢之攘奪。而道家本主拱手退讓。轉取他家之瓦礫以爲補足。捐失之寶藏。歷傳至今。所有者無非人之棄餘。安能與人爭競。此道家人格所以日落日卑。至於此極。既失其歷來傳家之寶藏。又不得出類拔萃之人爲之振衰起。

廢。僅日玩夫他家棄餘之瓦礫。醉生夢死。而猶不自求覺悟。悲夫。踐形治道家書籍。自周秦諸子以來。迄於現在。凡校讀七千八百餘卷。其中眞堪爲道家之寶藏者百不能得其一、二。而轉取他家之棄餘瓦礫。以代拱璧者。隨處觸手刺目。間有一、二稍有價值者。又堆埋積壓。而沉淪混亂於糞土之下。非芟其荆棘。翦其榛栗。何能得循前武而尋幽徑。以淘溜此沙中之金。劈鋸此石中之玉也耶。此踐形所以博覽道藏全書而擷取菁英。删削無稽。以有修道纂要一書之作也。苦心孤詣。知我者天。盡己所願。成事在天。尚復何求哉。

第二十二章　修養之成功

第一節　修養須知戒

修養、易事而難成也。責不在法式而在精誠。精誠所至。金石爲開。以頑蠢無知而且點首、矧乎靈長而不與焉者。必誠有不至。故心有不靈。舍近取遠。遺卑蹈高。力竭無功。是謂徒勞着手。初步。首在知戒。是故君子戒愼不睹。恐懼不聞。暗室常敬。屋漏無虧。是謂知戒。戒所不一。實繁有數。有身戒。有心戒。有物戒。有時戒。有事戒。有理戒。身戒乎。稍有知者不犯矣。心戒乎。思齊賢者不犯矣。物戒乎。不貳過者不犯矣。時戒乎。善自好者不犯矣。事戒乎。能自治者不犯矣。理戒乎。君子有所不知。則或不免焉。故六戒者。五戒易除。理戒難釋。是以哲士尙格物。物有未格。則知有不至。蓋理有未窮。則識有未明也。人無故犯是戒者。必不明累之也。物交蔽於前。欲引誘於後。鮮有不動心者。老子云。不見可欲其心不亂。然則一見可欲。不能保其不亂矣。果物欲之勢巨歟。嘻。味者自迷。昏者自弄也。我不入穀。物欲其謂我何。善乎自得之也。不自得則已。其必自省乎。而戒則自省之謂也。省則理幾於明。物不我撓。欲不我侵。灑然脫然。何嗜何染。嗜由愛取。染由熏習。不受不執。廣居正路。任我逍遙。何不樂爲。故修養之事。首在知戒。而理戒尤要。愼毋忽於微而昧於幾也。

第二節　戒危術之經驗

黃庭經曰。出日入月呼吸存。又曰。呼吸元炁可成仙。蓋人身生命操於一息。一息不來則命非我有。自古修士養炁爲先。導引。吐納。秦漢已著。上眞。列仙。所以長生久視。神通變化者。莫非原於調息。一法息調。而凝。凝而運。運而周。流不窮。可以神。勇可以禪定。可以養胎。可以化身。其初不外一息。佛有止觀之修。仙有性命之鍊。儒有志氣之養。曰靜。曰寂。曰敬。曰誠。同途異名。終歸一轍。佛言阿陁。仙言吐納。儒言呼吸。實皆凝神入炁穴而已。北宗心息。南宗踵息。或龜息。或耳息。均卽深呼吸也。訣在微綿二字。其至則爲無息。無息者寂之效也。易曰寂然不動。感而遂通。寂者止也。定也。靜也。誠也。感者觀也。照也。慧也。明也。誠則明矣。明則誠矣。養炁之術。周易中庸二書言最詳備。深微無遺。通者神也。陰陽不測。變化無方。所謂神交。神感。神格。神應。神移。神遊。諸術。通之始也。神境。天眼。天耳。他心。宿命。諸法。通之廣也。漏盡者。其通之證乎虛空。

粉碎與道合眞者其通之極乎踐形自學道以來抱元守眞一本孟聖之養氣兼參老子之綿存莊生之深踵廣證道家各派佛氏諸宗旁及精神哲學注力於自己催眠與禪定工夫者多年矣融會貫通始知方法雖有淺深頓漸之異若造其極不過以剛毅之志帥浩然之气自得沛然莫禦凜然永存之趣苟能精進勇往定當不負素願踐形生而羸弱先後天均不足十五六歲前病魔侵纏重任幾絕後得萬壽仙訣如法試習由習而效由效而信由信而堅由堅而精由精而得入樂鏡去先天炁後天氣得之者常如醉此養氣之初功亦入道之始基也既而地戶塞（即會陰穴）天門開（即泥丸宮）靜坐之際靈華電閃（即虛室生白）甘露雨注（即醍醐灌頂）慶雲繞於玄谷（即三素凝煙）景風拂自頂門（即泥丸風生）升三關（即後三關）降三田（即前三田）周流六虛（即坎離二用）輕爽四大（即柔軟）涉超三界（即不落空不着相）寂照十方（即定能生慧）眼見無量色耳聞無量聲鼻臭無量香舌嘗無量味清涼泌入心肺薰蒸熾自夾脊節節生景步步得驗方是靜坐有效養氣功

純六種震動非起於人為亦不能自主五氣朝歸全屬於天然亦不離眞意（此句注意）是時即應用物心並行陰陽交感諸哲理操縱意源神波緣物忘境（緣字輕看忘字最重）可成就無量意業諸功德。漏盡通已具則餘諸通不期咸備。若一通已證而餘諸通不能者恐其一通亦難恃也。況五通既經則漏盡必不肯修矣。養氣之士勿徒好奇頻至冒險。請從定慧始也。踐形從前研究催眠靈子禪定等法。果至神遊境界偶而出定。幾被危殆。及今思之猶覺汗涔。嘗考神境約分三種。一曰眞境、二曰幻境、三曰魔境。眞境如實。幻境如夢。魔境如迷。眞境非具仙骨植宿緣者不易至。謂之證悟境界。幻境大都由篤信暗示起豫期作用。虛構心象所致。謂之催眠境界。魔境又分三類。一念魔、二途魔、三物魔。念魔由己一心久執不舍。遂成念障。彷彿神精病狀。途魔咎在方法未盡完滿。修持未至精純。功夫積久不免夾雜。漏盡未成而五通早具。不耐潛韜遽爾出神所致。物魔因染汚未去。積習難消。本其平日歷經諸象。深印髓海。先入為主。僭據精神中樞左右意識活動。靜寂禪定之後。隱顯出沒。無法肅靖。致釀此變。復分、數項曰樂境。魔曰悲境。魔曰失、境。魔曰憤、境。魔曰怖、境。魔曰欲、境、魔曰願、境、魔曰外、境、魔。前七屬內皆記憶反照所結。後一屬外。乃靈物感觸來試。犯此諸境。誤認爲眞。希有不蒙迷惑者。不早反省。難免成魔眷屬。對治方法。唯有焚。身一訣。運眞氣。流動。前。三。後。三。攝眞意。降伏身。陰。心。陰。洗滌純淨。葆露一。顆。虛靈。通明。潔。白。淸。靜。的。性。珠。鏡。光。可。以。顯。影。而。不。染。物。形。可。以。照。境。而。不。執。物、象。雖。有。魔。景。於何、被。迷。本。無。色。相。於。何。受。着。踐形於諸神通之實驗。歷經險境。故內觀獨詳。今方增上漏。蘊。凝志虛寂。力求極至超。解不復作數年前之遊戲觀矣。近來體康步健。遠途不倦。回顧從前病態。判若兩人。謂非修養之力不至此。庸自述其經過。以就正於同志。

第三節　修養之方便及志願

自然、康、壽、法、者。中一、式、修、養、術、之、一、種、也。書凡三編。初編爲修養入手方法。簡便易行。隨時隨地均可鍊習。若其人後天習染太深。凡念纏擾太雜。則可、先鍊、自然式之、運、動法、此即中、一式、修養、術、動功。之、一、種、也。其法祇能爲色身計耳。不能利益法身也。故爲修養術之下乘。先鍊動功。使心神歸一。然後再續鍊靜功。則收效尤易。若值中根利器。後凡不十分染擾者。即可不用動功。徑鍊、自然式之、休養法。此即中、一、式修、養、術、靜、功、之、一、種、也。其法爲修養術之中乘。亦可臻於上乘。至屬上智夙慧。本無後凡之夾雜。清明在躬。浩氣常存。則可超出動靜兩功之上。而修、自然、式之、自然法此即、中、一、式、修養、術、道功之、一、種、也。其法可緣此以得甚深微妙之境界。故爲修養術之上乘。由此精進不退。勇修潛化。即可漸登最上上乘。若能不自囿隅。一超直入。則妙悟心印。立地頓達最高峯矣。凡各教均有修養方法。其切入門處。彼此不必全同。而其能達最高峰後。則所得者固如是焉耳。第因各宗方法之不同。故入手、有難、易。路程、有、多、少。功夫、有、深淺。時期、有、遲、速。在初入手時。用極準。確。眼光。看定。極精密。

心靈斷定極堅固脚跟站定極敏疾手段握定自然不致謬誤不致虛浮不致搖惑不致紆迴欲爲聖賢卽爲聖賢欲成仙佛卽成仙佛道德有於身性命操乎手言行表爲法則功業展爲經綸此尤儒教中修養既成後之盡性立命法門子思所謂致中和而天地位焉萬物育焉程子所謂心普萬物而無心情順萬物而無情者豈徒如枯坐毀形絕思滅心獨善其身自安小道不窮大法之自了漢終落空亡者所可同日而語哉修養不但知戒危尙須立志願踐形謹以人能弘道萬物備我之二語貢獻志道者之前爲修養入手之始基庶能胞與民物立達人已而同善以兼利乎有志於道者其終身誦之也可

自然康壽法(初編補遺)

楊踐形編

第二十四章　佛家之修養法門

第二節　佛教經典中修養學說之舉證

學佛者、謬謂佛止言性。而命則付闕。以爲不必參也。孰知佛教講道。命在性先。命有成就。始究大乘性義。卽如僧肇有言。「有爲雖僞。棄之則佛道難成。無爲雖眞。執之則慧性不朗。」此以證之悟眞篇所云。「始於有作無人見。及至無爲衆始知。但言無爲爲要妙。不知有作是根基。」何其吻合也。仙佛罔無二趣。乃執以爲異。奇哉。釋迦喻以蘆芽穿膝。達摩喻以折蘆渡江。均以蘆喻。卽水火雙行之旨。經云。「法水能洗衆生諸煩惱垢」此即以淨水克慾火也。經云。「水性是一」此即大一生水、水源眞一之意。無量經又云。「水雖俱洗、而井水非池、池非江河、谿渠非海。如如來世雄、於法自在」此即辨水源之清濁。若者可用、若者不可用之意。證以丹經、若合符節。又云。「菩提樹下正中有金剛座、賢劫千佛坐之而入金剛定」此即魂魄相戀。金木相拘、夫婦交歡之意也。傅大士云。「六年雪嶺爲何因、大定調和氣與神。一百刻中都一息、方知大道顯三乘」此言釋迦自修實證、晝夜靜思以除六欲也。華嚴經云。「爲踐世尊所行之道、不遲不速、審諦經行」此即眞息自綿綿之意、太速則氣蕩而不調、太緩則滯於結相。故必審諦經行。佛說事障即執於雜亂之意、如過放縱、則又無記空。故法喜禪悅、皆況其不執不縱之意。初禪念住、二禪息住、三禪脈住、四禪滅盡定、亦華嚴之言、當不誣也。又菩薩行醍醐灌頂、海水灌頂之事。證以仙機、則即還精補腦之說也。精何可還。返老可還。楞嚴經云。「若不除淫。修禪定者。如蒸砂石。欲其成飯。經百千刦。祇名熱砂。何以故。此非飯本」此卽、煉、精、化、氣、乾、元、純、白、之、金。有此、方、可、言、修。丹書云。「鼎內若無眞種子。猶將爐火煑空鐺」佛教、小、乘。固言、離、欲。至大、乘、乃、入、禪、定。今不、能、事、小。便、欲、事、大。不、能、築、基。尙何、所、求、哉。楞嚴經云。「汝以淫身。求佛妙果。雖得妙悟。皆是淫根。輪轉三塗。必不能出。如來涅槃。何路修證。必使淫機身心俱斷。斷性亦無。於佛菩薩。斯可希冀」蓄、漏、盡、通、成。則、眞、無、漏、精、全、氣、全。而得長生。佛教、除、淫、實、精。爲、修、清、淨、梵、行、之、佛、本、也。又云。「修禪定者。不除淫根。必入魔道。」又云。「不除淫心。塵不能出。」此卽彌勒所謂「饒經千萬刦。終是落空亡。」卽華嚴所謂「具丈夫形。成就如來馬陰藏相。」是漏、盡、通、至、無、漏。故淫、根、已、斷、也。華嚴經云「有藥汗名訶宅迦。人或得之。以其一兩。變千兩銅。悉成眞金。」此、卽、丹、經、點、化、之、說。修、道、外、事、也。又云。「有藥名大蓮華。其有服者。住壽一刦。」此、卽、服、食、之、說。修、道、內、丹、也。古詩云。「早服一刀圭。暮卽生羽翼。」卽此、意、也。楞嚴有「佛阿難所說。不知心目所在。則不能降伏塵勞。」此即呂、純陽、之齋、戒、等候、一、陽生、之旨。陰符經、所云、機在目、也。楞嚴經云「塵既不緣根無所偶。反流全一。六用不成。」此即洞水、逆流、曹溪、逆流、之意。蓋返、還眞一、之水也。達摩所云。「一時用六候。二候採摩尼。四候別有妙用。」即沐浴、刑、德、之意也。釋迦所謂「火化之後。收取舍利。」即小、周天、後採大藥、得玄珠、之象也。華嚴經云。「善財童子五十三參皆向南行。」此即採之而至。似有似無。之妙。可遷中丹。即離、南也。煉氣化神在此。是故、釋迦、不離、菩提樹下。而上、升須彌頂。上升天宮、說法、之秘旨也。經又云。「諸佛臍中皆有光明。名菩薩受生自在燈。」此即王、重陽、云。臍中、丹田、內有黃庭、宮是也。亦即、張、紫陽、云黃庭爲鼎。氣穴爲爐之意。楞嚴經又云。「既遊道胎。親奉覺胤。如胎已成。人相不缺。身心合成日益增長。」此非煉神、還虛、聖胎凝成、嬰兒、出現、之理、而何。謂之、身心。非雙養而何。身即命。心即、性、也。其義、甚顯。又曰。「形成出胎。親爲佛子。」故菩薩、如來、稱、法王、子。不從、聖胎、出。何名、爲子、也。華嚴經云。「世尊從白毫光中放大光明。名如來出現。」此卽、脫胎、而後、朝帝之景、也。以此、相引證。孰謂、如來、畢、提性、耶。

第三節　佛教經典中分化身說之舉證

修養之極致。必至於通神應化。道書丹書所以有分身化身之說也。其說、實、出於、佛、家。佛教經典言分身化身之說者。不勝枚舉。茲僅就其說之最淺近易曉喻、有與道家所言分身化身相通符合者。略舉數則爲證。其精微深奧之論、概不列及。以示範圍。造化經云。「得道者與虛空合體。無費者也。」夫旣、虛空、合、體。理當、無、不周遍。故法華經云「世尊放白毫相光照見東方萬八千世界靡不周遍。」蓋神之、當其、寂。時。有感。則動、變化。顯現。皆由、一。念千百億化。亦皆由一。念。洞靈神警云。「一念動意動。處處出神。念停意停處處歸眞。」此可、知、神、之分化矣。蓋諸、佛、以心、中、利、他、之法。入度、他、心。而轉、法輪、也。其流圓演通、實甚深微妙境界。十力與六通所成。故云「淸淨無邊難思議。」即其神境通一者。能變現不思議境界。復能變往自在。自身變現自在。而諸仙佛之生憐愍念。發慈悲心。將欲救拔。復入一切諸法。故有種種相現也。十地菩薩修行功滿。唯務化利衆生。大慈如雲。普能除覆。雖施作利潤。而本體寂然不動。於此可見諸仙佛之分化。究於諸仙佛有如何相關乎。體眞理。極深入諸佛祕密法。得悟不思議功德。法利相即生六種震動。遍及三千大千世界國土。無量義經云。「首楞嚴三昧。入大總持門。得懃精進力。速得超越上地。善能分身散體。遍十方國土。」觀無量壽經云。「身諸毛孔。演出光明。如須彌山。彼佛圓光。如百億三千大千世界。於圓光中。有百千萬億那由他恆河沙化佛。一一化佛。亦有衆多無數化菩薩以爲侍者。無量壽佛有四萬八千相。一一相中。各有四萬八千隨形好。一一好中。復有四萬八千光明。一一光明。遍照十方世界。念佛衆生。攝取不捨。」無量義經又云。「諸佛無有二言。能以一音。普應衆聲。能以一身。示百千萬億那由他無量無邊恆河沙身。一一身中。又示百千萬億那由他阿僧祇恆河沙種種類形。一一形中。又示百千萬億那由他阿僧祇恆河沙形。善男子。則是諸佛不可思議。甚深境界。此非二。乘。凡。夫。所。知。亦。非。十。住。菩。薩。所。及。惟。佛。與。佛。乃。能。究。耳。可知佛家化分之說。實同於道家化分之說矣。

第四節　佛教經典中治病癖說之舉證

修養之初。先調己心。迨夫猿馬既馴。性定而慧通。始可以施之應用。道家佛家均知其然。故道家、有布、炁、治、病、之、術。而佛、家、亦、有、止、觀、治、病、之、法。不但可治一己之病癖。更可藉治衆生之病癖。此亦修養萬能之一效耳。中阿含經曰「須達長者病重。使人請訓於舍利子。乃爲長者說七勝財法。使勿怖。須達悟解。一聞其說。尋即病愈」此、佛、家、修、養、之、法、可、以、治、愈、病、癖、之、證、也。計佛家治病癖之法。約可別爲八項。分舉其說如次。

第一項　止心法

止心法者。止其心於一定處。所可以攻病癖。可以養靈能也。其法先解衣。諦觀臍如豆大。後閉目合口。以舌支腭。置心於臍。使氣調順。斯心止於丹田。能醫萬病。若猶感苦痛。則移心而向足三里穴。痛猶不除。更移心而向兩足大拇指爪橫紋。必止。若頭痛。目赤。口熱。耳聾。腹痛等。則止心於兩足中間。可愈。又云「安心止在病處。其病即治」。夫病者。身之賊也。心者。身之王也。王至。而賊散。是以。病可治也。試徵之國清百錄佛祖統紀。有云「智者大師。隨諸病處。以心止之。不出三日而愈。且曰。心如王。病如賊。使心不安於賊。則賊即散壞。」又智者大師所述天台小止觀一書。極主止心之法。有治病。癖之効。其說略謂「病由心生」又謂「諸法本空。不取病相。寂然止住。一念心生。則種種法生。心滅則萬緣俱寂。又況心王所蒞。則病魔俱避乎。又云「夫坐禪之法。若能用心。則四百四病。自然除差。若失所用心。則四百四病。因之發生」

其治病之方法。亦不過常止其心於一處而已。大別略有二所。一、止其心以守丹田。二、止其心以守湧泉。行住坐臥如如不離。即能治一切病癖。悉有良効。然止云守云者。非膠執着相之謂也。金剛經不云乎。「應無所住而生其心」 無所住者。亦非流蕩忘返之謂也。既無所住於何執着。唯無所住方能止守。若凡夫愚人。不出兩端。非放其心而不知求。則揠其苗而助之長矣。或廢弛其操存。或誤用其心力。落空則入於無着相。則出於有。又安能無所偏倚。而得中道諦乎。此止守二字之誼。不可不深思之也。深思之而得其情。斯誠止守之本誼矣。然必守於丹田與湧泉者。其理亦有二。一、佛家以爲四大不調。必多疾患。而四大之不調。由於心識之上緣。若安心於下。則四大自然調適。而四百四病亦自然除祛矣。二、心有憶想。由四大鼓作。則生病。若息心而和悅。則四百四病因之瘥瘳。故善修止法。習靜坐禪。則能治療病癖也。

第二項　調氣法

修養

調氣法者。謂調、劑、呼、吸、之氣。以對、治、病、癖也。夫調氣之法。莫備於黃庭山人所述太上玉軸眞經六字訣。以呵、呼、呬、嘻、噓、吹六字分治、臟、腑之病。從來學修養法者。舉推崇爲道家調氣說之祖。而天台開宗隋智者大師所述小止觀一書。亦引有六字訣。其分配臟腑之法。悉同玉軸。惟以嘻字主三焦。則與玉軸少異矣。智者大師又有次第止觀一書。曾經嗣法弟子一再修治。今名禪波蜜。亦引有六字訣。其說以噓治肝。同小止觀。而以呬治腎。則又同孫思邈千金方調氣法篇中所述之說。惟其以吹去寒。以呼去熱。雖亦同主心病。而冷熱互易矣。至於以呵治肺。以嘻治脾。則遍觀修養家調息說諸書。無一有與相合者。豈以非出智者大師手著故耶。

踐形旣備得黃庭心印。對於玉軸六字訣之修習。固已視爲筌蹄。而推究醫理之相與貫通者。似玉軸六字訣之說。較千金方調氣法篇中所述者爲勝一籌。故修養家之崇奉與醫書之專著。通俗之流傳。無弗右袒玉軸六字訣者。而天台小止觀說適

第十一期

與之相通符合。夫豈偶然哉。今採小止觀說。以爲佛家用調氣法治病之一證焉。其說謂用六種氣可治諸病。一曰。病屬心臟。以呵字之氣治之。二曰。病屬脾臟。以呼字之氣治之。三曰。病屬肺臟。以呬字之氣治之。四曰。病屬肝臟。以噓字之氣治之。五曰。病屬腎臟。以吹字之氣治之。六曰。病屬三焦。以嘻字之氣治之。此天台小止觀之說如此。踐形取其理之。尤勝於玉軸六字訣也。故表而出之。夫此六字訣法。本以口、齒、唇、舌、喉、分出之音。各貫注所屬臟腑之氣。氣之道路異。故病之主治亦異也。又有用禪波蜜之說者。即如病冷用呼。病熱用吹。病氣用呵。其法每日自子至巳。向東靜坐。不開窗。不入風。以舌攪口中。則舌下水自滿。於是嗽數度。分三口咽下。以意送之丹田。徐徐噓口念呵字。呵出心中濁氣。其時勿有聲。有聲恐損心氣。故即閉口鼻吸清氣以補心。吸時亦不得有聲可聞。但呵出宜短。吸入宜長。如此六度。積功既久。自見良効。

第三項　運息法

運息法者。謂運、用、呼、吸、之、氣。以對、治、病、癖、也。茲就佛家之運息法。分作十二種息。述之。

第一種（上息）　對治體肢沉重之病。此降者升之也。

第二種（下息）　對治精神虛懸之病。此上者下之也。

第三種（滿息）　對治體肢枯瘠之病。此槁者潤之也。

第四種（焦息）　對治體肢腫滿之病。此溢者燥之也。

第五種（增長息）　對治羸損不足之病。此虛者長之也。

第六種（滅壞息）　對治增盛太過之病。此盈者消之也。

第七種（煖息）　對治寒病用之。此寒者煖之也。

第八種（冷息）　對治熱病用之。此熱者涼之也。

第九種（衡息）　對治壅塞不通之病。此以流濬淤之法也。

第十種（持息）　對治戰顫動盪之病。此以靜制動之法也。

第十一種（和息）　通治四大不和之病。此違者和之也。

第十二種（補息）　資補四大衰弱之病。此衰者補之也。

此上十二種息法。爲佛家勿藥治病之捷徑、實修養術中必不可缺少之運息方法也。雖已落於色身分內事。然於衛攝之功。獨得効驗。且深合醫理。具足十劑之用。十劑者。補一、攻一、消一、解一、祛一、潤一、除一、利一、毒一、和一是也。虛者補之。實者攻之。積者消之。塞者解之。中者祛之。枯者潤之。結者除之。害者利之。毒者毒之。緩者和之。此十方之法也。

第四項　調息法

調息法者。察息之強軟。驗身之健病。而調和之。使躋於適中之閾也。計分息法有四相。前三相。皆屬於不調和相。唯後一相。方屬調和相。不調和三相者。一曰風。相謂坐時鼻中息出入有聲可聞。如風之相也。二曰喘。相謂坐時雖無呼吸之聲。然出入結滯。未能通徹。如喘息之相也。三曰氣。相謂坐時旣無息聲。亦不結滯。然呼吸之氣。出入不細。如氣流之相也。至調和一相。是謂息相。能調和。其息自然衆患不出。萬病蠲祛矣。

第五項　假想法

假想法者。謂於治氣調息之際。兼假作一種理想。以得其心力之幻化轉變潛移默祛治療病癖於不自覺耳。此法頗似道家之存想法。又似催眠術之自己暗示法。然最忌膠執着想。恐反別生病癖。則是未得其利。先伏其弊。要非圓滿之方法。其戒與止心法同。至劉靈華之轉心法。詳見其所述樂天修養法一書中。亦假想法之支流也。其在佛教經典中。可舉證者。如阿含經云。「假想觀酥。煖酥在頂。滴滴入腦。濺於五臟。流潤全身。」而雜阿含經所載。且有七十二種治病秘法。略舉對治方法。如患冷。則想身中火起之類是也。

第六項　觀心法

觀心法者。謂諦觀此心。思維道理。覺悟眞常。妄見自除。蓄合調氣運息假想諸法而一以貫之者也。維摩詰經云。「病不離四大。不即於四大。病而直觀心。推求此病因不在內外。不在中間。心不可得也。病來責誰。誰受病者。用斯觀力可以治病。」是故天台智者大師小止觀法。有明治病方法。凡分兩種。一曰止治。即前所述止心法是也。二曰觀治。即今所述觀心法是也。夫止心所以伏結。即愛養心識之喜資。而觀心所以斷惑。即策發神解之妙術。止觀之道。豈但可以治病而已哉。治病不過其中之一効驗耳。今錄智者大師觀治之法中。題爲用心坐中治病之一節。計十項。撮其大要如次。願與研究止觀法者共討論之。

修養

第一（信）　信此法必能治。

第二（用）　隨時常用。

第三（勤）　用之專精不息取得差爲度。

第四（常住緣中）　細心念依法不異緣。

第五（別病因起）

第六（方便）　吐納運心緣想善巧成就。

第七（久行）　用之未即效常習不廢。

第八（知取捨）　知益即勤有損即捨。

第九（持護）　善識異緣觸法。

第十（遮障）　得益不向外說未損不生疑謗。

第七項　方術法

方術法者。謂用、各種、方術。如持、咒、結印、禁厭、之類、是也。佛教大乘、每闢方術爲外道。而以智慧爲內學。故佛教八宗（此依最新判定）獨眞言密宗則專尙持咒結印禁厭之類。中國已絕其傳。僅盛行於東瀛。其法是否靈驗。非本書範圍以內所宜判矣。總之其蔽必多。可斷言也。踐形廣披眞言密宗諸書。雖其於言說文字之間。亦未嘗不自圓其理。而考其究竟。難免自安於心。茲僅舉其偏說。以備一格。爲耳。閱是書者。幸勿誤以爲此法可供修養之採用也。

持咒結印之最簡便易行者。莫如護身法及九字契印。護身法實冠於十八契印之首。以爲甚深微妙之眞言。凡有五印。自一至五。須連續行之。不可間斷爲是。

其一。淨三業。印兩掌相合。掌中空。念「唵薩嚩婆嚩輸馱薩嚩達磨薩嚩婆嚩輸度含」。五遍。能滅身口意之罪業。使之清淨。

其二。佛部三昧耶。印結前印畢。開掌如盛物狀。念「唵怛他蘖都納婆嚩也娑訶」。

」三遍。能得十方三世諸佛之護念。而增壽命長福惠。

其三蓮華部三昧耶。印兩手五指相離。拇指與拇指小指與小指相接。如八葉蓮華之形。念「唵。跛娜謨。納婆嚩也娑嚩訶。」三遍。能得觀世音及諸菩薩之加護消除一切罪業。

其四金剛部三昧耶。印左掌向下。右掌向上。兩掌之背密接。拇指與小指各相鉤。念「唵。嚩日盧。納婆嚩也娑嚩訶。」三遍。則受金剛部諸尊之靈顧。除一切病難。堅固身體。

其五被甲護身。印兩小指交叉爲十字形。無名指堅屈。中指之端相接。食指之端按於中指之背。兩拇指相接。念「唵。嚩日盧。銀儞鉢羅。捻跛嚩也。復嚩訶。」五遍。則除諸天魔之障害。避一切危難。堅固身體。

次述結九字印之法。九字者。亦謂之縱橫法。從其根本之呪語九字而成。故有九字之名。九字即「臨兵鬥者皆陳列在前」是也。俗名切九字。立表如左。

(呪文)	(印名)	(結印之法)
臨	獨古印	兩手內組。中指伸直。
兵	大金剛輪印	兩手內組。中指食指伸直。
鬥	外獅子印	食指中指內組。餘指伸直。
者	內獅子印	中指無名指內組。餘指伸直。
皆	外縛印	兩指之指皆外組。
陳	內縛印	十指互相內組。
列	智拳印	右手握四指。伸一食指。左手握之。
在	日輪印	兩手大指食指之指端相接。餘皆散開。
前	隱形印	左手握拳。右手握之。

〔解釋〕內組者。指端在中是也。外組者。指端在外是也。

復次。徵諸顯密圓通成佛心要集一書。其第三門有云。「除身心病增長福慧門者。謂聖六字陀羅尼經。普賢陀羅尼經。文殊一字咒等十五餘本經。皆說眞言行人能除種種身心病苦。言身病者。所謂一切熱病冷病。風病。瘧病。眼病。耳病。鼻病。舌病。口病。齒病。唇病。喉病。面病。頭病。頸病。胸病。脅病。腹病。手病。背病。腰病。髀病。膝病。脚病。痔病。痢病。痰病。氣病。痳病。疔病。腫病。班病。疥病。疱病。癩病。癬病。痒病。瘡病。狂病。癲癇病。鬼魅病。舉要而言。或四大種二病。或五臟種種病。如是等病。以神咒作不思議力。悉能除愈。故持句神咒經。大悲心陀羅尼經。皆云陀羅尼能令枯木還生華果。況有情病而不除也。」以上舉述眞言密宗之一隅而已。欲考其詳。則有不空神咒諸書。欲挈其簡、則有密宗綱要等書。其實理法兼圓。已備於天台小止觀中。苟能有得於止觀之中道諦。而不墮於偏修習。則可知中國向來嚴禁密宗之傳授者。不獨爲、道德、風、化、之、關、係、而、已。蓋非研究密宗諸書。而會悟貫通者。不能曉也。

第八項　信念法

信念法者。謂、正、信、念、佛、號。一、心、不、二。求、威、力、普、護。以、解、脫、魔、縛、也。此法之念佛。與方術法之念咒。皆專依信力得安心超拔。然兩法迥然異趣。別爲兩宗也。蓋念咒屬於眞言宗。乃依已他信法對治也。念佛屬於淨土宗。乃依他他信法對治也。依已、他、信、者。其旨在即。身成佛。此大、日、如、來、之、教也。依他、他、信、者。其旨在往。生。佛。土。此彌、陀、如、來、之、教、也。或、說、與、釋、迦、如、來、之、教。三、身、二、體。猶之道教方士之說。老子一炁化三清也。然依儀判。教依理判。教。蓋不能。不說。顯與釋迦之菩提樹下異趣也。若佛教信徒。唯聖教量之是依。決不敢作是言。得毋詫爲謗佛耶。余雖嘗闡眞言密宗之法。而爲社會之道德風化計。甯犧牲數年研究之苦心。而語人曰。佛教淨土宗之兼攝利根鈍根。得安心饒益。其流、弊、較、少。而密、宗、之、託、辭、灌、頂。實聚、歛、錢、之、蠹。禪、宗、之、專、逞、機、鋒乃鼓巧簧之狐故研究佛教之學說者惟法相宗之唯識論法性宗之八不義法華宗之假空盡中諦開三觀華嚴宗之理事無礙門攝一心爲具足大乘勝諦顯權揚實隨緣說法卽不能無狃於偏僻要終差勝一籌耳

靈異近聞

沈爾昌南潯人服務嘉興新塍鎮奉來典術擅外科施治不受診金爲人救治服洋火毒無不起死回生活已不可勝數平時信仰佛道當設壇供奉神仙求方問卜乩示頗靈某甲以事興謗結怨于鎮紳江某遂誤聽其說毀壇勿使開乩沈乃大恚鄰近樂善壇乩示云須沈某扶乩沈亦力辭不往但治人疾病仍力行不怠其後江紳兩子相繼夭亡論者謂毀壇之報云（強化誠）

答問道函（附來函）

揚踐形

（上略）南華經。天地間第一等奇書也。惟天地間第一等奇人方能說得。亦惟天地間第一等奇人方能識得。來書所引及南華經云、生有涯、知無涯。語出養生主篇。是文惠君所云、「善哉、吾聞庖丁之言、得養生焉。」又繕性篇曰、「人雖有知、無所用之。此之謂至一。當是時也、莫之爲而常自然。」夫不以知求、而常自然。是修養之道既得矣。是故云、「得其一、萬事畢。」莊子者、固道家之上座、而自然者、又道家之至理。習悟先天、竟得虛靈。此踐形廿年前、最初感格義孔時、自現景象。當日欣慰、以爲可通神人之郵者、唯此而已。然伯玉、仲尼、行年六十、而六十化。由今追昔、又未嘗不歎當日之孟浪。盡屬識神用事。苟欲曉此縣解。惟有求之莊子內七篇耳。則莊周蝴蝶之夢。蘧蘧然覺矣。最初入手。先從齊物論做起也可。養得「眞君存泰宇定」。即莊子所謂「虛室生白。吉祥止止。」是故修身以俟。旦暮遇之。孟莊之言。豈欺我哉。既明且哲。不惑於染。斯得獨保其天眞。此莊子所謂與天爲徒。天而人者也。如是性慧烏有不定。靈根烏有不固。命宮烏有不實哉。陸潛虛。後世道家之傑出也。著方壺外史。又著南華副墨。亦知南華之文可寶也。

黃庭上宮。誼出黃庭金經。大洞帝闕。誼出大洞玉經。南離神室。誼出龍虎上經。皆道家丹書之上選也。而黃庭經。傳自晉南嶽魏夫人。書尤古。理尤長。踐形寢饋既久。發明心得。始知修養之道。必能自造血素。方爲極詣。而丹經萬卷。類多秘母言子。添出坎離鉛汞龍虎烏兔。如許隱名。度人則不足。惑人則有餘。故踐形不得不博稽道藏。而考出黃庭眞指二十四處。作黃庭詳考一書以顯之。又因黃庭各家注疏。類多隔紕繆序。全無是處。不特貽誤後世、抑且辜負前人。故踐形不得不引證丹經醫書之說。而於生理。之榮衞灌化穴道之名稱。部位、悉本諸黃帝內經、以辨正歷來無稽杜撰之謬。爰作黃庭發篇一書。誓願普度迷津起見、擬贈靈會印行、以公同好。雖曰洩盡天機、苟得度盡衆生、亦何畏天譴。屆出板後、再當函知可也。依書質問較之空談。必易於會悟耳。先哲有言、人之患在好爲人師。踐形自愧、不能自立達以立達人。何敢妄自尊哉。況乎孟子云、歸而求之有餘師。莊子云、夫隨其成心而師之、誰獨且無師乎。是師在我、不在人也。故孔子云、溫故而知新、可以爲師矣。若夫三人行必有我師之說、其誼雖相成、而意則別取也。是故取法乎上、僅得其中。若取法乎中、斯得其下矣。惟願明哲之君子、以至聖爲師。庶乎集羣論之大成、而得吾道之一貫矣。

附丹陽工業學校楊大成先生來函

踐形先覺夫子尊前。陳歲春間。函稟問道。今年斯時。重遊舊址。閱精華八期。領德教意。特盥手敬錄。供時時誦讀。得答修道書之要旨「道尙自然」四字而已。夫自然云者。自然而然、不知其所以然。無作爲、無迹象之意是也。所謂含光其內、印悟於中、不識不知、順其自然者也。豈可以知求邪。南華經曾云生有涯、知無涯。以有涯隨無涯。雖得其知。殆必隨之。夫欲求性慧之定。必以固靈根、實命宮爲首務。茲特虔誠禱求。

指示其方焉。再蒙露洩天庭之闕、玄關、道竅、大目、及準頭之端、種種竅名、竅所。而黃庭上宮、大洞帝闕、南離神室所居之上丹。未詳其所在。豈天機所寓。未可盡洩歟。

先覺爲繼傳道法。辟闢邪妄。醒悟迷徒。以致過洩天機。恐遭天譴。若斯而得罪。後學願分擔其過。決不辭也。後學誠請

光覺南面而坐。後學北面而拜、由此師焉。果予收錄。即於四月朔晨、假大成殿、向虛空拜之。未識可否。敬詢種種。務祈編輯之暇。早頒

德音爲禱。肅此。并請

道安。　　　　後學楊大成頓首　三月十二日晨

常州楊霖蓀先生第三次來函

踐形先生道席。奉讀

先生所編靈學道意簡切明盡。使讀者每句心領。按字神會。霖不覺仰天謝曰。甚矣、先生之發吾覆、鑰吾閉、無意不搜、而無意不伸也。嚮者茅塞我心。至是如筍脫籜。如湯沃雪。融化盡矣。雖有他說。不敢請矣。霖從今後。抱一執中、致虛守靜而已。此祝敬請

道安。　　　　楊霖蓀謹上　五月廿九日

抱一執中、致虛守靜。乃楊踐彤先生覆「霖蓀君第一次問道」函中語。言簡意賅。超乎道之極端。鄙人服膺久矣。今霖蓀君亦致力乎是。吾道不孤矣。武進李羣識。

譯叢

譯叢

靈魂之所以聚其形而示人。蓋專示彼眼光不能見靈界之人非遍及於人人也。再靈魂所聚之形似無能力可使持久由吾親身所閱歷者言之。吾儕所見之小兒顯形僅離吾儕一臂之遠吾儕咸聞其語曰『我無能力更持久矣』衆咸見其形來觸吾等物其母漸消而不見。彼時小兒固不許再留上帝甯不可見小兒長與世人相見手。聖經中往往言顯靈忽自消耶穌顯聖於愛瑪 Emmam 之寶突然不見之故可以知矣。蓋此等具體的顯靈不能常行普通僅許其死後之黑影飄舉而此亦是以證實耶穌之言事彼等皆生於上帝所也。

入聖階梯爲人必讀（續二十一期）

第三篇

第二十章　天下無敵之仁

楊踐形講

以人道待斯民之仁政也。以仁道待斯民之仁政，則民皆感德而樂爲之用矣。故孟子勸梁惠王曰：王如施仁政于民（梁惠王篇）。夫仁心之見于政事者，仁政也。施仁政于民，無他道，不過即以人道待斯民耳。然則不行仁政者，直以土芥牛馬待斯民，而不以人道待斯民也。人君能行仁政，以人道待斯民，則有司皆愛其民，而民亦親愛其上，有危難，則赴救之。愛人者人恒愛之也。民親愛其長上之至，雖勞而勿怨，雖死而勿辭矣。故孟子對鄒穆公曰：君行仁政，斯民親其上，死其長矣。即不然，亦如對滕文公引太王去邠，而邠人曰：仁人也，不可失也。從之者如歸市（皆梁惠王篇）。仁之感化人心，深浹人情，其不可奪也如是。夫孟子曰：以力假仁者霸，霸必有大國；以德行仁者王，王不待大。湯以七十里，文王以百里（公孫丑篇）。夫假仁者，本無是心，不過隨時隨事借仁以爲功，托仁以博名耳。若夫以德必有及人之實澤，行仁則自吾之得于心者推之，無適而非仁也。又答公孫丑問曰：行仁政而王，莫之能禦也。且王者之不作，未有疏于此時者也；民之憔悴于虐政，未有甚于此時者也。飢者易爲食，渴者易爲飲。孔子曰：德之流行，速于置郵而傳命。當今之時，萬乘之國行仁政，民之悅之，猶解倒懸也。故事半古之人，功必倍之，惟此時爲然（亦公孫丑篇）。今天下之君有好仁者，則諸侯皆爲之敺矣（離婁篇）。蓋當此獺鸇橫行之秋，而有與聚勿施，如湯武之好仁者，則諸侯之暴虐適皆爲之毆民來歸若以是君爲淵爲叢矣雖欲不統一寰宇亦有不可得而辭之勢焉孟子嘗對梁襄王謂天下定于一又謂不嗜殺人者能一之又對齊宣王謂保民而王莫之能禦也夫不嗜殺人仁之至也彼不仁無道者之陷溺炮烙其民而不恤得以至仁伐不仁往拯斯民于水火則斯民將簞食壺漿崩角稽首歌舞歡迎之不暇夫誰敢與至仁敵故曰仁者無敵（梁惠王篇）故曰仁人無敵于天下（盡心篇）故夫國君好仁天下無敵焉（離婁盡心篇周）夫至天下無敵則雖有百萬之衆環攻至仁亦必不能當孟子嘗引孔子曰仁不可爲衆也至仁者之一怒而安天下也得非難乎其爲衆歟然則苟欲天下之不敢我敵舍至仁其何由不然雖欲無敵于天下而不以仁是猶執熱而不以濯也烏乎可

第二十一章　交鄰有道之仁

孟子對齊宣王問交鄰之道曰惟仁者爲能以大事小又曰以大事小樂天者也又曰樂天者保天下（梁惠王篇）夫仁人之心寬洪惻怛而無較計大小強弱之私至于以大事小是不欲恃其勢之在己而自然合理故曰樂天其視天地萬物爲一體直欲使天下諸侯各得其所無此疆彼界之爭無爾詐我虞之嫌雖治一國天下皆在其度內故曰保天下嗚呼交鄰有道爲國以禮世之封疆

握土地之政人民之命者可以觀矣虞芮之爭田鄧鍾之爭功非有道者所忍出此是故兩仁相遇則相讓兩不仁相遇則互爭苟有仁者介乎其間則有苗可格尙何待乎戎衣相見耶即不然至不得已而義應王師以彰天討則是以至仁而伐不仁必有雲霓奚后之殷望絕無血流標杵之嗜殺且壹戎衣而天下可定矣孟子深恐後世之窮兵黷武者假武城之義以爲塗炭生靈之口實故于武城一篇僅取二三策而有盡信書不如無書之歎且爲之斷曰仁人無敵于天下以至仁伐不仁而何其血之流杵也（盡心篇）可見以德行仁則保民而王近悅遠來所感則化初不待武力爲統一也然則兩國交戰無間曲直皆非交鄰之道甚至同國異黨鬩牆內訌爭鷸蚌蠻觸之微而授人以可乘之隙置大局于不顧殘民命以逞欲爭城以戰殺人盈城爭地以戰殺人盈野則無間先後主客之勢皆率土地而食人肉也孟子曰善戰者服上刑其詞愈厲而其心滋痛矣彼生逢不辰而興黍離之歎者不知于此竟作如何感想也

第二十二章　不忍人之仁

孔子生當春秋之世諸侯務戰而好殺近于不仁之甚惟孔子獨懷其撥亂濟人之志乃揭出仁字以救正之孟子私淑孔子又當戰國之秋爭城爭地迄無寧歲糜爛其民曾土芥牛馬之不如

嗚呼所謂人道主義者尙復何存孟子以不忍人之心發不忍人之言歷說梁惠齊宣諸大國之君及鄒繆滕文諸小國之君將以一己所存不忍人之心推諸天下之在位爲政者共存不忍人之心而發施爲不忍人之政以拯斯民于水火塗炭之中是用上承孔子說仁之旨而反復說仁至不能自已也蓋仁者愛之理心之德也愛之至而不忍之心生焉不忍之心乃所以爲仁心也孟子之言曰人皆有所不忍達之于其所忍仁也又曰人能充無欲害人之心而仁不可勝用也(盡心篇) 謂凡人無論賢否見可哀可憐之事皆有所不忍此仁之端也但爲氣稟所拘物欲所蔽乃有不忍于此而偏忍于彼者是雖有不忍之心而不能擴而充之推而及之也必自其所不忍達之于所忍而亦不忍焉是卽吾心全德之仁也人能推其所不忍以達于所忍卽能擴其無欲害人之心而無之非仁人能擴其無欲害人之心而無之非仁卽能推其所不忍以達于所忍故無欲害人之心卽不忍人之心也此心之存而未發也則爲不忍人之心發而施之于行事之實也則爲不忍人之政孟子曰人皆有不忍人之心先王有不忍人之心斯有不人忍之政矣以不忍人之心行不忍人之政治天下可運諸掌上(公孫丑篇) 又曰聖人既竭心思焉繼之以不忍人之政而仁覆天下矣(離婁篇) 仁覆天下故仁不可勝用矣蓋聖人不忍人之心徧覆無量一夫不獲時予之

辜大禹下車泣罪成湯網開三面文王視民如傷皆不忍之仁心不覺而表現也惟其有此不忍之仁心故能發爲不忍之仁政聖人不忍于民物而欲使之各得其所既盡竭其心思之愷惻焉自有不容以徒善辜其望也繼之以不忍人之政以厚民生以正民德而當時之天下後世之天下咸在仁之所覆冒矣此仁之量所以充乎宇宙也而推其本不過不忍人之心所發現耳所以謂之不忍人之心者今人乍見孺子將入于井皆有怵惕惻隱之心非所以內交于孺子之父母也非所以要譽于鄉黨朋友也非惡其聲而然也（公孫丑篇）凡人須自識其眞心夫此怵惕惻隱之心即不忍人之心乃人之眞心也非思而得非勉而中天理之自然人情之必然也豈容私僞利欲羼雜于其間哉故公孫丑篇曰惻隱之心仁之端也告子篇曰惻隱之心仁也惻隱之心雖爲仁之端然推而及之擴而充之則仁之全德也發乎天性徧于人類故告子篇曰惻隱之心人皆有之公孫丑篇曰無惻隱之心非人也雖然人莫不具不忍人之心矣而何以有仁不仁之辨則在能充與不能充之間辯之能充其量則求仁得仁仁遠乎哉孟子嘗告齊宣王曰鰥寡孤獨此四者天下之窮民而無告者文王發政施仁必先斯四者（梁惠王篇）此本其不忍人之心形之爲不忍人之政以施其推恩之仁也雖然仁能推恩其恩足以及禽獸民吾同胞物吾與也故君子仁民而

愛物不忍之心不獨于人類爲然也孟子又以齊宣王不忍牛之觳觫若無罪而就死地稱之曰是乃仁術也以爲君子之于禽獸也見其生不忍見其死是以君子遠庖廚也上同蓄人之于禽獸同生而異類故用之以禮而不忍之心施于見聞之所及其所以遠庖廚者亦以豫養是心而廣爲仁之術耳嗚呼君子之于禽獸猶能以不忍之心爲推恩之仁况于人類乎况于同胞乎奈何猶有率獸而食人者何其于人皆不忍而獨忍也試一讀孟子之書必有恍然于心目者矣

第二十三章　無不愛之仁

仁之爲誼不忍也即愛也不忍之仁消極之愛也愛之仁積極之不忍也惟其根愛之心而後發之于不忍乃有怵惕惻隱之心不期而生亦惟其存不忍之心而後形之于愛乃有飢溺立達之心推己所同上已述不忍之仁茲復述愛之仁其說莫盡于孔孟仁者愛人之說矣本仁之德發而爲愛充愛之理涵而爲仁故孟子盡心篇曰仁者無不愛也然無不愛則兼愛矣兼愛而無差等則墨翟之道矣故又繼之曰急親賢之爲務又曰堯舜之仁不偏愛人急親賢也且既曰無不愛矣乃又曰不偏愛者互辭以明愛之所以爲愛也况乎偏愛勢所未必能盡惟急親賢者能爲天下得人則仁覆天下較之偏愛人者徒勞而無功其博洽爲何如也故又曰君子之于物也愛

之而弗仁。于民也。仁之而弗親，親親而仁民。仁民而愛物。夫親而仁。仁而愛。此仁愛親疏之辨也。蓋人之于物也。固取之有時。用之有節。以愛之矣。而未必有體恤周詳之意。則物與人究有異也。其于民也。固己立立人。己達達人。老及人老。幼及人幼。以仁之矣。而未必有天倫維繫之思。則疏與親自有別也。至夫一本之誼。九族之戚。不同民物之數者也。君子休戚與共。好惡與同。以親之。由是推親親之道。以仁民。必又推其仁民之餘。以愛物。于無不愛之中。仍不泛用其情。此君子之仁所以歷萬世而無弊也。若夫能愛于物而不能仁于民。能仁于民而不能親于親。則其所薄者厚而其所厚者反薄矣。得非不識親疏顛倒上下之過歟。惟君子知其有輕重緩急之宜。故親親而後仁民。仁民而後愛物。正是以孩提知所愛之親。而推及于其所不必愛之民物。而亦無所不愛焉。故又曰。仁者以其所愛及其所不愛。不仁者以其所不愛及其所愛。至以其所不愛及其所愛。則天下之可與爲愛者其誰乎。雖率土地率獸以食人肉。亦勢所相因。必至者也。此又不仁者之獨忍矣。是故忍則不仁。不忍則仁。惟有不忍。而後能爲無不愛也。

第二十四章　近取譬之仁

君子之于民也。以仁存心。彊恕而行。非獨成己而已也。（成己仁也）亦所以成物也。（中庸誠言）孔子嘗言之矣。

夫仁者。己欲立而立人。己欲達而達人。能近取譬。可謂仁之方也已。（論語雍也篇）朱子贊美而發明之曰。近取諸身。以己所欲。譬諸他人。知其所欲亦猶是也。然後推其所欲以及于人。則恕之事而仁之術也。于此勉焉。則有以勝其人欲之私。而全其天理之公矣。又曰。以己及人。仁者之心也。于此觀之。可以見天理之周流而無間矣。狀仁之體。莫切于此。朱子所謂仁之體。即孔子所謂仁之方也。孔子所謂能近取譬。正即孟子所謂彊恕而行也。近取譬本是恕之事。謂之能。則見其有不易能。而又不可不能者在。正與孟子所謂彊者同。一用意也。子貢嘗問曰。如有博施于民而能濟衆何如。可謂仁乎。孔子曰。何事于仁。必也聖乎。堯舜其猶病諸。（同篇上）夫博施濟衆。其及于天下者至溥。自非行仁造極之聖人。不能。何止于仁者而已哉。即堯舜其心于此猶有所不足焉。蓋仁者之心雖無窮。而仁者之事則有限。若必以博施濟衆爲仁。則求仁愈難。而愈遠矣。不近取譬。將何由而致力哉。況人心本至公。而初無私于己。天理自周流。而常無間于物。仁者之所以爲仁。如此而已。由是而博施焉。濟衆焉。固仁也。即施而不必博。濟而不必衆。亦仁也。仁論人心之公不公。豈論事勢之廣不廣哉。自恕而至仁。自仁而至聖。其間本無階級之差。實一蹴而可即臻也。即謂之聖亦不過聖之至者耳。仁雖未聖。而無非聖之心。恕雖未仁。而無非仁之心。能近取譬。恕之事。而聖之基也。故謂之仁之方。

第二十五章　反諸身之仁

孟子曰。萬物皆備于我矣。反身而誠。樂莫大焉。彊恕而行。求仁莫近焉。盡心篇　孟子所謂彊恕而行。即孔子所謂能近取譬也。嘗言之。理之本然者。大則倫常。小則事物。其所當然。無一不具于性分之內。反諸身而所備之理。皆如惡惡臭。好好色之實。然則其行之不待勉強而無不利矣。其爲樂孰大于是。反身而無不誠。則無不仁矣。其或有未誠。則是猶有私意之隔。而理之所以未純也。何以去此私意。亦曰彊恕而已矣。故當勉強推己及人。庶幾心公理得。而仁不遠矣。于是推己之所欲。以處人所求乎子以事父。所求乎臣以事君。所求乎弟以事兄。勿私所欲于己也。推己之所惡。以處人所惡于上。毋以使下。所惡于前。無以先後。所惡于右。毋以交左。勿私所惡于己也。是雖未能廓然大公。然私由是而可克。是雖未能與禮爲一。然禮由是而可復。彊恕雖未必即得爲仁。而于求仁爲近也。反身而誠。仁即不遠。則萬物之備于我者。亦不失矣。孔子有反身而誠之樂。中庸有反諸身不誠之戒。彼此互明。可以知反諸身之所以爲仁矣。反諸身之仁。約有二誼。一曰待己。公孫丑篇曰。不仁不智。無禮無義。人役也。人役而恥爲役。由弓人而恥爲弓。矢人而恥爲矢也。如恥之莫如爲仁仁者如射射者正己而後發發而不中不怨勝己者反求諸己而已矣孟子以射者反己喻仁正是爲仁待己之秘訣也二曰待人離婁篇曰君子所以異于人者以其存心也君子以仁存心以禮存心仁者愛人有禮者敬人愛人者人恒愛之敬人者人恒敬之有人于此其待我以橫逆則君子必自反也我必不仁也必無禮也此物奚宜至哉其自反而仁矣自反而禮矣其橫逆由是也君子必自反也我必不忠自反而忠矣其橫逆由是也君子曰此亦妄人也已矣如此則與禽獸奚擇哉于禽獸又何難焉又曰愛人不親反其身又曰行有不得皆反求諸己其身正而天下歸之孟子之意蓋謂待人之道端在自盡毋徒責人而忘己也我以仁愛待人凡被吾惠澤者自宜感德而親附矣乃人或不我親附復加橫逆則惟有反求諸己深恐我之仁有未至誠有未盡同胞同與之心有未充也故猶懼必不忠至待人之心已至已盡而仍不見諒于人則亦不足與之校也已此皆君子反諸身之仁也

第二十六章　觀過知仁

子曰人之過也各于其黨觀過斯知仁矣（里仁篇）蓋人之過發必有故或以勢不得已而有過者則其迫切眞情似覺委曲可諒或以偶不及檢而有過者則其本心惻怛更覺發露最眞故觀過足

以知仁。然古人有引用此言以見意者，如後漢書載吳祐遷膠東侯相，嗇夫孫性私賦民錢以進父。父怒曰，有君如是，何忍欺。促歸伏罪。祐曰，掾以親故受污辱之名，所謂觀過斯知仁矣。使歸謝父，還以衣遺之。所引雖非本誼，亦足見觀過知仁之微意矣。

第二十七章　仁于人己

君子盡己推人，無所不用力于仁。必使人己兩方各得其所，而後始能履仁而無愧。苟有一方之未獲，則過猶不及，皆非中正肅和之道，去仁遠矣。孔門弟子親炙于聖人，爲仁之方，縱不能皆至三月不違之程，而亦必日月一至焉。獨有宰我乃不可雕之朽木，公冶長篇孔子斥之曰，予之不仁也。陽貨篇夫宰我之不仁，正爲宰我之信道不篤，而憂爲仁之有陷害。故嘗問孔子曰，仁者雖告之曰，井有仁焉，其從之也。孔子正之曰，何爲其然也。君子可逝也，不可陷也。可欺也，不可罔也。雍也篇君子即仁者也。君子聞人有難，使之奔走而往救可也。若仁之入井而陷其身，不可也。何者，事不可知，而理有可據。人在井上，始可救人，是固理所應有也。應有者猶可欺以近理，乃若從井中復能救人，是又理之必無也。必無者不可罔以非道，豈謂君子之人而并此亦不知乎。且仁者愛也。君子之愛人，等于愛己，而君子之愛己，正所以愛人。殺人以生人，君子不忍爲也，況殺一己而并不能生一人乎君子處事之當由于見理之明天下既無外于理之君子則亦無誤乎事之君子矣宰我之間固足以見其不仁而孔子之言又足以曉喻後世使知仁之于人己之間其明白有如此者

第二十八章　仁于生死

人非水火不生活故不可一日或無也然更有甚于水火者則仁也孔子曰民之于仁也甚于水火水火吾見蹈而死者矣未見蹈仁而死者也（衞靈公篇）蓋水火雖以生人或有時而又殺人若夫仁守之貴行之利擴之配天地爲己順而祥爲人愛而公爲天下國家無所處而不當未見有蹈于仁中而死者此民之于仁所以甚于水火也奈何尚有去仁違仁而不知志于仁耶雖然仁能廣生而又能不殺者正天地之大德也至夫君子于仁權衡輕重而知所欲有甚于生所惡有甚于死者則舍生以取死者有之孔子又曰志士仁人無求生以害仁有殺身以成仁（同上）朱子謂仁人則成德之人也理當死而求生則于其心有不安矣是害其心之德也當死而死則心安而德全矣然則心安理順爲仁成仁者只是成就一個是而已夫成仁既只是成就一個是則凡可以成就一個是者雖赴湯蹈火冒刃飲彈義所不辭即至殺其身亦可也苟不足以成就一個是而或

致醞釀一個非者雖萬鐘何加富貴浮雲義不苟取亦惟有隱遯固窮以獨善其身大明其節耳即使苦其心志勞其筋骨餓其體膚行拂亂其所爲人不堪其憂而君子不改其樂焉自古有一死重于泰山亦有一死輕于鴻毛者不當死而死者謂之戕生當死而不死者謂之貪生戕與貪皆非君子之善養其生也可以生則生可以死則死仁人成仁無他道亦只是成就一個是而已

第二十九章　孔門言仁

論語記孔子罕言而仁與焉一若仁之道大門弟子所不易聞者然歷來言仁之書惟論孟爲最孟子之說且私淑孔子而得則自古仁說之傳實祖孔子而孔子之言盡記于論語其與門弟子問答之言略可考見也顔淵問仁孔子曰克己復禮爲仁一日克己復禮天下歸仁焉爲仁由己而由人乎哉（顔淵篇）己謂吾身之私欲也禮謂天理之節文也爲仁者所以全其心之德也蓋心之之德莫非天理而亦不能不壞于人欲故爲仁者必有以勝私欲而復于禮則事皆天理而本心之德復全于我矣朱子解里仁篇好仁者無以尚之曰好仁者眞知仁之可好故天下之物無以加之踐形按天下歸仁之天下亦即天下之物之天下天下歸仁者謂仁者以天地萬物爲一體

故求仁之方既在力去物我之隔而行仁之效必至物與無間此天下之民物莫不同歸一體之仁也又仲弓問仁孔子曰出門如見大賓使民如承大祭己所不欲勿施于人在邦無怨在家無怨（同上）上二句言敬以持己下二句言恕以及物能如此則私意無所容而心德全矣內外無怨亦以其效言之使以自考也朱子謂告顏子是殺賊告仲弓是防賊蓋克己復禮乾道也主敬行恕坤道也顏冉之學其高下淺深于此可見然學者誠能從事于敬恕之間而有得焉亦將無己之可克矣又司馬牛問仁孔子曰仁者其言也訒又曰爲之難言之得無訒乎（同上）仁者心常存而不放故事愼審而不苟事不苟故其言自不得不若有所忍而不易發者非强閉而不出也謹也又樊遲問仁孔子曰先難而後獲可謂仁矣（雍也篇）先難非好爲苟難先所當年不畏難而自阻耳仁者存心之純而已有如純心于所難凡身心所切性分所關勇往以先至于所獲雖亦功效之相因直聽之而已程子謂先難克己也以所難爲先而不計所獲仁也他日又問仁孔子曰居處恭執事敬與人忠雖之夷狄不可棄也（子路篇）又子張問仁于孔子孔子曰能行五者于天下爲仁矣請問之曰恭寬信敏惠恭則不侮寬則得衆信則人任焉敏則有功惠則足以使人（陽貨篇）又子貢問仁孔子曰工欲善其事必先利其器居是邦也事其大夫之賢者友其士之仁者（衛靈公篇）以是證

之孔子之于仁不第未嘗罕言且諄諄爲門弟子言之矣

第三十章　爲仁之難

爲仁不易也雖聖如孔子猶謙言豈敢可知仁之難盡矣夫所稱爲仁者必其動靜語默無須臾之間違仁方足稱仁而人不能無過焉即不能無違仁焉故孔子答時人之問非曰不知其仁即曰未知焉得仁雖及門弟子亦不遽許以仁僅曰回也其心三月不違仁其餘則日月至焉而已矣（雍也篇）三月者言其久也仁者心之德心不違仁者無私欲而有其德也日月至焉者或日一至焉或月一至焉能造其域而不能久也一至其域者眞良心發現之謂即人心盡而天心純之時也回之三月不違者尹氏曰此顏子于聖人未達一間者也若賢人則渾然無間斷矣故孔子曰君子而不仁者有矣夫未有小人而仁者也（憲問篇）君子即仁人也又何以不仁謝氏解之云君子志仁矣然毫髮之間心不在焉則未免爲不仁也嗚呼仁至難盡也如人而君子矣或其立心之間一念不純制萬之際一事或雜則不自覺而至于不仁者往往有之顏回三月不違則其違也雖謂之不仁可也其餘日月至焉則其未至也雖謂之不仁可也夫以及門弟子亦不遽許以仁且竟不能不違于仁信乎君子而有不仁矣若彼小人者亦非無既剝暫復之機然而善無根而

不可襲取欲有種而難以頓拔是故良心雖萌于夜氣之時而旦晝之爲已牿矣天機雖發于有感之際而縱欲之害已戕矣甚至即一念之天亦隨見而隨滅一事之理亦旋得而旋失將來一念一事之仁亦不可得也謂非小人而不能仁歟小人不能仁而君子有不仁然則仁豈非難盡歟雖然君子之所以爲君子者以其仁也自離其仁而無君子之實尙何以成其君子之名哉故孔子曰君子去仁惡乎成名又勗勉之曰君子無終日之間違仁造次必于是顚沛必于是（里仁篇）夫顯與仁離曰去隱與仁違悖曰君子子仁不可忽也君子靜存動察舉一念行一事皆在于仁而無終食之間違之此非但優遊貞之而急遽遂忽之也即推諸造次之頃乘我以猝似于仁或不暇顧而我亦必于是仁焉又非安常持之而遇變遂忘之也即推諸顚沛之際動我以險似于仁或不能顧而我亦必于是仁焉從容不勉斯乃謂終食無違也夫終食之間爲時至暫猶中庸所謂須臾者以對久長言也里仁篇無終食之間違仁之仁即中庸篇不可須臾離道之道也仁即爲人之道若違離爲人之道尙得謂之人乎哉而孔子未遽許及門弟子以仁者不第鞭策督責之綦嚴正以仁道有難盡也故爲仁之難實即爲人之難

第三十一章　求仁即得

夫爲仁之難也如此而孔子一則曰欲仁而得仁又焉貪。（堯曰篇）再則曰求仁而得仁又何怨。（述而篇）一若得仁之易又如此。然則仁可欲且求乎何由而知其可且易也仍以孔子之言明之。孔子曰仁者安仁知者利仁。（同上）夫安仁者或安而行之也。利仁者或利而行之也。尚有或勉强而行之者非即欲與求之謂歟故當爲續一句于下曰學者求仁以明孔子之微言。或安或利或求其用力雖異及其成功一也。成功可一知求仁可即得矣。未求之先不能不違于仁。既得之後自然與仁爲一矣。安者自然而然。性情相依痞瘵俱化也。謝氏曰仁者心無內外遠近精粗之間非有所存而自不已非有所理而自不亂如目視而耳聽手持而足行也。蓋安其仁而無適不然矣。利雖似稍帶勉强然亦覺得此理津津有味不能自已。謝氏曰知者謂之有所見則可謂之有所得則未可。有所存斯不亡有所理斯不亂未能無意也。蓋利其仁而不易所守耳。又嘗言之有能一日用其力于仁矣乎我未見力不足者。（同上）此謂仁之成德雖難其人然學者苟能實用其力則亦無不可至之理。正謂及其成功一也。又曰苟志于仁矣無惡也。（同上）志者心之所之之謂。其未得也則求之心誠在于仁則無論或安或利皆能造乎其域故必無爲惡之事矣。又曰志于道據于德依于仁。（述而篇）道謂人倫日用之間所當行者爲人之道是也。夫爲學莫先于立志而志必于爲人之道求諸人倫而見其所當然者必真心以致之求諸日用而見其所當爲者必畢力以圖之一念嚮往之誠實終身依據之地矣行済而有得于心所謂德也得之于心而執守勿失則終始惟一可有日新之望矣由是私欲淨去心德純全而人道大備乃所謂仁也工夫至此而無終身之違則存養之熟無適而非天理之流行矣道德與仁名若有異其實止此一理而已惜乎人皆志于聲色貨利之欲而不志于爲人大道之仁蓋有安用其力者至于精善而不萌爲惡而不悟非仁之不可求也苟能移外物之欲以求仁則此能悟之心即仁也使精神一翕聚間而固有者不覺復有于我理之所以隨觸證應者此也轉己私之欲以求仁則此乍萌之心即仁也使志氣一嚮往間而根心者不兗復生于心機之所以合一而神者亦此也故孔子又曰仁遠乎哉我欲仁斯仁至矣上同欲仁斯仁至即欲仁而得仁也欲仁而不求仁亦不能得仁也一日用力于仁斯一日得其仁即一日依于仁終身用力于仁斯終身得其仁即終身依于仁求仁即得而後至終身得依斯可無終食之間違仁矣然則爲仁雖難而亦未嘗不易也

第三十二章　當仁不讓

孔曰當仁不讓孟曰舍我其誰聖賢担當天下之誠何其氣象森嚴至于此盛也學者學孔孟之

學。心孔孟之心。亦當担當孔孟之担當。然後方不虧負于孔孟。嗚呼。人能弘道。非道弘人。苟有此身。而不能肩重任以承道統。亦何貴有此身者。孔子嘗言仁以爲己任。不亦重乎。（泰伯篇）仁之爲道。全體不息。非大其心以容天下之善。則必不能體全體之仁。非堅其力以貞百年之守。則必不能體不息之仁。仁爲人心之全德。而必欲以身體而力行之。故謂重矣。人而仁以爲己任。則當仁不讓于師。（衛靈公篇）勇往必爲。雖師亦無所遜也。蓋仁即爲人之道。人所自有而自爲之。非有爭也。何遜之有。仁又即身內之理。人所自備而自當之。無所爭也。亦無可讓。況師有師之仁。我有我之仁。我之事師者。以其能當仁也。師之成我者。以其能詔我之當仁也。既曰當仁矣。豈復能讓哉。苟曰讓之。則微而心術一讓。而千古之脈絕。顯而人倫一讓。而五常之任墜。既曰當仁矣。豈復能讓哉。願世之讀是篇者。皆作如是想。則庶乎人心可日正。而世風可日醇矣。身負社會教育之責者。幸毋忽諸。

…猶高分，自易運用肉食。

席上偶集飛蟲，大師輒一一超度之。一蟲落湯喪厥身，大師笑謂同席曰：「此其自殺，不及救也。」又謂：人類鈎心鬥角，自相殘殺；又如最近之意阿尋釁者，其結果直亦等此蟲耳！豈不悲哉！」

大師謂「佛說萬法，法即物也；萬法云者，猶儒家所言萬物是也。俗諺佛法無邊者，亦物理無窮之謂耳。佛不離人，人即是佛，吾人有智能覺，一切本智覺而行事，不背良心，是即佛已。」

或有叩「雪竇寺位置是否衝要？倘遇兵事，頗易波及否？」大師笑曰：「現在並無兵事。有，則亦無抵抗耳！」

超一法師曰：「大師並能作詩亦一詩僧也。」

大師渴慕太湖黿頭渚風景，顧謂超一曰：「設天假我緣，中秋晴朗，會當一游，並可便道覩光黃埠墩。」大師蓋誤黃埠墩在

大…中矣。

大師曰：「蔣委員長母太夫人篤信佛，故蔣氏少時，亦甚信佛教也。」

大師曰：「與貴邑吳稚暉先生別亦十餘年矣！」

大師曰：「德人提倡素食，表面雖為信佛與衛生，而其實際則純為對外問題；蓋鑒於往昔歐戰時，食品缺乏，國內生變；倘人人習慣素食。無需仰給於肉類之輸入，則雖封鎖海口，食料上決不致再起恐慌矣！」又曰：「德人對於每種素菜，配備滋養料，至為精細充分，務使其能營養身體，不少減於肉食。」又曰：「於今德國之卍字旗，殆其歸宗佛氏之暗示歟」

大師曰：「上海素餐館，有用牛乳製菜者，蓋牛乳最補益身體，且不傷生命，故與肉有差耳。」

大師曰：「家常便飯，惠而不費；豐盛全席，費而不惠。」

翰西先生歸自平，走謁大師，大師笑謂先生曰：「可謂有緣矣！」又曰：「余兩游平，民八，講維摩經起信論；民十四，講四十二章經於社稷壇；忽忽十年矣！」幹丞先生曰：「余時旅平，曾趨恭聽焉。」大師曰：「是年秋，自平歸滬，過錫下車，一游惠山及梅園，曾識一榮先生，其時貴邑工業已極發達，風景尤佳麗，雖匆匆一過，而所留印象則甚深矣！」（九月十日）

▲佛學會聽

太虛法師講經記　楊踐形

六塵不染直入不生滅境界
聽衆擁擠與法師善緣獨深

今晨七時開船，隨父親詣城中道南祠，祭還錫始祖宋儒龜山先生，至迎賓樓午膳，談及下次祭祠，又新添國府主席林森之匾額一方，于右任戴季陶之楹聯兩副，亦欽崇先賢之意，飯後二時，隨至縣佛學會，聽太虛法師講大乘理趣六波羅密多經，人頗擁擠，憶在上海聽諸名宿講經時，每嫌寂寞，殆錫邑聽衆之善緣獨

較深耶，最好亦放作三開間以廣納之，女座中幾個善智識，傾耳靜聽，振筆疾書，摯誠記錄，真不愧佛門弟子，開講前，大衆朗誦心經三遍，一字一音，魚磬互應，斯時六塵不染，直入不生滅境界，得無念三昧地，散會後，姨母（即顧逑之夫人）領余等參觀，上午却在外家曾見虹橋下姨母（顧在挺之母，姨夫遊宦早卒）矣，祭孔時見顧逑之姨丈，下午聽講又見顧設甫姨丈，（三位姨丈都姓顧）可謂兩巧，出會門，至對面屋中，衛質文陪太虛在焉。

◆香港佛學會恭請

太虛大師南下講經

香港佛學同仁、以太虛大師、為當今海內元匠、年來宏法講經、法駕遍長江南北、惟粵東及香港各地、未獲恭聆圓音、沾潤法雨、爰由佛學會正副會長劉德譜、王學仁、暨董事長陳靜濤等、挽託芝峯法師介紹先容、恭請蒞港講經、頃得虛師允許、該會特當函啓請、備極懇切、滋其原函于下、

香港佛學會啓請講經

太虛大師慧鑒、久仰　德風、時欽甘露、比維　四大輕安、法喜充滿、為无量頌、日前芝峯法師抵港、曾託其代為先容、擬禮請　法駕蒞港弘法、詢得芝峯法師飭知、幸蒙　慈允、約在古歷十月移錫南來、遜聽之餘、曷勝欣忭、法駕定期何日動程、隨從幾位、敢乞預為示知、俾可籌備歡迎、並函託滬濱友人、屆時接應、將來講本、亦請法定示及、以便遵照印刷、是所感禱、專此奉啓、佇候法音、並頌道祺、　香港佛學會正會長劉德譜、副會長王學仁、董事陳靜濤頂禮、

◆廣州方便醫院

籌備萬善緣建醮大會

專電恭請

本會導師蒞壇修法

廣州．城西，方便醫院，素為有名之慈善團體，現以全國各地災浸黃生，人民死亡及參羅劫難，雖獲物質上一時救濟，然由心念所造惡業，終苦無從減免，甚或因而加重，爰發起籌備萬善緣建醮大會，定本年古歷十月中開壇，惟以主法無人，該院董事會主席蔡昌等，特請求現在廣州講經之芝峯法師，為該院專函介紹，懇請導師前往修法，主持一切，復致專電云，上海虹口東有恒路，雪竇寺，轉太虛法師鑒，敝院籌辦萬善緣建醮大會，定本年農歷十月二十一晚啓壇，恭請法駕蒞壇修法，普濟衆生，讓先電陳，詳情函達，倘荷俞允，何時來粵，翁電示覆，以便歡迎，廣州城西方便醫院董事會主席蔡昌等叩印，聞太虛大師接到此電後，尚未有所表示。

靈學淺講

楊踐形

第一章　導言

第一節　靈學之英譯

靈學者。涵蓋宇宙萬有一切現象。而囊括精神科學。(Mental Science) 新心理學。(New Psychology) 之事業。且箇別剔淸。以獨樹一幟者也。或謂靈學二字。可以英文 (Spiritualism) 之意義當之。殊嫌未能適符。且轉失本義。易滋誤會。蓋緣 (Spiritualism) 之意義。可譯作以萬物爲神之教。或萬有汎神之教。則幾于神學。(Zheology) 而實屬宗教。(Religion) 至靈學之研究。可因此以發展個性之特長。固滿常識之經驗。則幾于哲學。(Philosophy) 而實屬科學。(Sciencl) 此其所以有不同之點也。然爲便利一般人士迻譯中西書籍起見。既無確切至當之西字。可以相爲對

研究　　二

照亦不得不就似取象。姑將英文（Spiritualism）之意義。譯爲靈學耳。

第二節　靈字之意誼

欲研究靈學。須先明靈字之誼。許氏說文解字玉部曰靈巫也。以玉事神。故靈字下從玉。亦可從巫。楚辭雲中君注曰。楚人名巫爲靈。字此即靈字最初之原誼。其後字誼引申而爲鬼神之誼。楚辭曰。靈皇皇兮既降。是也。更又從鬼神之誼引申爲神妙不可思議之誼。史記五帝紀。所謂生而神靈是也。于是醫卜星相之術有效亦曰靈。即所謂誠則靈者。謂以至誠感動而神應來格也。故又爲精誠之誼。楚辭湘君篇曰。橫大江以揚靈。是此意也。至國語晉語所云。若以君之靈者。則謂威靈也。文選張衡賦曰。祚靈主以元吉。則謂靈明也。故莊子天地篇曰。大愚者終身不靈。此即俗以物之不執滯者爲靈。如靈智、靈敏、靈慧、靈動、靈活、靈巧、靈妙、靈利。乃至靈警、靈爽、靈威、靈德、靈明、靈通、靈感、靈應、靈蹟、靈驗、靈術、靈巫、靈兆、靈異、靈怪。更有靈性、靈心、靈神、靈祇、靈仙、靈鬼、靈魂、靈魄、靈生、靈長、靈素、靈粹、靈承、靈茹、靈形、靈影、靈辰、靈曜、靈輝、靈光、靈照、靈祚、靈脩。以及靈帝、靈均、靈禪、靈符、靈鐘、靈鼓、靈篇、靈笈、靈輿、靈轎、靈匹、靈旗、靈鈞、靈帳、靈座、靈位、靈居、靈窟、靈隱、靈蔭、靈室、靈宅、靈府、靈臺、靈山、靈丘、靈巖、靈田、靈社、靈境、靈岸、靈海、靈氾、靈淵、靈源、靈湫、靈滋、靈潭、靈藪、靈沼、靈囿、靈苑、靈基、靈墟、靈關、靈闕、靈岡、靈圖、靈寶、靈犀、靈珠、靈瑚、靈玉等。任用服品。於動物則有靈獸、靈龜、靈鱗、靈蟾、靈蛟、靈鯤、靈蚌、靈蛇、靈龍、靈虬、靈烏、靈鳥、靈雞、靈鶩。乃至人類之靈官、靈妃、靈娥、靈孩、靈童。於植物則有靈蓍、靈草、靈芬、靈若、靈蘭、靈芝、靈菊、靈筠、靈椿、靈樗、靈樹、靈桃、靈楓、靈枝、靈株、靈根、靈幹、靈華、靈若、靈元、靈子、靈素、靈集、靈囷、靈髓、靈彩、靈烟、靈雲、靈雨、靈風、靈氛、靈氣、靈液、靈體、靈丹、靈藥、靈保、靈輛、靈道、靈理、靈樞、靈機、靈敎、靈化、靈長、靈困、靈降、靈寄、靈品、靈律。其爲誼雖或不同。然莫非此靈之一字所通也。靈之爲用亦大矣。無一名不可綴以靈字。即無一物不能外於靈之存在也。

大戴記曾子天圓篇曰。陰之精氣曰靈。陽之精氣曰神。則以靈神二字分配陰陽二誼。而書經泰誓篇曰。惟人爲萬物之靈。則又靈即神矣。詩經鄘風定之方中篇曰。靈雨既零。鄭康成箋曰。靈善也。又書經商書盤庚篇正義引釋詁曰。靈善也。此靈字之訓見于經籍者。皆假借爲善字之誼也。靈字之誼既明。乃可與言靈學矣。

第三節　靈學學與宗教

靈學本非宗教。故不可以類似宗教之汎神主義。紬繹或解釋其意而淆其眞相夫宗教之興也。必創作一定之教儀教理。以爲本宗之信仰範圍。而各宗教又每每黨同伐異。因執出奴入主之成見。分標門戶。爭爲雄長。是非互競。不能融洽。此宗教家之缺點也。而研究靈學者無之。此靈學所以非宗教也。況乎研究靈學。則可溝通中外古今之文化。學術。道德。而了解一切超越常識以上之經驗、思想、技能。達于至全圓滿之眞實境域。藉以變化氣質之偏。矯正積習之非。不第闡明學說。增進智慧。而已。實于人心之正邪。世道之隆汚。有莫大之影響焉。其對于世界各宗教。雖毫無干涉之嫌。而偏有監督之責。破除不正當之迷信。以杜絕邪說之遺禍。發揮極正確之眞理。以栽培應得之幸福。此又靈學超越宗教之上。兼攝宗教之勝。雖非宗教而實爲宗教之源泉所自出也。凡研究靈學者。自可以不受宗教之影響。而信仰宗教者。必不可偶離靈學之範圍。是故謂靈學非宗教則可。謂宗教無靈學之關係則不可。

第四節　靈學與文化

今世之所謂文明者。物質文明。機械文明而已。今世之所謂文化者。人類物質化。人類機械化而已。夫物質與機械之進步。至驅人類同化於物質與機械。豈誠發明科學者之初衷。或研究科學者之遺譴耶。亦科學之發達偏於物質與機械。而乏相當調劑之方。以爲補救耳。是故有識之士。處斯世也。雖未嘗不讚美現在外觀之進步。亦何曾不隱憂潛伏內容之退化哉。蓋人生之幸福。不在肉慾之恣肆。而在道德之尊隆。不在肢體之安適。而在精神之愉快。物質之發達。機械之進步。充其極、亦不過享肢體之安適。縱肉慾之恣肆而已。至若道德精神。非第不能偕與發達其臻進步。抑難免彼此反比。互爲絀伸。互爲消長之勢。苟欲發揮人類固有之良能。擴充人類自然之良知。活潑性情。鍛鍊意志。而免於人類之化爲物質。化爲機械。以圓滿眞

研究　　六

此美善之人類主義。蓋非提倡唯靈主義不爲功。所謂唯靈主義者無他。即研究靈學之原理。而發明之。應用之、是也。夫靈學之稗益世間。既非如現代所有物質化式之文明。機械化式之文明。亦非如前古宗教化式之文明。理想化式之文明。乃人類智識之源泉。宇宙現象之本體。實精神文明精神文化之調和劑也。唯靈主義既所以調和唯物唯心之偏執。而實爲物質精神之根本。體用一源。顯微無間。可緣以解說世界之存在。滿足人生之願望。唯此爲最適其選。豈徒曰發揮靈之思想。實現靈之能力。以創建超越物心兩界之唯靈文明、唯靈文化而已哉。蓋其監督宗教之動機。引進道德之正軌。超越於思想學術之上。而無所不包。無所不通。對於現在之文化。爲有力指導者。對於將來之文化。爲有力發展者。直隨思想之發達。時勢之變遷。而概括萬有者也。依此唯靈主義發揮之。則不偏於唯物。亦不偏於唯心。而克臻物心兩界調和。且超越之靈境。是之謂造化之樞機。若不兼圖精神物質兩界均平之發達。而偏執一見。專騖物質與機械之進步。粉飾外觀。遺忘內容。自以爲得達圓滿理想之造詣幾何其不爲明哲所竊笑歟。

第五章　研究靈學之本旨

靈學之本旨。在研究物理與心境之關係現象。而說明其影響之效果。本靈統萬有。惟人最靈之主義。而建立純粹一元論之新人類哲學者也。人能研究靈學。則可以知何者爲物理之現象。何者爲心境之現象。心境物理間所有關係如何。宇宙之本體從何而立。萬有之變化從何而生。人類之樞機從何而發。其神妙不測之功用。自然流露之眞情。必至若何時期。若何地位。方能圓滿。方是歸宿。於此有得焉。則可以順應環境。亦可以利用環境。更可以改造環境。至於認識上之徵驗。行爲上之影響。自可灼具締鑑之殊能。在己則趨吉避凶而有餘。待人則導俗化頑而自效。故能得人生之正鵠。盡人生之本務。以樹人生之模範。此研究靈學之本旨也。

研究

基督教與中國文化

王治心

要討論這個問題。必先要立定(什麼是中國文化。)(什麼是基督教)的界說。

靈學淺講 續前期

第二章　界說

第一節　靈學在學術界之地位

英哲士斯賓塞爾 HerbertSpencer 有言曰。世所謂下學。不備之學也。科學。偏備之學也。哲學全備之學也。Knowledge of lowestkind isunqnified knowledge Scienc, e is partially-unifed knowledge phlosophy is Comple tely-unified knowledge 旨哉是言。可以語爲學之要矣。不備之學。姑勿論。今試言其備者。夫近世學術之大別。不外科學哲學而已。科學者、經驗之學也。以智爲體。以理爲用。哲學者、認識之學也。以理爲體。以智爲用。而皆有系統之組織。故于學者言其備耳。然理在對象之物。必格物以窮其理。而智具吾身之知。即致知以進其智。敏而好學。豈徒先覺之勉勵

研究　二

後進爲立身處世尋常日用間所不可忽者也。蓋自吾一身以至於宇宙萬事萬物之理。莫非學者當知之事。而所知之理。有大有小。有偏有全。其見於全體者爲哲學。其見於偏用者爲科學。凡科學之原理。初非不出於哲學也。及其日趨精密。則離哲學而獨立。別樹一科以去。然則科學實自哲學而分。哲學實爲科學之原矣。故研究哲學者。乃總合諸種科學所得之眞理。而更發見高大之原理者也。嘗徵諸莊周之論。道術裂而後有方術。是知道術無所不統。而方術則各明其一方。不能相通。所謂道術。卽今之哲學也。所謂方術。卽今之科學也。古之君子。盡力於道術。得其全者。是名曰儒。揚雄法言、君子篇曰。通天地人之謂儒。通天地而不通人之謂伎。儒卽哲學之謂也。伎卽科學之謂也。是故百工居肆。以成其事。時習科學。而利用其偏備之益也。君子學以致其道。時習哲學。而深體夫全備之道也。夫道術恆爲士君子之學。稱學而道在其中矣。後世或謂之儒學。或謂之道學。或謂之理學。在印度則謂之義學。在歐美則謂之哲學。雖其情有精粗之別。地有中外之殊。時有古今之異。而所學之之理。初無不同處也。故子思子之言道。極意形容之於中庸篇有云。天之所覆。地之所載。日月所照。霜露所隊。凡有血氣。莫不尊親。可知道之在天地間。中外古今同此一理。不以俗之文野。習之新舊。而異其尊親。惟於人之賦稟有所不齊耳。或生而知之。或學而知之。或困而知之。及其知之一也。則學術昌明。教化隆盛之後。其不齊者、未嘗不可使之必齊也。此道之所以至尊親。即理之所以無不同。而習之所以可必齊也。此足徵哲學之所以全備。且遠勝於科學之偏具矣。至所謂下學者小道可觀。致遠恐泥。宜更不足論矣。孫伏園玄學科學論戰雜話云。玄學是整個地研究宇宙。科學是分別地研究宇宙。哲學是整個地和分別地研究人生。張東蓀按云。因爲哲學包括三部分。一爲認識論。(Epistemology)二爲本體論。(ontology)三爲宇宙論。(cosmology)通常名本體論與宇宙論爲玄學。(Metaphysics)所以玄學是狹義的哲學。而以本體論爲中心。但亦有將認識論包括在玄學中者。本來哲學上有兩派。一派是始終自限於認識論、而不入本體論。一派是由認識論而直入本

研究

體論。前者以美英的經驗派中爲最多。後者以大陸的理性派爲多。今綜合二君之所說。則分玄學於哲學之狹義。而以玄學與科學各科研究宇宙之偏備。惟哲學乃始研究人生之全備。且上徵諸莊周揚雄之論。則玄學者猶是通天地而不通人之方術。必純正全備之哲學。兼通天地人者、方始謂之道術也。然則世所謂哲學云者。不皆即屬道術。實僅偏備之玄學。專研究天地萬有之方。而略於立身處世之道。謂之術。謂之伎則可矣。謂之道。謂之哲則未也。詩、大雅烝民篇曰。旣明且哲。以保其身。朱傳云。明謂明於理。哲謂察於身。虞書皐陶謨篇曰。知人則哲。能官人。蔡傳云。知人智之事。楊氏云。九德而下。知人之事也。按智與哲義本相通。故史記引作知人則智。爾雅釋言曰。智、哲也。揚雄方言曰。哲、智也。孔子爲中國哲學之宗。嘗自居好學而曰好學近乎智。則哲與智其義可睹矣。故歐美以哲學爲衆科學所本。猶中國之以道術爲無所不備也。故狹義的哲學。僅通天地而不通人。正荀子解蔽篇、所謂蔽於天而不知人者。非君子學以致其道之學也。君子有弗學焉。若夫純正全備之哲學。旣推究宇宙造化之理。或毗於心。或毗於物。而其切近己身之智。不可須臾離。所謂道也。道也者不可須臾離也。可離非道也。易繫傳云。一陰一陽之謂道。夫中國古哲學者以道一全體立於太極。流行迭用、而爲陰陽兩儀。所以繼善成性。而爲宇宙之法象。由是推之。可以窮理盡性。而無所不備。故道雖含章天地。終當反之人事。歸之於身心。蓋此虛靈不昧之智。具衆理而應萬事。孟子曰。萬物皆備於我矣。反身而誠。樂莫大焉。此之謂也。故孔子曰。人能弘道。知道得人而弘者。正好學之智。則於理察於身。有以致其天賦之良知良能也。偏於分別研究宇宙之科學。固不能發揮本性。而偏於整個研究宇宙之玄學。更不能造道自然。即所謂分別亦整個研究人生之哲學矣。而非兼分別亦整個研究宇宙之哲學。則仍不能兼通天地人一貫之道。故哲學亦有時而窮矣。彼玄學之過涉高深。固不足論。今欲濟哲學之窮。而補科學之偏。非研究靈學不爲功。靈學者。哲學之兼通宇宙人生。條科學之理。發靈識之智。而所以造道之極致。其固有之良知良能也。故其爲學最全備矣。

第二節　靈學開世界學術大成之新紀元

原人之世。知識未開。文化未備。見宇宙萬象參伍錯綜。變化多端。不達其理之自然。則駭異莫知所措。駭異不已。至於敬畏。敬畏不已。進而爲禮拜之諂奉。此宗教之迷信所由起也。既而人之智識漸開。不徒駭異敬畏而已。必思考事物當然之理。以求知其致此之故。於是有學術之研究。此哲學所由起也。柏拉圖（Plato）曰。哲學起於心所駭異。正謂由宗教之迷信。進步而爲哲學之智識也。由哲學之智識再進。則爲科學之各別經驗矣。思納古拉（Anaxagoras）嘗造論曰。物歛聚質。能變能現。然其眞理。惟是一心。此思考爲學術之母。而博學必與慎思俱也。故善爲習者、不含心而執物。必因物以反思。蓋人意之動。由觸外物。觸而加察。則成思考。思已反思。眞理斯耀。故外物其母。汲而生意。意得所驗。引爲反思。心物雙資。離二不成。是以吾人見物而驚。由驚而思。由思而覺。由覺而成學。溯遼古之時。明哲之士。能以一人之智力。而理通天下之學。及天下之學日趨繁賾。則科學於是乎生。各依其方。進而不已。冀

哲　學

有未成爲科學者。則咸以遺之治哲學者焉。而哲學之始。本有總持科學之義。其後科學盛行。學者往往用心於一方。就哲學已具之理。益拓而大之。別樹一學以去。故由科學獨立之例推之。今所謂哲學者。將來當次第自立爲科學。心理學之後。成而亦爲科學。可取證也。夫哲學之研究。以眞理爲大本。其表現不離實智之一心。心量無盡。斯其進無窮。故於世界萬有之中。凡自餘科學所不能著手者。而得特有其領土。此學術之所以日有建設。眞理之所以日有發明。愈建設而學術之應用研究者愈見不足。愈發明而眞理之不可知解者愈覺其多。禮學記篇曰學然後知不足。其斯之謂歟。嘗考世界學術之大別。可分爲東西兩支。東支又分中國印度兩系。西支又分希臘猶太兩系。自漢以來。猶太系加入希臘系。成歐洲中古學術。印度系加入中國系。成中國中古學術。至於近代。印度系之勢力漸衰。儒學復起。遂確立中國近世學術。歷宋元明清。直到於今。歐洲思想。亦漸脫離猶太系之勢力。遂造成歐洲近世學術。而德法英美之科學哲學。於是並駕齊驅。各爭文化史中之一席地。以爲榮

研究　七

研究

學、至今東西兩支。漸相銜接影響。庶幾將來因此發生一種世界學術。以調和物質文明與精神文明之極端偏相。則有望於當世淹博學者之舍短從長。融會貫通矣。吾儕際此學術復盛時代。正宜奮勉前進。底於有成。於是靈學遂應運而起。上以紹道學失傳之緒。中以振文化復興之勢。下以啓學術大成之機。濟哲學之窮。補科學之偏。而改良社會之風化。增進人生之幸福。在文化史中放一異彩。在學術界中闢一新元。是有望於研究靈學之諸同志矣。

第三節　靈學之定義

靈學者、研究靈之學術也。詳言之。即研究宇宙一切萬有之靈元現象、及其法則。老感應人身之學術也。反言之。亦即研究自身智識能認宇宙萬有之對象。及其感應間眞理之學術也。質言之。則在研究物理與心境之關係現象。而說明其影響之效果也。申言之。則本唯靈主義。以調和唯物唯心之偏執。而建自然文化。以溝通物質文明與精神文明之極端異觀。綜言之。則融會中外古今之學術道德。而了解一切超越常識以上之經驗思想。以圓滿眞正美善之人類主義。此研究靈學之責任。實靈學之定義也。研究者務須認淸靈學之界限。然後從事。庶乎不昧靈學之定義。而可應用靈學以實得其研究之利益也。

第四節　靈學之師說

靈學最初之發端。實始於羲皇之仰觀俯察。類聚羣分。運行變化。感應旁通。以易知簡能之理。彌綸天地之道。富有日新。極數知來。生生之德。妙用不測。以言乎天地之間則備矣。故能雜物撰德。類萬物之情。通幽明之故。原始反終。知死生之說。至於範圍天地之化而不過。曲成萬物而不遺。是故引而伸之。觸類而長之。則天下之能事畢矣。此靈學師說之最古者也。其後黃帝生而神靈。則有如史記五帝紀所云者。本其神妙不可測度之天縱睿聖。乃與岐伯雷公討論人類病理之兼關於生理與心理兩面者。而有醫道之傳述。後世纂載其說爲醫書之祖。則內經中素問靈樞各八十一篇是也。世傳之書。雖或出諸贋托。不可全據爲考證。然靈樞之名。未嘗非上古

研究

之道傳其命人身爲靈樞者。或即黃帝時醫學中之專名術語。必先代之所遺傳。後世之所因襲而用之也。人身爲靈樞。以言其物質之體。則人心爲靈機。以言其精神之用矣。故黃帝又於陰符經中存其說。所云天發殺機。地發殺機。人發殺機之三機字。即所謂機心是也。陰符經之眞贋姑勿論。其說必非絕無依據可言也。古人著書信而好古。述而不作。聖人且然。而況其凡乎。豈有臆撰而無稽者哉。然則殺機之機字。亦必先代之所遺傳。後世之所因襲。可知樞可統言物質。不必專指人身。機可統言精神。不必專屬人心。人之精神、即物之能力也。科學最高之原理。惟在物質與能力之不滅而已。物質與能力之所以不滅。惟在靈也。樞亦以其靈故稱靈樞耳。樞機二字。未嘗即物心二字之代名。而上古用爲學名術語者也。孔子紹承黃帝之緒而發明羲皇之易。特於繫辭傳中顯著樞機二字連用之義。所謂君子之樞機。又所謂樞機之發是也。君子之樞機。可證內經以靈樞爲人身。樞機之發。可證陰符經三用發機之義。而樞機爲物心之古學術語。遺傳習用。實即上古靈學中之專名術語也。

十

於　報

其後周武王對師孟津。竟以靈學之靈字。本用爲專名術語者。用之於撰文之中。而一變爲通名常語矣。其見於經者。有如周書泰誓篇云。惟人萬物之靈是也。細繹此句之義。凡分三層。其最下一層止曰靈。此靈之不必加分別辭者。蓋遍一切處之靈光也。其次上一層既曰靈。而又曰萬物之靈者。此靈之必須加分別辭者。蓋靈之普於萬物者也。其最上一層既曰萬物之靈。而又曰惟人萬物之靈者。此靈之分別且特稱者。蓋指人類之靈、特殊於萬物之靈。而辨別其所異於禽獸者之幾希也。此爲人類所獨有。而非萬物所通有。故謂之惟也。今依據此句分三層之義。以解釋靈字之詮。研究靈學之理。則可知靈之真質相。而古人對於靈學之功用。亦可見其梗概矣。此靈學師說之最顯者也。武王纘文王傳國之緒、以有天下。周公承文王演易之序、而作六爻之繇。於頤卦初九象辭曰。舍爾靈龜。夫龜爲四靈之一。而亦動物之一也。龜而曰靈龜。有以見動物之靈矣。正、武王所謂萬物之靈也。故合武周之說而靈普萬物之義可見矣。厥後孔子道繼羲皇黄帝堯舜禹湯文武周公列聖之統。而本

研究

其韋編三絕。鐵撾三折。用功之勤。所有心得。悉著於十翼之傳。以垂示後世。絜其要綱。則繫辭傳中、易有太極。是生兩儀一節。實爲發明羲易黃道之旨。太一原理。而孔子畢生學問之精粹、悉在是而不能外矣。春秋、孔子之所筆削也。非著述也。若詩禮樂、孔子之所刪定也。亦非著述也。孔子手著之書。十翼而外。蓋無有矣。後世欲求孔子之著述。而識孔子之學說者。舍十翼必不可得也。孔子易傳十翼。此靈學師說之最正者也。其後親傳孔子一貫之道。而上承列聖。下啓思孟之統者。厥惟曾子爲聖道之宗師。今欲求聖門之心傳。孔子而下。必在曾子矣。大戴禮記、曾子天圓篇。記曾子答單居離之問。有曰陽之精氣曰神。陰之精氣曰靈。神靈者品物之本也。此靈學師說之最辨者也。惟分陽之精與陰之精爲神與靈之二名。則稍變孔子之學說矣。孔子著靈學原理與定義界說於繫辭傳中。其發揮簡易明白者。莫如陰陽不測之爲神一語。依孔子之說。是陰與陽同曰神也。猶之老子所謂無名天地之始。有名萬物之母。此二者同出而異名。同謂之玄也。夫無有爲玄之同出而異名。則陰陽爲神之同出而異名矣。今依曾子之說。則分別陽者爲神。陰者爲靈。而以神與靈俱爲精氣之同出於異名焉。然孔子之所謂神。實則武王之所謂靈。時代遷而名字變。神卽靈也。靈卽神也。用其一不必復用其二。本非別異之稱也。而曾子則兼用其二字。假以爲陰陽之分別與文耳。蓋武王孔子之於靈神二字。均用爲廣義兼指之稱。而曾子則用爲狹義專指之名。故屬辭偶有不同之處。非意有分殊也。然則靈神二字。全稱陰陽之義也可。卽分稱陰陽之義也亦可。用靈字以爲名也可。用神字以爲名也亦可。後世如漢之揚雄有美厥靈根之言。是用靈樞之靈字也。宋之周濂溪太極圖說。則曰形既生矣。神發知矣。是用神妙之神字也。然驟觀此二語。有不明靈學原理者。必誤解濂溪之意。蓋形神並舉。則似形之生、旣屬於物質一面。而神之知、必屬於精神一面矣。形神分屬於物質與精神二界。猶是物心二元之說也。而神且併屬於心之偏理。非兼到物心二面之全理也。雖然。後世道學家、皆以理氣形神並舉爲說矣。此靈學師說之最近者也。在朱紫陽虛靈不昧之說。亦似專以靈字偏指心之一面言也。故後世遂有靈魂之說。誤連靈魂二字爲相當於精神之一名字。不知靈魂二字乃並列二名。而非連綴一名也。亦猶神魂二字之例。孔子繫辭傳曰。精氣爲物。遊魂爲變。是以遊魂與精氣爲偶。而非以魂與物爲偶也。魂或與魄爲偶耳。魂稱遊而與精氣偶。則魂之義可別矣。而靈魂二字之不必連綴。亦可知矣。凡謂神靈魂魄性理諸字。皆靈學之專名術語。非研究靈學者。固不足以辨別。即研究靈學。而未至其純粹。又豈易倉卒認識此固有之定義及界說耶。述師說於前者。所以著其不苟創而自有所本也。夫靈學之發明。今猶在襁褓之中。踐形未敢自詡靈學竟可成立。然當益勉其極深研幾之功。終期有達到圓滿境界之一日耳。

析　報

研究

靈學淺講

楊踐形

第二章　界說 續前期

第五節　靈學之界說

靈學者、說明宇宙之本體萬有之現象關於吾人之認識者也。是故靈學為哲學也。而靈學者、亦由吾人所有之智識。於其一定之範圍以內。搜究之。排列之。以成一系統之織組而研究者也。是故靈學亦為科學也。蓋靈學者、人生日用之道術。知識理圍之學說也。在哲學而有以濟哲學於無窮。在科學而有以補科學之不及。故謂之哲學也可。謂之科學也亦可。即謂之道學也更無不可。然決非徒通天地而不通人之伎術。尤非空論本體現象而不論認識之玄學。蓋其立說務求全合人類之性情趨向。而時勢、地位、環境。尤為應付所必需也。故其所謂研究也。以實踐為研究。即以

研究

研究　二

實踐所得之經驗。爲研究靈學之經驗也。而其考察也。以反省爲考察。即以反省應其之評斷爲考察靈學之評斷也。此可知靈學之切於人生日用。尤爲確實無疑者所慮者世人。以靈學之唯靈主義。概學以靈。揭靈爲學。或不免誤謬而生懷疑之心。將謂取義於唯靈。必於唯物唯心、同一偏見。甚至有謂唯靈之說。必立於唯物唯心二者之外。而別屬一種本體。有若靈魂說。或神靈說者。謬矣。信如唯靈與唯物唯心、可以鼎足並立爲三。所謂人之生存。有物質爲軀體。有精神爲運用。而更有出乎二者外之靈魂。實爲人生之主宰。是不徒物心爲二元。更益靈爲三元。夫哲學一元說理最長。二元且嫌其複。何況益爲三元。不幾乎有一國三公。吾誰適從之嘆。國是且不能定。學統豈能立乎。故唯靈主義。不與唯物唯心鼎足並立爲三者以此。而言物則有物理學。言心則有心理學。言靈獨不名靈理學者。亦以此。所以避免靈理名其學之部。確不通也。故質而稱之曰靈學。靈字上加不得一字。加之則有若心靈學、神靈學諸名矣。靈字下亦加不得一字。加之則有若靈理學、靈魂學諸名矣。而所謂靈學者皆非也。靈學之靈字。眞實純粹。皆非若彼等之含有別種意義也。故靈學止可繼通俗呼其名爲靈學。然仍有可慮者。魚目最易混珠。贋鼎偏能亂眞。爲某學說之美名。以自文其惑世衒俗之邪說。今滬上惡少之慣技也。雖情僞正邪之辨。斷難逃識者之目。而瞶瞶者竟有棄周鼎而寶康瓠。嚶嚶者且因噎而廢食。並眞者亦懷疑之。靈學者、立身於宇宙之哲學。亦科學也。研究者。以正人心、息邪說、爲職志。絕非巫卜星相等。一切陰陽術數者流。所可假托附會。以售其奸欺。發明以來。僅垂八稔。學說尚未遍傳。而市上道販。已弋射贋利。學說之價值、雖未必即因誣衊損。然淆亂[illegible]實於文化有關。此靈學淺講一書。亦不得已而作歟。

第六節　研究靈學之職任

博雷孟（Emil du Bois Feymond）有世界不可解釋之七大疑謎。說其一曰。原質及彈力之本性。其二曰。運動之起原。其三曰。最初生命。其四曰。自然界之合宜配置。其五曰。感覺知識之由來。其六曰。思想及語言之由來。其七曰。意志自由。而赫克爾

研究

四

一元哲學則力破此說。以爲可由物質論與進化論解釋之。凡是不可解釋者。本始不可解釋也。夫宇宙間之萬象。參伍錯綜。至賾至繁。以常理衡之。有可以人智解釋者。有不可以人智解釋者。凡可解釋者。必易於實驗。而人之智能所及也。其不可解釋者。必人之智能有限。而實驗無從也。然有是象。則必有是理。安得謂可解釋者有是理。不可解釋者即無是理乎。夫人之智能本不齊。或智能高深宏富。具有解釋之才。或智能淺薄簡單。獨乏解釋之力。未得因少數人之智能有限。而竟謂宇宙之必無是理也。靈學之淵深。現正藏於覆盆之下。若得有力者爲之明白揭示。而後不可實驗者。皆可達於實驗。即不可解釋者。皆必可使之解釋也。此即研究靈學者之職任也。

研究靈學者。既膺此至重至大之職任。以自覺而覺人。必先明悟靈學之界說。究竟如何。方符確實。則其研究所得之智識。純正精邃。不誤迷於邪徑。不枉陷於綺說。俾眞理可顯。實驗無謬。彼有所爲而假托附會者。應因拙於技而斂其跡。即世之評論靈學。亦有以辨其是非。識其眞贋。而知魚目之斷未可混珠也。是故靈學不可不研究。研究而靈學之界說、尤不可不先明悟。博雷孟之七大疑謎。赫克爾之一元哲學。其於靈學乎何有。凡所謂靈學者。亦不過解釋世界一切不可解之疑謎。而道以切實之指針。使研究者咸有以覺悟。而得受利益云爾。研究者識得此旨。則研究靈學之職任可盡矣。

靈學會與國學之關係　江亢虎

我素不研究靈學。略就所知。供獻一二。

靈學是東方文明的舉祇。東方文學重精神。這靈學是精神的精神。不過吾國素守神秘。不輕容易傳諸外人罷了。西人現在研究的靈學。多從東方傳入。不過西方係公開的研究的。不像東方的神秘。父不能傳子。師不能傳弟罷了。

我遊歷各國以後。得著一種感想。便是不論戰敗受損傷。戰勝國亦得著痛苦。就是覺着根本上還不能十分文明。講到文明的原質。不能存了入主出奴之見。是合許

研究

五

龍戰於野其血玄黃解

楊踐形

易坤上六繇辭曰。龍戰於野。其血玄黃。試條解於下。

（首曰龍）嘗讀許書。而知龍之爲文。從童得聲。考六書之例。形聲之字。非獨主聲。兼取形義。龍之從童。亦兼義也。龍何取乎童。震陽也。乾坤交媾。一索而得長男。謂之震。於父出在。故稱童也。孔子易象。龍取於震。說卦傳曰。震爲龍是也。（諸家易象不取。）震初得自乾體。故龍爲陽。乾六爻皆稱龍者。本震爻息來。起初之皆。而位五之飛也。（龍从𦞅者。即飛字省。从月者。坤陰柔爲肉。限於篇幅。義略）在坤之上六。卦陰爻陰。而位又陰。何以稱龍。夫陰稱蛇。陽稱龍。爻辰在巳。巳屬蛇。杜鵲田謂陰疑於陽。蛇盛似龍。故稱龍也。夫然。則鄉愿可以爲君子矣。文言所謂陰疑於陽者。疑亦作凝。即天地之雜也。鄭康成曰。上六爲蛇。得乾氣雜似龍。夫乾不爲首。六十四卦。無非乾也。坤自初爻變乾爲姤。馴致五爻變爲剝。在坤而六爻純陰。然生生之理。無傾刻可息。剝上來盡消時。復初已伏潛龍。可知陽未嘗盡也。在易例。剝與復綜

叢載　七

書三卷第十八期

龍戰

剝上來復初而爲震龍。聖人著貞下起元之義。以見陽與君子之不可一日無。故特於坤之上六言龍。考諸十二辟卦。坤當十月之候。六爻純陰。驟觀之幾疑無陽。不知陽雖生於子。實積始於亥。故古人謂十月爲陽月。荀爽曰消息之位坤在於亥。下有伏乾爲其兼於陽。故稱龍。蓋自一陰生於午而至六陰盡於亥。苟有一瞬無陽則乾坤毀矣。易道窮上反下。陰極則陽伏。此正坤闔戶之際。而乾發軔之基。大彰龍功。非獨與人覺世之懷。要亦天地元吉之心也。

〔又曰戰〕孟喜曰。陰乃上薄。類似乎陽。必與陽戰。干寶曰。天道窮至陰陽相薄也。夫陰從陽者也。本不敢與陽抗。然盛極而勢敵於陽。則竟相抗而爭。復進逼不已。終必至陰陽交戰。開釁之端。陰實尸其咎。而獨稱龍戰者。說卦傳曰。戰乎乾。係戰於乾。故稱龍戰。若曰陰犯順有龍戰之。非陰與陽戰。乃陽不容始息。而來戰陰。以討陰之義與陽。不許陰爲敵體也。然上下陰極。敢與陽戰。不特疑似於陽。目中已無陽矣。故稱不可玩。陰不可長。陰長自然陽消。龍戰之禍。尤爲世人危。爲君子戒。而志不可縱。欲不可滿。欲滿容易惡為。龍戰之禍尤為昧者。慨為小人惜。夫冕雖敝。不加足。履雖新。不加首。陽雖至微。陰雖至盛。而陰陽之分前定。聖人扶抑之際。權衡萬古。上慴天地之心。亡毫髮可私。陰符經曰。天發殺機。龍蛇起伏。別本。機字下。龍字上。多移星易宿。地發殺機。八字。今從朱紫陽本如此作。人發殺機。天地反覆。天人合發。萬變定基。天發殺機。龍戰之象也。龍蛇起伏。剝極上反下也。晉而未見。藏身以待也。人者人心惟危。反覆者反復其道也。乾亢則消而為姤。坤戰則息而為復也。合發者。理欲交戰。於中定基者。聖人修身克己之功也。在卦氣。亥以寒凝之極。而微陽潛之來。戰之陽已乘龍象。則坤終而乾又始矣。未幾而復亨。剛反。則知此龍戰之功居多。龍蛇之戰。雖本造化自然之理。苟出於有形。則荼毒生靈。有傷天地之和。孟子曰。善戰者服上刑是也。惟不嗜殺人者。無形之中。一怒而安風化。正人心。息邪說。是故善為學者。貴克己。善為治者。在修身。以天理之功。戰勝人欲之私。以衆人之善。戰勝一己之過。此則善體易旨。而得龍戰之微趣者。企予跂。將以觀海內之士。

叢載

龍戰

（復夫曰於野）。野象解者亦有異說。或曰。乾爲西北之卦。西北曰郊。郊外曰野。則野者又乾象也。或曰。坤爲地。引伸爲邑。爲郊。爲野。則野者又坤象也。而孔穎達則云。戰於卦外。故曰於野。夫坤純陰也。非乾也。而乾坤毀則天地幾乎息矣。坤者表陽已盛乎卦外。表陽將透於復心。卦外閉作卦外。復心豈在卦內哉。自道之不明。天下之學非淺陋固滯。則窮深極微。而不可以入堯舜之道。邪誕妖異之說。競起塗生民之耳目。溺天下於汙濁。雖高才明智。膠於見聞。醉生夢死。而不自覺。是皆正路之蓁蕪。聖門之蔽塞。闢之而後可以入道。其於野之象乎。聖人辨異端似是之非。開百代未明之惑。其龍戰之象乎。彼陰類者。方逞其全力以排擠君子。必至盡其類而後快。不知天良發自人心。正道斷難滅絕。晦盲否塞。正所以兆昌明隆盛之機。賢人在野。將以木鐸振斯民。詔後覺。東周之亂。而天生孔孟是也。歸龍戰之功於在野諸賢。故曰龍戰於野。

（復夫曰其血）孔子文言曰。猶未離其類也。故稱血焉。背本坤卦。爻俱皆陰。安能離

附

其類。陰疑於陽。蛇龍似龍。小人雖盛極。而不離陰類。聖人惡紫之亂朱。惡莠之亂苗也。正其名。定其分。使天下後世不容僞欺其姦。陰之心雖欲自離其類。聖人以其本離陰類也。故稱血以別乎陽。在易例以乾通坤成坎。坎為血卦。何以非陽主先天位象方戰之時。言後天位象北方坎。即先天坤之本位。為暗。為險。為憂。指坤先迷復之象也。與本日乾位成之離卦。嚮明而治。利見大人者。不可同日而語矣。夫以陽之至微以無能勝之理。而陰之所成。則亦各以其分。兩築而沒溢。濟滿而恒泛。不圖反省悔然。故與陽爭。傷而見血。其敗出已。而由人乎哉。蓋勢之所在。陽雖不能獨全。而理之所在。陰亦豈能獨免。即至兩敗俱傷。抑亦何利之有。惜乎陰之不悟也。

識

（後曰玄黃）周禮曰。天謂之玄。地謂之黃。天者陽始於東北。故色玄也。陰者地始於西南。故色黃也。玄黃者天地之正色。所以明夫天地之定位也。孔子文言曰。夫玄黃者。天地之雜也。天玄而地黃。指天地絪縕。萬物化醇。一索而得長男。謂乾坤雜而為震。說卦傳曰。震為玄黃。孔穎達曰。陰陽相雜。故其色玄黃也。是陰陽融而見血當

叢載　　十一

叢載

十二

其雜也。玄黃似乎莫辨。而不知卽雜之中。玄者自玄。黃者自黃。雖若無實合。吾涇渭同流。定分原在。斷無混淆。彼敢於擬陽者。不過習相似之迹。以擾亂宇宙於一時耳、大豈能隻手摘盡天下之人心哉。未幾而七日來復。反復其道。天運自然。利有攸往。雖物之始生。其氣至微。必多屯艱。陽之始生。其氣至微。必多抑鬱。苟能免於斗爭之攸。斧斤之伐。則其類漸進。而亨盛衆陽之朋可待。則天地之心可見矣。所謂吾之心正。則天地之心亦正。吾之氣順。則天地之氣亦順。噓吸太和。洒然獨往獨來於古今。以上與造物者遊。此則大丈夫德建名立後。希聖時所𢡖也。願與好學深思之士共勉之。

(最後結論)夫坤自履霜之漸。馴致其道。而至於剝。則碩果之存者僅矣。小人道長。君子道消。其所由來。本非一朝一夕之故。女壯爲禍。辨之不早。致使六爻純陰。與陽抗。特昔日之流風餘韻。殆不可復睹焉。然而剝極於上。則復反於下矣。剝極必復。自然之勢也。龍戰之義。聖人發之於坤上六爻者。不第見道之不終晦。且以著其[illegible]明、

第二卷第十八期

也。人心惟危。舉世同夢。玄黃相雜。道心即在嗜中。神之風雷。則夜氣不足以存夜氣不足以存。則其違禽獸不遠矣。陰道至於盛極。陰陽龍自不容已於戰矣。然則馴致其道者難也。陰本非陽敵。而敢於抗戰。何哉。皆由君子不能防之於微。使道至於窮極而然耳。若當始凝而早制之。安有今日之禍哉。故初六所以著陰陽之漸於其始。上六所以著陰陽之禍於其終。禍起於忽微。而成於不可測。非知幾之君子。其誰能免之。陰符經曰。火生於木。禍發必尅。姦生於國。時動必潰。知之修煉。謂之聖人。孟子曰。上亡禮。下亡學。賊民興。喪亡日矣。又曰。世衰道微。邪說暴行有作。其坤上六時乎。又曰。昔者禹抑洪水而天下平。周公兼夷狄而百姓寧。孔子成春秋而亂臣賊子懼。我亦欲正人心。息邪說。距詖行。放淫辭。以承三聖者。豈好辯哉。余不得已。推其龍戰於野之謂乎。此聖人順時之變。以道自任。新天下之耳目。詔後進之聰明。其血玄黃。正所謂復見天地之心。陰陽消息。天理當然。氣有闔闢。物有盈虛。而天地之心則亙古至今流行自若。未始有毫髮之間斷。君子藏器於身。待時而動。精義入神以致用

叢載

利用。安身以崇德。知道者默而觀之可也。

當均平不當偏重。故損己利人。非利也。損人利己。亦非利也。必人己兩利。然後謂之利。其發明墨子交相利之旨。可謂不遺餘蘊矣。又曰國主政者。宜使分利者少。生利者多。國家宜保母財。人民宜有生業。開源宜廣。須盡地利而重農礦。節流宜制。須少閒人而絕不急之務。暢流宜有法。宜裕工商而銷貨於外國。國家宜有保商之政。凡此等言。眞得大學生財大道之遺意。管子治齊。商鞅治秦。頗能相近。唐璆

未完

靈學與周易之關係

楊踐形

欲研究靈學。必先明靈學之義。許叔重說文解字。玉部曰。靈、巫也。以玉事神。故靈字下從玉。亦可從巫。楚辭雲中君注曰。楚人名巫為靈子。此即靈字最初之原意。其後字義引中而為鬼神之誼。楚辭曰。靈皇皇兮旣降是也。更又從鬼神之誼引中而為神妙不可思議之義。史記五帝紀所謂生而神靈是也。於是醫卜星相之術。有效亦曰靈。即所謂神則靈者。謂以至誠感動。而神應來格也。故又為精誠之義。楚辭湘君

書　釋

篇曰。積大汎以揚靈。是此靈也。大戴記曾子天圓篇曰。陰之精氣曰靈。陽之精氣曰神。以靈神二字分配二義。而書經泰誓篇曰。惟人爲萬物之靈。則又靈即神矣。然則靈學之靈字。果何取義。試徵之詩經鄘風定之方中篇曰。靈雨既零。鄭康成箋曰。靈善也。又書經尙書盤庚篇正義引釋詁曰。靈、善也。此靈字之義見於經籍者同訓爲善。實即靈學二字取義之本意也。靈字意義既明。始可以研究靈學矣。研究靈學無他、道即禮大學篇所謂在止於至善也。然其能使人改過遷善日新盛德以達止於至善之良方厥維周易一書。故孔子贊易作繫辭傳曰。一陰一陽之謂道。繼之者善也。成之者性也。此即禮中庸篇所謂天命之謂性。率性之謂道也。夫人性皆善而覺有先後。雖氣質所稟。不無厚薄。然良知良能同具其全。知誘物化。偶有流蕩忘返。而自汩性靈者。然一旦悔悟。革舊染而維新德。則雲霽天清。塵去鏡明。服膺聖賢之言行。而人皆可以爲堯舜也。此孟子所謂水無有不下。人無有不善。故乃若其性。則可以爲善矣。可知人之有不善者。乃不若其性致然耳。非別有不善之人也。劉康公曰。

研究　九

研究

人受天地之中以生。所謂命也。善者養之以福。不能者敗以取禍。雖曰福善禍淫。而禍福本無定命。惟人言行間自召之耳。故天道無親。常與善人。聖人學無常師。惟善是師。國無以爲寶。惟善以爲寶。善者。天地之心。生民之命。而人之所以爲長萬物者。即此幾希之關頭也。周易文言曰。積善之家。必有餘慶。積不善之家。必有餘殃。繫辭傳又曰。善不積不足以成名。惡不積不足以滅身。夫禍福之至。固原於善惡。而善惡之積。則由於漸。蓋非一朝一夕之故。天理人慾之間。早有先見之機。徵而人莫之覺者。乃禍福之所由分。而辨之不早。始於可安。漸於忽長。至於其勢已成。雖欲辨之。亦無及矣。故陽陰惡之途。卽天理人慾之關。防微杜漸。君子必於其始而謹愼之。此卽易之教也。故孔子贊易。既有可無大過之歎。而於振民育德。懲忿窒慾。遏惡揚善。順天休命之旨。尤三致意焉。此周易所以爲寡之之書。而與靈學作善之方。道同一貫也。

羣衆心理 續前期

易順豫

樂微卷一

篇一　樂論

章一　引言

無錫　楊踐形

凡一國家之藝術文化。其出發之點。與演進之程。莫不根于最初民族間結合之精神。與向來歷史上嬗遞之風習。而或者形容于歌詠。宣發爲舞蹈。迭經蛻變。遂成樂藝之雛型。溯厥所始。亦不過應物形聲以抒情感之鬱。後乃漸進而造樂器以制律呂之度。更進而講樂理以輔政教之治。于是技進乎道。樂乃備列六藝之一。豈徒曰聲容彙至其極。形神並茂其趣。即爲盡治樂之能事而已哉。聖人有言。君子三年不爲禮。禮必壞。三年不爲樂。樂必崩。而君子無故不去琴瑟。孔子在齊聞韶。至于三月不知肉味。則聖人爲樂之至可睹矣。故師萇弘。師太師樂。太師摯。以求樂之正旨。孔子亦嘗自言發憤忘食。樂以忘憂。又稱顏回好學。在陋巷不改其樂。言其至。則曰禮樂不可斯須去身。聖人之于樂。何其一至于此。蓋以修己進德之功。立于禮。成于樂也。故論語曰。先進于禮樂。君子也。禮樂並稱。同列六藝之先。門人親炙。竟以爲政教之具。故子游爲武城。弦歌。是化子賤宰單父。鳴琴而治。厥後荀卿推本其說。遂大倡禮樂之論。自漢以來。歷朝均重視樂制。精擘闡發。代有其人。迄乎今日。西樂充斥于上林。國樂淪亡。而莫顧。即有鳩集同志聲應氣求。儼然以整理國樂相號召。而其所素習。則皆絲竹弓簧之俗樂。不離鄭衛桑濮之靡聲。與先王之制禮樂。使八音克諧。人神以和者。相去奚啻霄壤。信乎雅樂之難再振。與抑提倡者乏其人邪。嗟夫人心陷溺名教陵夷邪說猖狂世風澆薄果欲移風易俗登一世于袵席之安息邪說而正人心嚴威儀而肆聆聽視舍禮樂其何由誠有志于國樂矣是宜推本先王制樂之精義博稽歷代治樂之前型計弦管倍半之數旋律呂均調之法廣證昔賢兼參異域庶乎因革損益之間易收發覆闡微之效若曰習其技巧嫻于應用徒知當然莫明所以則彼樂工瞽師悉能爲之豈歷來士夫提倡雅樂之心哉昔漢之興樂家有魯人制氏者以雅樂聲律世世在太樂官但能紀其鏗鏘鼓舞之聲容而不能明言其義殆正所謂徒知其當然者長于應用暗于原理非治樂之旨也稽諸典籍雅樂而外更有俗部夷部（註一）之設今之絲竹本古之俗部也今之西樂則古之夷部也古人攻治亦所不廢然溉葉斧根濬流塞源踰華變夷亦未見其可也倘幸研究國樂者于先秦古哲之微言三致意焉庶幾六藝無闕樂教延緒于不墜而以振民俗之精神闡演變之史蹟亦豁理國故發揚國粹者所同具之心也

章二　樂理

治樂之途不外三端或根樂律之制以準調樂器或宣樂教之用以和平人心或探樂理之原以闡明學說樂制發軔自庖犧（註二）而造極于軒轅樂教始著于虞典樂理則莫詳備于樂記矣

神州樂藝肇始康葛陰康之舞（註三）葛天之歌（註四）並見呂覽古樂而其聲容之美妙雖在數千載後猶可彷彿想見當日之盛況如所謂千人倡萬人和而聽者因以蔑韶夏（註五）是也雖然八闋之歌（註六）僅傳技巧而非傳原理傳原理者必待羲皇前漢書律歷志推本音樂十二律之發明于伏羲曰

「自伏羲畫八卦由數起。至黃帝堯舜而大備。」是班固顯以音樂制作肇始伏羲。不過言其大備必至黃帝。黃帝後爾其言黃鍾林鍾太簇三律之合天地人三統爲三正也。又極意歸功于伏羲曰「宓戲氏之所以順天地通神明類萬物之情也。」所謂「太極元氣函三爲一」也。復詳引易說以明之。然則音樂之起源實關係于易學。而伏羲發明之易理。即伏羲創制之樂理在焉。志又曰「人者繼天順地序氣成物統八卦調八風理八政正八節諧八音舞八佾監八方被八荒以終天地之功故八八六十四其義極天地之變以天地五位之合終于十者乘之爲六百四十分以應六十四卦太簇之實也」此皆班固以易理證明樂理之說也。呂覽亦云「音樂之所由來者遠矣。生于度量本于太一。太一出兩儀兩儀出陰陽陰陽變化一上一下合而成章」又曰「萬物所出造于太一。化于陰陽萌芽始震凝寒以形形體有處莫不有聲聲出于和和出于適先王定樂由此而生」此又呂覽以易理證明樂理之說也。樂理既本于易理黃帝亦因革伏羲之創制而修飾之潤色之以成中國樂律之典型而已。故余言古樂之源必斷自羲皇。

所謂樂理莫詳備于樂記。樂記者何也。禮記經解引孔子之六教而樂與易書詩禮春秋並稱。是所謂六經也。逮漢求書樂經久已散失。河間獻王獨與諸生共事采集成帝時王禹獻二十四卷入祕府其書遂亡劉向校書得公孫尼子樂記二十三篇與禹所獻不同即今戴記中之樂記篇是也。樂記曰「樂者音之所由生也。其本在人心之感于物也」又曰「凡音之生由人心生也。人心之動物使之然也。感于物而動。

故形于聲。聲相應。故生變。變成方。謂之音。比音而樂之。及干戚羽旄。謂之樂。」又曰「樂者樂也。人情之所不能免也。樂必發諸聲音。形于動靜。人道也。聲音動靜。性術之變。盡于此矣。故人不能無樂。樂不能無形。」公孫尼子固知人不能無情。樂之情即不能無娛。樂之品。此音樂之所由本于人情也。人情之發。哀樂不能自禁。導之以樂。則情有所寓。而哀不流傷。樂不流淫矣。故曰樂者樂也。人情之所不能免也。然其所以為樂之道者有二。一曰發諸聲音。二曰形于動靜。發諸聲音者。以歌喉之五聲。和其性。以樂器之八音。節其流。所謂樂歌是也。形于動靜者。據進退俯仰之節。以表其容。著發揚蹈厲之變。以見其情。所謂樂舞是也。杜佑通典曰「樂之在耳者曰聲。在目者曰容。」又曰「聲容選和。然後大樂備矣。」是古人論樂必兼聲容二者言之。

節一　聲

人籟始自呼嘯。進而為有節之言語。更進而發諸謳謠。形于歌詠。則聲音之進變。其皆性情之感興乎。詩敍所謂「情發于聲。聲成文謂之音也。」漢書藝文志曰「哀樂之心感而歌詠之聲發。誦其言謂之詩。詠其聲謂之歌。」又曰「不歌而誦謂之賦。」是以抑揚頓挫之吟誦。與一唱三歎之詠歌。宜辨也。爾雅釋樂曰「徒歌謂之謠。」是又以冥符聲律之謠。與八音合樂之歌。相別矣。按劉熙釋名曰「人聲曰歌。以聲吟詠其上下。」許慎說文曰「詠歌也。从言永聲。」其說皆本虞書所謂「詩言志。歌永言。聲依永。律和聲。」其即樂理之師說乎。

〔一〕聲感　聲感者。感物而成聲也。其說莫備于樂記。記曰。「樂者。音之所由生也。其本在人心之感于物也。是故其哀心感者。其聲噍以殺。其樂心感者。其聲嘽以緩。其喜心感者。其聲發以散。其怒心感者。其聲粗以厲。其敬心感者。其聲直以廉。其愛心感者。其聲和以柔。六者非性也。感于物而后動。是故先王慎所以感之者。」夫如是。則可以聞其聲而得其情矣。非樂理之妙乎。

〔二〕聲宜　聲宜者。聲歌之道。各有所宜。故動諸己而應于人也。樂記曰。「寬而靜。柔而正者。宜歌頌。廣大而靜。疏達而信者。宜歌大雅。恭儉而好禮者。宜歌小雅。正直而靜。廉而謙者。宜歌風。肆直而慈愛者。宜歌商。溫良而能斷者。宜歌齊。夫歌者。直己而陳德也。動己而天地應焉。四時和焉。星辰理焉。萬物育焉。故商者。五帝之遺聲也。商人識之。故謂之商。齊者。三代之遺聲也。齊人識之。故謂之齊。明乎商之音者。臨事而屢斷。明乎齊之音者。見利而讓。臨事而屢斷。勇也。見利而讓。義也。有勇有義。非歌孰能保此。」夫如是。則非徒洞悉樂人之情感。抑且鑒別歌聲之效應矣。

〔三〕聲作　聲作者。含生之性。引物而化。故感于聲而形諸動也。樂記又曰。「夫民有血氣心知之性。而無好惡喜怒之常。應感起物而動。然後心術形焉。是故志微噍殺之音作。而民思憂。嘽諧慢易繁文簡節之音作。而民康樂。粗厲猛起奮末廣賁之音作。而民剛毅。廉直勁正莊誠之音作。而民莊敬。寬裕肉好順成和動之音作。而民慈愛。流辟邪散狄成滌濫之音作。而民淫亂。是故先王本之性情。稽之度數。制之禮義。含生氣之和。道五常之行。使之陽而不散。陰而不密。剛氣不怒。柔氣不懾。四暢交于其中。而發作于外。皆安其位而不相奪也。然後立之學。等廣其節奏。省其文采。以繩德厚。律大小之稱。比終始之序。以象行事。使親疏貴賤長幼男女之理。皆形見于樂。故曰樂觀其深矣。」又曰「鄭音好濫淫志。宋音燕女溺志。衛音促數煩志。齊音傲辟驕志。此四者皆淫于色而害于德。是以祭祀弗用。」古人之于音樂。詳慎如此。是故鄭衛之音。亂世之音也。比于慢矣。桑間濮上之音。亡國之音也。其政散。其民流。誣上行私而不可止也。蓋周衰樂廢。淫聲迭起。是以有四國之畸音。然當時伶工。猶知所守。而不輕爲流俗所移。如師曠止濮上之音。而師摯之徒。至逾河蹈海。以避世俗之樂。後之士夫。反眩新奇。而驚哀淫。其智轉伶工之不若歟。

節二　容

樂記曰「歌之爲言也。長言之也。說之故言之。言之不足。故長言之。長言之不足。故嗟歎之。嗟歎之不足。故不知手之舞之。足之蹈之。」詩序亦云「詠歌之不足。不知手之舞之。足之蹈之。」手舞足蹈。是所謂動其容也。蓋詠歌嗟歎之不足以盡其情。而不覺手足之自運自動爾。故曰「人不能無樂。樂不能無形」而形即形于動靜之謂。蓋鋪、形容、姿勢、以表其情。是即、樂之舞也。昔陰康氏之始。陰多滯伏而湛積。陽道壅塞。不行其序。民氣鬱遏而滯著。筋骨瑟縮不達。故作爲舞以宣導之。(註七)此樂舞之所由造。始而動容之可以宣導也。沈約宋書樂志曰「歌者樂之始。舞又歌之次。詠歌舞蹈。所以宣其喜心。喜而無節。則流淫莫反。故聖人以五聲和其聲。以八音節其流。而謂之樂」其說蓋本于樂記所謂「詩言其志也。

歌詠其聲也舞動其容也三者本于心然後樂氣從之」按樂記所謂詩即後世之曲情也所謂歌即後世之樂譜也雖別誦詠其爲聲也則一夫所謂歌必聲樂與器樂克諧而所謂樂又必歌聲與舞容兼至三者遺其一即不足以語樂矣

章三　樂教

樂爲古代六藝之一可以陶養性情可以發舒精神可以振作志氣非曰徒感美快而已施之爲教育既有益于個人之身心播之爲政治更有利于各地之風俗故唐虞有典樂之官周禮著司樂之職武城弦歌至今傳爲美談樂記曰「樂也者聖人之所樂也而可以善民心其感人深其風移俗易故先王著其教焉是以古者天子諸侯卿大夫無故不徹樂士無故不去琴瑟以平其心以暢其志則和氣不散邪氣不干此古先哲后立樂之方也禮記經解引聖人之言「廣博易良樂教也」先述師說次詳原理末附徵化

節一　師說

虞書云帝曰「夔命汝典樂教胄子直而溫寬而栗剛而無虐簡而無傲詩言志歌永言聲依永律和聲八音克諧無相奪倫神人以和」而其感化之效乃至羣后德讓鳥獸蹌蹌鳳凰來儀百獸率舞庶尹克諧子謂韶盡美矣又盡善也豈不信哉故在齊聞韶三月不知肉味曰「不圖爲樂之至于斯也」蓋實見其情文之備而不覺其歎息之深耳

或疑教冑子又何事乎和聲依永。不觀夫慈母之撫嬰孩乎，慈母柔聲曼歌，而嬰孩帖然竟寐矣。由是推之，勞人苦力、思婦征夫，或執勞役，或懷悲怨，而有農歌俚曲，以抒其鬱，以慰其情，國風離騷所由作也。進之而爲格言箴規，衛武之作抑戒，魏絳之述虞箴，伊訓之誦聖謨，箕子之陳皇極，凡爲洗心藏密之書，無不字律句韵，可詠可歌，藉流連往復之餘，以含茹義理之趣。舜命典樂而以和聲依永教冑子，所以涵養性情，和順道德，而後智能之用不陷邪僻之途，固自有其妙用也。

周禮記大司樂之職「掌成均之法，以治建國之學政，而合國之子弟焉。先以樂德教國子：中和祗庸孝友；以樂語教國子：興道諷誦言語；最後始以樂舞教國子：舞雲門、大卷、大咸、大韶、大夏、大濩、大武；以六律、六呂、五聲、八音、六舞大合樂，以致鬼神祇，以和邦國，以諧萬民，以安賓客，以說遠人，以作動物，乃分樂而序之，以祭以享以祀」。又云「凡六樂者，文之以五聲，播之以八音，一變而致羽物及山澤之祇，再變而致贏物及山林之祇，三變而致鱗物及邱陵之祇，四變而致毛物及墳衍之祇，五變而致介物及土祇，六變而致象物及天神」。又曰「凡建國禁其淫聲、過聲、凶聲、慢聲。大喪，涖廞樂器；及葬，藏樂器，亦如之」。然則古人致力于樂教，其不敢或苟也可知。世界各國，固莫不自有其習俗之音樂，亦莫不重視其習俗之音樂，以爲一國之表率，而莫敢自侮自蠛。奈何夙以禮樂著聞、文物自高之中國，竟自棄其固有之文物禮樂，惟新奇怪誕之是務，舍己芸人，削足適履，亦可謂不善變矣。致使古雅淪缺，胡樂孳殖，用夷變夏，已示先兆，有心人能不爲之痛心。故上述虞、周樂教之師說，冀以矯頹風而挽狂瀾，下更錄公孫尼子樂記以詳其原理。

節二　原理

樂記曰「人生而靜。天之性也。感于物而動。性之欲也。物至知知。然後好惡形焉。好惡無節于內。知誘于外。不能反躬。天理滅矣。夫物之感人無窮。而人之好惡無節。則是物至而人化物也。人化物也者。滅天理而窮人欲者也。于是有悖逆詐僞之心。有淫佚作亂之事。是故強者脅弱。衆者暴寡。知者詐愚。勇者苦怯。疾病不養。老幼孤獨不得其所。此大亂之道也。是故先王之制禮樂。人爲之節。」蓋以禮節亂。猶存克治之念。以樂薰陶。使朝夕浸漬。而感化于無形。貪婪之心。漸歸澹泊。悍戾之氣。漸就和平。久且循禮自然。不嫌束縛。故又曰「知樂則幾于禮矣。」禮樂皆得。謂之有得。故曰「禮以道其志。樂以和其聲。所以同民心而出治道也。」故傳曰「君子之近琴瑟。以儀節也。非以慆心也。」故先王制樂而人爲之節。樂記又曰「人不能無樂。樂不能無形。形而不爲道。不能無亂。先王恥其亂。故制雅頌之聲以道之。使其聲足樂而不流。使其文足論而不息。使其曲直繁瘠廉肉節奏。足以感動人之善心而已矣。不使放心邪氣得接焉。是先王立樂之方也。是故樂在宗廟之中。君臣上下同聽之。則莫不和敬。在族長鄉里之中。長幼同聽之。則莫不和順。在閨門之內。父子兄弟同聽之。則莫不和親。故樂者。審一以定和。比物以飾節。節奏合以成文。所以和合父子君臣。附親萬民也。是先王立樂之方也。故聽其雅頌之聲。志意得廣焉。執其干戚。習其俯仰詘伸。容貌得莊焉。行其綴兆。要其節奏。行列得正焉。進退得齊焉。故樂者。天地之命。中和之紀。人情之所不免也。」又曰。「君子曰。禮樂不可須斯去身。致樂以治心。則易直子良之心油然生矣。易直子良之心生則樂。樂則安。安則久。久則天。天則神。天則不言而信。神則不怒而威。致樂以治心者也。」此聖人昌明禮樂。以感化人心。向善之風也。故又云「音者生于人心者也。樂者通倫理者也。是故知聲而不知音者。禽獸也。知音而不知樂者。衆庶也。唯君子爲能知樂。是故審聲以知音。審音以知樂。審樂以知政。而治道備矣」又曰「樂者樂也。君子樂得其道。小人樂得其欲。以道制欲。則樂而不亂。以欲忘道。則惑而不樂。是故君子反情以和其志。廣樂以成其效。樂行而民鄉方。可以觀德矣。德者性之端也。樂者德之華也。」又曰「樂行而倫淸。耳目聰明。血氣和平。移風易俗。天下皆寧。」此樂教之效驗也

公孫尼子樂記而外。則子夏之詩傳。子游之禮運。皆孔門之嫡系也。集其成者。有若荀子之樂論。其說多與樂記同。不復具引。

節三　徵化

先王制樂。而慎所以感斯民者。期于化也。樂之化人。厲于政教。故有縣法設賞。而不能移風易俗者(註八)及一。濡于樂。則不教而能。不令而行。不期而自化矣。故榮啓期一彈。而孔子三日樂。惑于和鄒忌一徵而威王終夕悲。感于憂。故曰。樂聽其音則知其俗。見其俗則知其化(註九)孔子學琴。持文王之聲而知文王之爲人。(註十)所謂「睹文王之志。見微以知明矣」(註十一)鼠遊狸求。孔子鼓瑟以浮其音。而曾子譏之。疑其有貪狼之心。邪僻之行。(註十二)虞舜遺簫韶之樂。而南風有似徐引。溫潤以和。(註十三)師曠奏

白雪(註十四)之音。而神物爲之下降。風雨暴至。(註十五)由此觀之。精意入神。非類亦化。而況同是戴髮含齒。圓顱方趾之儔乎。昔者衛人王豹處淇川善謳。河西之人皆化。齊人綿駒居高唐善歌。齊之右地亦傳其業。此孟子所謂善變國俗者也。猶今都邑有新聲。則巷陌競歌之。今之樂。猶古之樂也。雖然孔子獨放鄭聲者。正有以防其姦。杜其淫也。故樂記曰。「今夫古樂進旅退旅。和正以廣。弦匏笙簧會守拊鼓始奏以文。復亂以武。治亂以相。訊疾以雅。君子于是語。于是道古。修身及家。平均天下。此古樂之發也。今夫新樂。進俯退俯。姦聲以濫。溺而不止。及優侏儒獶雜子女。不知父子。樂終不可以語。不可以道古。此新樂之發也。」又曰。「凡姦聲感人而逆氣應之。逆氣成象而淫樂興焉。正聲感人而順氣應之。順氣成象而和樂興焉。倡和有應。回邪曲直各歸其分。而萬物之理各以類相動也。是故君子反情以和其志。比類以成其行。姦聲亂色不留聰明。淫樂慝禮不接心術。惰慢邪僻之氣不設于身體。使耳目口鼻心知百體皆由順正以行其義。」今日者五方雜處。衆流同歸。一動之微。則其影不脛而走。朝發夕遍。速于郵傳。士君子之居此世者。宜如何自律。以律人。踐形當躬。滬上新出各種小調俚曲。幾于家喻戶曉。途間隨處可聞。不亞于河西高唐之化甚矣。歌曲感化人心之易且深也。苟不以至中至和至正至善之歌曲。易其樂。新其德。則涓涓不塞。必至滔天。熒熒不滅。必至燎原。載胥及溺。伊于胡底。吾爲社會教育懼。吾尤爲血氣未定之後生小子懼。故不憚煩贅。纏述孔門樂教之旨。敢以養正無類之誼。期祝于秉鐸之諸君子。

章四　樂體(樂制一)

樂之有制，起自秦皇。前此者康舞葛歌(註十六)，雖布盛名，未垂鴻制。至庖犧作樂，漸有考證，豈徒曰載網罟之詠、造駕辯之曲(註十七)而已哉。其制作之垂後範者，則有九弦之琴(注十八)、五十弦之瑟(注十九)。故班志言樂律之發明，必上推羲皇。厥後朱襄改瑟(註二十)，神農改琴(註二十一)，暨黃帝而集厥大成。二十五弦之瑟具二均聲(註二十二)，伶倫之十二管(註二十三)，榮將之十二鐘(註二十四)，垂爲神州十二律不祧之始祖。四千餘載，直迄于今，中國之言樂制者，必折中于軒伶。

樂制溥矣宏矣，歸而納之，不出樂體、樂相、樂用三類。首叙樂體。

樂體者，成立樂制所依標準也。秦皇有扶來立本，炎帝有扶持下謀(注二十五)，其于樂體，必有相當之標準。然羲農之制，莫可考矣。故班志曰：「自伏羲畫八卦，由數起，至黃帝堯舜而大備，三代稽古，法度章焉。」又引虞書曰：「乃同律度量衡，所以齊遠近立民信也。」又曰：「周衰官失，孔子陳後王之法曰：謹權量，審法度。」考律志所叙：「一曰備數，二曰和聲，三曰審度，四曰嘉量，五曰權衡。」(註二十六)按「度者所以度長短也，本起于黃鐘之長。量者所以量多少也，本起于黃鐘之龠。衡所以任權，權者所以稱物平施知輕重也，本起于黃鐘之重(註二十七)。五度審矣，五量嘉矣，五權謹矣。」孔子所陳後王之法在是矣。此古哲因測音之器黃鐘之管，假之銅竹(註二十八)，以爲度量衡之標準，而垂示後世也。然則樂體也者，聖王所以均齊天下、平準萬民者也。故五度五量五權出焉，而所謂備數和聲，則皆樂藝分內之事，樂徵所述，即是類矣。

節一　樂律

樂律者、一均中音大小之多寡也。至寡者、莫若希臘之五律、與巴比侖希伯萊同。其後迺有七律、與埃及同。十二律、與中國同。而安息大食則有十七律。捐毒則有二十二律。明季意人查令(Zarlino)(註二十九)之十九律。清初比人墨卡(Mercator)(註三十)之五十二律。清季甸人耶可(P. Von Jankó)(註三十一)之四十一律。而最多者、尤莫如神州。炎漢之京房有六十律。劉宋之錢樂之有三百六十律。然皆徒彰發明、未施實用。其執寰瀛樂界之牛耳、允爲中外古今所同宗仰者、則惟我樂祖倫師之十二律也。其在神州化育卵翼之下、東則日本朝鮮肅慎、北則北蒙、西則西羌、南則越裳暹羅緬甸爪哇之屬、皆漢唐之殖民、明清之屏藩也。其崇十二律也、固不待論。即至歐陸所傳教堂樂制、亦莫非我倫師十二律之制。直迄于今而不變。信乎、班固有言、五伯之末、史官喪紀、疇人子弟分散、或在夷狄、試觀希臘計律之術、一如史漢損益之論、毫無二致。若非和仲宅西、神堯遺化、聿彼西方、烏有今日(註三十二)。無怪近世西樂家如馬(Mahler)(註三十三)賽(Sekles)佛(Feranenstein)倪(Niemann)白(Braunfels)巴(Bartels)(註三十四)之徒、競以中國樂風相尙、嘗一臠而知鼎味、挹一勺而見海水。神州倫律、其允爲萬世不祧之始祖也、何疑。明神宗時、宗室鄭恭王世子載堉發明十二平均律、中國未之用也。百餘年後、當西元十七紀末、德之樂家維棵(Werckmeister)(註三十五)迺倡用十二平均律、西歐盛行。直迄今日、然其音實不純、雖便于鋼琴鍵樂等還相爲宮、而非三分損益之率也。于是補救改善之說紛然雜陳而折中其間。乃有採用西亞二十四平均律以濟之者。實即京房之丙盛等半律也。踐彤上稽京錢下暨鄭藩。皓爲周天律數。著于玆編。

（一）立均　同律正子之間謂之均。任取一律皆可立均。如黃鐘正律至黃鐘子律一均也。大呂正律至大呂子律亦一均也。立均師說本出周語。景王將鑄無射。問律于伶州鳩。對曰「律所以立均出度也。古之神瞽考中聲而量之以制度。律均鐘百官軌儀。紀之以三。平之以六。成于十二。天之道也。」中聲者。立均之中。上下相生以爲取律之樞。黃鐘之宮是也。量之以制者。謹權量審法度。咸取準于黃鐘。樂制然也。景王鑄無射而爲之大林。以陰聲之大覆陽聲之細。（注三十六）非均不度。故伶州鳩先以立均出度之說曉之。而惜景王之不悟也。

立均之術。先考中聲。中聲既定。然後上下相生。紀之平之。成于十二。其法始著呂覽。述于淮南。馬班繼之。用彰厥制。玆以琴徽取音之理。證立均生律之方。別爲三法。略敘于次。

（1）倍半生成法　數倍正律。是爲緩聲。數半正律。是爲少聲。倍之半。正也。半之倍。亦正也。故琴家因正少以明倍半之理。二分全弦之長。首立七徽。七徽者。全弦之半。二分之一也。二分七徽。復定四徽。四徽者。半之又半。四分之一也。故實音有三準。以當三均。七徽至焦尾爲下準。七徽至四徽爲中準。四徽至一徽爲上準。一徽當八分之一。一徽以上。其細已甚。不復取音。十徽之取法視四徽。十三徽之取法視一徽。全弦與七徽。七徽與四徽。四徽與一徽。均是二與一之比。故倍半定律二一比之法也。（見附圖一「

ㄅ｣）相距一均。

（2）三分損益法　呂覽音律篇曰。「黃鐘生林鐘。林鐘生太簇。太簇生南呂。南呂生姑洗。姑洗生應鐘。應鐘生蕤賓。蕤賓生大呂。大呂生夷則。夷則生夾鐘。夾鐘生無射。無射生仲呂。三分所生。益之一分以上生。三分所生去其一分以下生。黃鐘大呂太簇夾鐘姑洗仲呂蕤賓爲上。林鐘夷則南呂無射應鐘爲下。」高誘注云。「律呂相生。上者上生。下者下生。」此呂覽三分損益之師說也。證諸弦定徵之理。則三分全弦之長而得五徵。九徵更半之以六分全弦之長而得二徵十二徵。（註三十七）試以泛音之理明之。此四徵者皆得正聲相生之聲。何也。蓋九徵得全弦三分之二。宮之生徵。商之生羽也。而五徵得九徵之半。二徵又得五徵之半也。十二徵視二徵。故俱得生聲。故三分損益以取律。即三二比之法也。（見附圖一「文」）上生距間四律。下生六律。（註三十八）

（3）角八進退法　角八進退之理。證諸琴徵本諸淮南。後世謬傳爲隔八相生之說。殆見班志有「陰陽相生自黃鐘始而左旋八八爲伍」語耶。夫八八爲伍者。姑洗角律實得八八六十四之數也。伍之言五也。自黃鐘之宮八十一而得姑洗之角六十四。凡五位而九九盡。九九盡則三分損益之術不行。于是以小數八斷之。成六十四小八。以八約之。則猶是十分之八十一也。以九九約之則十分之八也。故角者宮之十分之八也。月令季春紀曰。「其音角。律中姑洗。其數八。」蓋八者角木之數也。淮南子天文訓曰。「律曆之數。天地之道也。得其辰而遷其所順。前三後五。百事可舉。」遷順之誼。即角律竊變之說也。又曰「物以三成音以五立三與五如八」又曰「物以三生音以八相生」如八之八卽以八之八也。亦卽角八進退之八也。前三者宮生徵乃至羽生角皆以三分損益上下生。後五者角爲相生之第五位。亦卽宮之五分之四也。蓋十分之八約之則爲五分之四半之則爲五分之二再半之則爲五分之一五分之四猶之小數之八。故曰如八。試證諸琴徽五分全弦之長則得十一徽當五分之四八徽當五分之三六徽當五分之二三徽當五分之一。泛音取聲皆得本音相生之第五位卽宮弦之角徵也。歷來琴家諒皆識之。故角八進退之律。卽五四比之法也。(見附圖一「ㄇ」)相距則爲第五音第五律故謂之八八八爲伍。

（圖解）附圖一「ㄅ」示二分全弦取徽法于七徽處有縱黑線下注「$\frac{1}{2}$」者示由七徽至岳山當全弦二分之一。爲實音半聲卽所謂二一比也。四徽一徽處亦有縱黑線者示「$\frac{1}{4}$」音「$\frac{1}{8}$」音十徽十三徽處縱黑線示由七徽至焦尾計「$\frac{1}{4}$」「$\frac{1}{8}$」惟泛音用之。

附圖一「ㄆ」示三分全弦取徽法于九徽處縱黑線下注「$\frac{2}{3}$」示由九徽至岳山當全弦三分之二。爲實音我生聲卽所謂三二比也。五徽處縱黑線半之。二徽黑線又半之。十二徽視若二徽惟泛音用之。

附圖一「ㄇ」示五分全弦取徽法于十一徽處縱黑線下注「$\frac{4}{5}$」示由八徽至岳山當全弦五

（附圖一）琴弦定分取徽圖

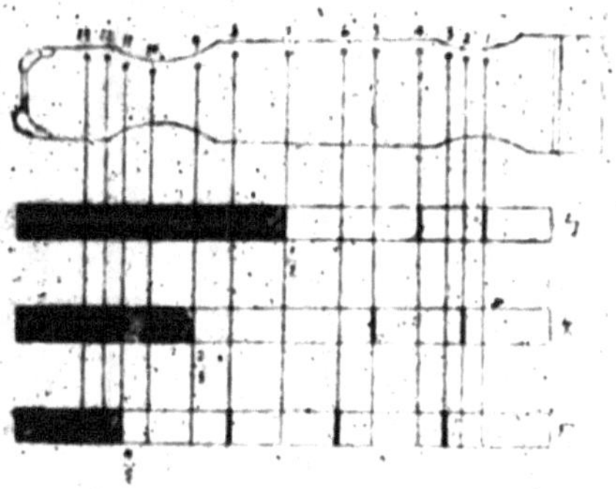

分之四。爲實音第三音。爲宮之角。卽、所、謂、五、四、比、也。六徽黑線半之。三徽黑線又半之。八徽黑線視若六徽。惟泛音用之。

（二）出度　出、度、師、說、亦、本、國、語。所謂「度律均鍾。」器樂生焉。言古人審定八音。各從其類。匏竹以度之長短。較其空竅各均。土以量之多寡。較其中空容受。金石以權衡之輕重。較其厚薄等差。絲以絲綸之巨細。徽柱之長短。較其得數分度。革木止一聲。爲衆樂之節奏。其體制大小。悉以律呂爲準。茲以管弦金石別爲三類述之。

（1）弦度　弦、度、師、說、見、于、管、子。地員篇曰。「凡將起五音。凡首先主一而三之。四開以合九九。以是生黃鍾小素之首以成宮。三分而益之以一爲百有八爲徵。不無有三分而去其乘。適足以是生商。有三分而復于其所。以是成羽。有三分而去其乘。適足以是成角。」小素云者。素、白練。乃熟絲。卽小弦之謂。此度之聲。立爲宮位。其小于此弦之他弦。皆以是爲主。故曰「以是生黃鍾小素之首以成宮」也。九九八十一也。開者方苞解曰「推而衍之也。凡數始于一。成于三。一分爲三。三分爲九。九分爲二十七。二十七分爲八十一。」皆一而三之。如是者四。則適合黃鍾之數」。江永律呂新義引以解「先主一而三之。四開以合九九」之說。以此解管子則可矣。以此講弦度則非也。清製律呂正義。明絲樂弦音不可以十二律呂之度取分。篇曰。「先主一而三之者。以全分首音一分之度爲主。而以三因之。其數大于全分之度爲三倍也。四開以合九九者。以三倍全分之數。四分之而取其一。合九九八十一之度爲宮聲之分也。」

開卽分也。又曰「夫審弦音。無論某弦之全分定爲首音。因而半之。平分爲二。其聲旣與首音相合而爲第八音矣。」按卽倍半生成之法也。「次以首音之全分因而四之。去其一分而用其三分。其聲應于全分首音之第四音。此度乃全分首音與半分八音之間。又平分爲二分之度。是卽管子所謂「凡將起五音。凡首先主一而三之。四開以合九九」者也。」按卽國語立均出度以考中聲之誼也。小素之誼獨見管書。故先秦弦度之可考者。應以敬仲爲師說。（見附表一「ㄅ」）

（2）管律　管律師說見于呂覽古樂篇曰「昔黃帝令伶倫作爲律。伶倫自大夏之西。乃之阮隃之陰。取竹于嶰谿之谷。以生空竅厚鈞者。斷兩節間其長三寸九分而吹之。以爲黃鐘之宮。吹曰含少。次制十二筒。以之阮隃之下。聽鳳凰之鳴。以別十二律。其雄鳴爲六。雌鳴亦六。以比黃鐘之宮。適合黃鐘之宮皆可以生之。故曰黃鐘之宮。律呂之本。」高誘注云「斷竹長三寸九分。吹之。當中黃鐘之宮。」前漢律歷志引此文。獨不詳上下文誼。率意刪去「其長三寸九分吹曰含少」二句。又刪次制十二筒之「次」字。使二千年來。聲律之理。鬱而不明。則班固之過也。或曰「班志出于劉歆之鐘律書」。暨淸之隆江永以理數之學。述律呂新義一書。乃亦踵孟堅之陋而疑呂書原文爲字之譌。曰「含（註三十九）少長當四寸五分。其云三寸九分者。字之誤耳。」而李光地則謂「黃鐘長八寸一分。應鐘長四寸二分。此三寸九分。卽二律相較之數也。」其說雖巧妙而無當。蓋不知三寸九分。正黃鐘含少之數。若四寸五分。乃幾于無射變宮之律。而非半黃少宮之分也。寧不知管律弦度本各不同。管之體虛。其內周空圍假人氣自吹口入。往來沖觸。旋折而出管底。度若相符。其聲必應。圓徑同者。其長度之全半不相應也。求其相應。則圓徑亦必減半。此所以正黃鐘與黃鐘八分之一。之管。以大小同形者。相應同聲也。蓋徑長各倍。則圓體積八倍之。徑長各半。則圓體積八分之一也。故管律恆以圓徑之大小空竅之長短。以較十二律呂之度。即以某律之度定其圓徑大小之度。爲之體。而以某律之度定其空竅長短之度。爲之用。此四寸五分之所以不爲半黃也。含少之誼。獨見呂覽。故先秦管律之可考者。應以此書爲師說。（見附表一「文」）

（3）鐘分　鐘分師說。出于周禮。蓋自軒皇制樂鑄十二鐘。銅鐘之分。實與竹管之律。並起于伶倫。春官典同著龢樂之誼。考工鳧氏表鑄器之率。而周語伶州鳩單穆公之言。尤足以詳先秦古律之微。八音之序。金石爲首。所謂金聲而玉振也。夫鐘分之異于管弦者。不僅在絲之巨細與長度管之圍徑面冪與縱長容積也。言其體積。則有大小輕重長短厚薄之分。言其形式。又有高下陂險達微回正侈弇之殊。較之弦管。其難倍蓰。故齊量數度之誼。獨著周官。考工記鳧氏爲鐘。所謂「十分其銑。去二以爲鉦。以其鉦爲之銑間。去二分以爲之鼓間。以其鼓間爲之舞脩。去二分以爲舞廣。以其鉦之長爲之甬長。以其甬長爲之圜。參分其圜。去一以爲衡圍。參分其甬長。二在上。一在下。以設其旋」。又曰「大鐘十分其鼓間。以其一爲之厚。小鐘十分其鉦間。以其一爲之厚」。又曰「爲遂。六分其厚。以其一爲之深而圜之」。此考工鑄器之標準也。又曰「薄厚之所動。清濁之所由出。侈弇之所由興。有說。鐘已厚則石。已薄則播。侈則柞。弇則鬱。長甬則震」。又曰「鐘大而短則其聲疾而短聞。鐘小而長則其聲舒而遠聞」。春官「典同掌六律六同之和。以辨天地四方陰陽之聲。以爲樂器。凡聲。高聲䃂。正聲緩。下聲肆。陂聲散。險聲斂。達聲贏。微聲韽。回聲衍。侈聲筰。弇聲鬱。薄聲甄。厚聲石。」此周官、器、病、之、垂、戒、也。又曰「凡爲樂器。以十有二律爲之數度。以十有二聲爲之齊量。凡和樂亦如之。」此又、典、同、較、新、調、故、之、技、巧、也。以十二律爲之數度者。鑄、器、之、分、度、廣、長、也。以十二聲爲之齊量者。較、器、之、病、齊、標、準、也。而于故器則稱樂用之。先秦鐘分之制。何其詳備周至。至于是惜乎至今而竟莫之識。莫之能也。不亦後世之大恥乎。鄭玄注「鐘之大數。以律爲度。廣長與圜徑假設之耳。其鑄之則各隨鐘之制。爲長短大小也。」孔穎達疏「周語云古之神瞽考中聲而量之以制度律均鐘。據此義假令黃鐘之律長九寸。以律計身倍半爲鐘。倍九寸爲尺八寸。又取半得四寸半。通二尺二寸半。以爲鐘。餘律亦如是。以其律爲廣長與圜徑也。」杜佑通典五聲十二律相生法篇云「鳧氏爲鐘。以律計自倍半。半者準半正聲之半。以爲十二子律。制爲十二子聲。比正聲爲倍。則以正聲于子聲爲倍。以正聲比子聲。則子聲爲半。但先儒釋用倍聲。自有二義。一義云半以十二正聲爲十二子聲之鐘。一義云從于中呂之管寸數。以三分益一上生黃鐘。以所得管之寸數。然半之。以爲子聲之鐘。」

周語伶州鳩說已見孔疏。復引單穆公言曰「先王之制鐘也。大不出鈞。重不過石。律度量衡。于是乎生。小大器用。于是乎出。故聖人愼之。今王作鐘也。聽之弗及。比之不度。鐘聲不可以知稱。制度不可以出節。」伶州鳩亦曰「細鈞有鐘無鎛。昭其大也。大鈞有鎛無鐘。甚大無鎛。鳴其細也。大昭小鳴。和之道也。」

倂單之論實與春官考工互相發明。亦允爲鐘分之師說。鄭世子著律呂精義。獨出心裁。睥睨一世。抨擊歷代樂家律志。自史遷以下。無一能當其意者。其言曰「史公律書其最要者末後生鐘分百三十五字耳。」然則史遷鐘分之價値。鄭藩固特許之矣（見附表一「［］」）

（附磬）　樂敎興于有虞。樂典明于后夔。而八音克諧。獨著擊石拊石。解者曰「重擊爲擊。輕擊爲拊。」八音諸器。皆不言輕重。惟磬言之者。磬厚則宜重擊。輕必不淸。磬薄又宜輕擊。重反不和。玉石之爲八音綱領也。玉振金聲。著于孔門。周語曰「金石以動之。」莊子曰「金石有聲。不考不鳴。」先秦之連言金石舊矣。故以磬附鐘。鎛磬之制。見于周官考工磬氏爲磬。倨句一矩有半。其博爲一。股爲二。鼓爲三。參分其股博去一以爲鼓博。參分其鼓博以其一爲之厚。已上則摩其旁。已下則摩其耑。」鄭注賈疏。其誼甚明。

律度表（附表一）

十二律	弦	度	雅弦	管	律管	長	鐘分	鐘制
	門			文			門	
黃		81.	40.5	9.	9.	9.	17.7147	4.5
大		75.85	37.92	8.45568	8.1279835	8.354	16.5888	4.$\frac{52}{243}$

太		72.	36.	8.	8.	7.866	15.7464	4.
夾		67.42	33.71	7.448018	7.4915709	7.294	14.7456	$3.\frac{1631}{2187}$
姑		64.	32.	7.112187	7.1111111	6.859	13.9968	$3.\frac{5}{9}$
仲		59.93	29.96	6.611642	6.6591474	6.35	13.1072	$3.\frac{6487}{19683}$
蕤		56.88	28.44	6.34131	6.3209876	5.963	12.4416	$3.\frac{13}{81}$
林	108.	54.	27	6.	6.	5.6	11.8098	3.
夷	101.13	50.56		5.63672	5.6186556	5.171	11.0592	$2.\frac{590}{729}$
南	96.	48.		5.35561	5.3333333	4.844	20.4976	$2.\frac{2}{3}$
無	89.89	44.94		4.918573	4.9943606	4.463	9.8304	$2.\frac{3262}{6561}$
應	85.33	42.66		4.78019	4.7407407	4.173	9.3312	$2.\frac{10}{27}$
潢					4.5	3.9		

〔表解〕　附表一「勹」示弦度之數。弦度第一行倍律大聲。中行正律中聲。第三行半律少聲。此琴弦之數。以絲綸或徽分計之。弦準之數。見後漢書律曆志。此亦瑟弦之長。移柱橋以計之。

「攵」示管律之數。管律採用律呂正義。以其計算詳密也。管長者。此正呂覽含少之數。以同圍徑之管。而比其長度也。

「〔一〕示鐘分之數。鐘分本于史記律書生鐘分。朱子儀禮經傳通解鐘律篇所舉之因正寸展新分也。亦見後漢書律曆志。鐘制。即通典一義云半半正聲之法。所求得之數。其一義云從半相生之法。以正中呂之管長生黃鍾而半之。得 $十\cdot\frac{26048}{59049}$。餘律類推。

〔三〕備數　班志言律。「一曰備數。數者所以算數事物順性命之理也。書曰先其算命(註四十)本起于黃鐘之數。始于一而三之。三三積之。歷十二辰之數十有七萬七千一百四十七。而五數備矣。」鄭世子曰。「律曆之學。以聲數爲至要。」又曰「律也者。數度之學也。」其說甚是。茲折中世界古今之制約爲三類敍之。

(1)音體振動數　物體振動。感于耳而成聲。其屬則有金石絲竹匏土革木諸音。其形則有弦管鐘磬簧膜片柱諸式。其用則有撥擊擦撥拊攷振吹諸技(注四十一)總之皆所以使物體振動而激盪空間耳。凡弦若膜。短而細。窄而薄。輕而張者。其音弱且清。長而麤。廣而厚。重而弛者。其聲宏且濁。攷勁則員遠而宏。撥捋則因速而清。剌圓片則上下迭顫。擊鐘鎛則表裏互振。管則風氣入吹口溜出音孔。激口之緣。以振裏空。緊鬆迭層。盡底而回。緣茲緊鬆。形成緩急。一視斜口圓徑體長吹勁而顫速隨變。清濁頓殊。塞管之音。若通管之半聲。簧以通塞。氣道柔者順之。剛者阻之。必配管長。乃生音。笙簫塞管喇叭。其通也唇以代簧。口細僅得副音。

聲光之理。備于墨辯。魯勝以後。中國無聞。聲之有五音。猶光之有五色也。其七調。猶之七采也。然光之可見者只一均。過乎此則日不能辨。而聲之可聞者蓋十餘均。過大則震。過細則隱。其合入樂者不過三均。周語所說。在考定中聲。中聲者黃鐘之宮。天地之中。陰陽之應也。其在西樂。蓋以「c」當之。據物理學家說。其振動數爲每秒鐘二百五十六次。第依西元一千八百八十五年維也納國際音樂會議公決採用一千八百五十八年巴黎學院之規定。淸均「a」之顫次八百七十爲標準音。蓋猶南呂也。以之計「c」之顫次當二百六十一。其音淸于前說。直至今未變。(見附表二「㇆」)

(音均)　音均者。音之淸濁。由振動之速率生也。振動愈速。則音均愈淸。音調之高下以之。

(音勢)　音勢者。音之洪細強弱。由振動之幅員生也。音波四分之一。謂之振幅。振幅愈廣。則音勢愈勁。中國之言音者。均勢恆聯言之。如云淸以越。閎以肆是也。

(音節)　音節者。音之長短久暫。由振動之時間生也。古人之節奏。後世之板眼。今通以拍名之。有手拍板拍之異。如云「唱法曲大曲慢曲。當以手拍。纏令則用板拍」是也。舞法曲大曲者。必以指尖應節。俟拍然後轉步。而謳歌之停聲待拍。方合樂曲之節。故于衆部樂中用之。名曰齊樂。又曰樂句。姜夔詞譜。都未畫拍。張炎詞源始著歌聲應拍之誼。而九宮大成納書楹兩譜(注四十二)于板眼之式皆有說明。考之曲拍。由乾念進爲乾板。加眼而爲一板一眼。加頭末而爲一板三眼。再加之。乃成贈板。祇南曲有之。北曲腔勁調快節曲。向用弦不用板。故無贈也。語云。死腔活板。要在人之神明變化耳。

(音色)　音色者。音之差異。由副音之變化。造成諸樂器音趣之特腔。蓋發聲之物體不同。則其振動之形式亦異而音波因之差池故雖均同勢同而聲音色趣終不能同非第管之色與弦之色不同卽同屬管也而簫色與笛色亦不同焉。

（音闕） 音闕者成均之多寡亦視音體而各殊周語伶州鳩曰「大不踰宮細不過羽故樂器重者從細輕者從大是以金尙羽石尙角瓦絲尙宮匏竹尙議革木一聲」又曰「細大不踰曰平」又曰「細鈞有鐘無鎛昭其大也大鈞有鎛無鐘甚大無鎛鳴其細也」周語之大細皆指音闕而言又曰「詠之以中音」謂不踰則有詠平之聲也。

（2）音程比距數 二音間相距之程或其振動數之比是曰音程如黃律八十一數太律七十二數則黃與太比若九與八比而太爲黃之九分之八也其于音程有比律焉有間律焉有越雙律焉比律者半音如二變之于宮徵也間律者全音五音是也越雙律者一音半程角之于徵羽之于宮也。

（音比） 音比者以二音相比計有比律比十六分十五也有間律比二十分九九分八也有越雙律比六分五也有越三律比五分四也有越四律比四分三也有越六律比三分二也有越七律比八分五也有越八律比五分三也有越九律比十六分九也有越十律比十九分八也越十一律者倍半相比二分一也尙有七分六七分五七分四焉（見附表三「乙」）

（音距） 音距者以二音相距計其計法有三（見附表三「丙」）

（音程） 以每均六全音計若清律之以七全音計者實與進雜紛揉非中國古律之舊也

（律程）以每均十二平勻律計。不啻平勻律與非勻律之比較也。

（均程）以均之首音至第八音計之。凡分兩種：一曰一均程，以中黃爲零，清黃爲一；二曰半均程，以中黃爲一，清黃爲半。于其間各音當位之程計之。

（3）音律當位數　音律當位數與音程比距數不同。音程專指一均言，音律統賅十二律言。音程比距各均互異。音律當位或變或不變也。

（律位）律位有定，不隨音程變也。（見附表三）

（非勻律）自先秦古律漢後俗律以迄清之中聲律皆是。

（平勻律）明季鄭世子所發明，雖不當音律之位，而因之可得音程之比距，其用甚大。

（音位）音位各當，依音程而變。（見附表二〔匚〕）

（附表二）音數表

匚		冂			攵	勹	七	
音位	半均程	一均程	律程	音程	音比	顫數	始	
81.0000	1.0000	.00000	0.00000	0.00000	1	261	黃鍾	
75.9375	.9375	.09311	1.11732	0.55866	$\frac{15}{16}$	278		
72.9000	.9000	.15200	1.82404	0.91202	$\frac{9}{10}$	290	太	1

72.0000	.8888	.16992	2.03908	1.01954	$\frac{8}{9}$	294	2	羽
67.5000	.8333	.26303	3.15642	1.57821	$\frac{5}{6}$	313		
64.8000	.8000	.32192	3.86314	1.93157	$\frac{4}{5}$	326	和	姑
60.7500	.7500	.41503	4.98046	2.49023	$\frac{3}{4}$	348	宮	仲
54.0000	.6666	.58496	7.01954	3.50977	$\frac{2}{3}$	392	商	林
50.6250	.6250	.67807	8.13686	4.06843	$\frac{5}{8}$	418		
48.0000	.6000	.73696	8.84358	4.42179	$\frac{3}{5}$	435	角	南
45.5625	.5625	.83007	9.96092	4.98046	$\frac{9}{16}$	461		
43.2000	.5333	.90689	10.88268	5.44134	$\frac{8}{15}$	489	繆	應
40.5000	.5000	1.00000	12.00000	6.00000	$\frac{1}{2}$	522	少微	潢

〔表解〕 黃鐘爲徵立均。仲呂立宮。是謂仲呂徵之調。六十調之一。以其全合西樂之律。故舉以爲例。

(三表附) 表 數 律

律位	一均程	律程	音程	頻數	十二律
81.00	.0000	0.0000000	0.0000000	261	黃

六五

75.85	.06183	1.13685035	0.568425175	279	大
72.00	.16902	2.03910010	1.019550050	294	太
67.42	.26465	3.17595045	1.587975225	314	夾
64.00	.33984	4.07820020	2.039100100	330	姑
59.93	.43458	4.98044995	2.490224975	352	仲
56.88	.50977	6.11730030	3.058650150	372	蕤
54.00	.58496	7.01955005	3.509775025	392	林
50.56	.67969	8.15640040	4.078200200	418	夷
48.00	.75488	9.05865015	4.529325075	442	南
44.94	.84962	10.19550050	5.097750250	470	無
42.66	.92418	11.09775025	5.548875125	495	應
40.50	1.00000	12.00000000	6.000000000	522	黃

（表解）　此表以律位爲主體。是秦漢之古法。

節二　燕調

燕調者，一均中音間之遠邇也。音程比距，各均互殊。五聲之名，著自周官。五音之狀，形于管子。而五聲相達。又戴禮運說者乃謂中國樂調祇具五音。雖然周語引伶州鳩之言曰「南北之揆七同也。凡神人以數合之。以聲昭之。數合聲龢。然後可同也。故以七同其數。而以律龢其聲。于是乎有七律。」韋昭注曰「周有七音。黃鍾爲宮。」云云說者乃謂周武加二。五聲爲七。雖然班志嘗引虞書矣。書曰「予欲聞六律五聲八音七始詠以出內五言汝聽。」隨自解之曰「予者帝舜也。」顏師古注曰「虞書益稷篇所載舜與禹言。」齊召南曰「七始之文見于此。伶州鳩言七律。晏子言七音。」（註四十三）跋形案伏勝尚書大傳虞夏傳云。「聖王巡十有二州。觀其風俗。習其性情。因論十有二俗。定以六律五聲八音七始。」（註四十四）鄭玄注云。「五聲宮商角徵羽也。八音鐘鼓笙磬塤篪柷敔考也。七始黃鍾林鍾太簇南呂姑洗應鍾蕤賓也。」隨時鄭譯答蘇夔。引漢書律歷志「天地人及四時謂之七始。黃鍾爲天始。林鍾爲地始。太簇爲人始。是爲三始。姑洗爲春。蕤賓爲夏。南呂爲秋。應鍾爲冬。是爲四時。四時三始。是以爲七。」跋形曰。秦燼之後。傳孔子之微言大義者。首推伏勝。伏勝之言。足以代表尼山。而尚書大傳。又伏勝僅遺之吉光片羽也。七始之誼。傳見虞夏。則七律之興。固不待乎成周矣。而證諸唐宋俗字譜。則仲呂並用。抑且八聲矣。蓋未知五聲七音之並稱。左氏（註四十五）一若五聲七始之並見伏傳也。

（一）成均　成均、成均師說見于周官「大司樂掌成均之法。」（註四十六）成均之均。卽周語立均之均也。五聲七律。謂之一均。立均指法。成均指型。法者十二之定律。型者七始之成調。淮南天文訓曰「黃鍾爲宮。太簇爲商。姑洗爲角。林鍾爲徵。南呂爲羽。」又曰。「角生姑洗。姑洗生應鍾。比于正音。故爲和。應鍾生蕤賓。不比正音。故爲繆。」至明鄭世子更命繆曰中。賈逵韋昭之注周語。七律並同。而謂和曰變宮。繆曰變徵。是七律者。所以成均也。所以成均之聲。五謂之五聲。二變不與焉。故伏傳左氏。旣曰五聲。復曰七始七音。明五聲爲成均之五聲。而非成聲之七律也。宋笛造孔。獨標清角。則一均之中。八律見用矣。

（1）大均　周語伶州鳩曰「大鈞有鎛無鐘」。韋昭注「鈞。調也。」案卽鈞鐘之均。鑄鐘金樂。故从金。鐘之从土一也。周禮鎛師注「鎛如鐘而大。」禮書韋昭杜預云「小鐘」。陳氏樂書云「虞夏時。小鐘謂之鐘。大鐘謂之鎛。周之時。大鐘謂之鐘。小鐘謂之鎛。」按景王將鑄無射。而爲之大林。單穆公以鑄大鐘諫之。韋昭曰「無射。陽聲之細者。林鐘。陰聲之大者。」周語之大林。卽後世所謂倍律下徵也。夫以上生而名下徵。將無名不正而言不順。故踐形選用學名。一以先秦經子爲準繩。無之。乃間採漢後俗名。

（2）　中均。卽十二正律也。倍之則爲大均。半之則爲少均。

（3）少均　伶州鳩又曰「細鈞有鐘無鎛。」細鈞。卽少均也。謂之少者。通用漢後俗名。孔穎達月令正義引蔡氏及熊氏。以爲黃鐘之宮。謂黃鐘少宮也。少宮。卽少均之宮。按卽呂覽含少之少。亦卽管子小素之小也。後世謂之半律清聲。

（二）立宮　立宮師說見于呂覽古樂篇。曰「黃鐘之宮。皆可以生之。故曰黃鐘之宮。律呂之本。」又適音篇曰「黃鐘之宮。聲之本也。清濁之衷也。」月令季夏紀曰「中央土。其音宮。律中黃鐘之宮。」淮南子天文訓曰「黃鍾爲宮。宮者音之君也。」管子地員篇凡將起五音一節。先秦立宮之師說也。史記律書律數一節。漢後立宮之師說也。立宮之律數雖不同。成均之音律無不同也。

（1）先秦中宮法　管呂之書。先秦古律中宮法也。置黃鍾宮聲于中。以前後爲生之上下。

管子地員篇曰「凡將起五音。凡首先主一而三之。四開以合九九。以是生黃鍾小素之首以成宮。三分而益之以一爲百有八爲徵。不無有三分而去其乘。適足以是生商。有三分而復于其所。以是成羽。有三分而去其乘。適足以是成角。」房玄齡凡首注云「謂音之總先也。」

呂覽律音篇曰「黃鍾生林鍾。林鍾生太簇。太簇生南呂。南呂生姑洗。姑洗生應鍾。應鍾生蕤賓。蕤賓生大呂。大呂生夷則。夷則生夾鍾。夾鍾生無射。無射生仲呂。三分所生。益之一分以上生。三分所生去其一分以下生。黃鍾大呂太簇夾鍾姑洗仲呂蕤賓爲上。林鍾夷則南呂無射應鍾爲下。」高誘注云「律呂相生。上者上生。下者下生。」

（2）漢後首宮法　淮南馬班之說。漢後俗律首宮法也。置黃鍾宮聲爲首。以陰陽爲生之上下。

（Ⅰ）以子午分陰陽　以子午分陰陽者。惟南大文訓之說也。其言曰「黃鍾位子。其數八十一。主十一月。下生林鍾。林鍾之數五十四。主六月。上生太簇。太簇之數七十二。主正月。下生南呂。南呂之數四十八。主八月。上生姑洗。姑洗之數六十四。主三月。下生應鍾。應鍾之數四十二。主十月。上生蕤賓。蕤賓之數五十六。主五月。上生大呂。大呂之數七十六。主十二月。下生夷則。夷則之數五十一。主七月。上生夾鍾夾鍾之數六十八。主二月。下生無射。無射之數四十五。主九月。上生仲呂。仲呂之數六十。主四月。極不生。」蔡元定律呂新書譏其「以數之多寡爲生之上下。律呂陰陽皆錯亂而無倫。」

〔Ⅱ〕以律呂分陰陽　以律呂分陰陽者。律娶妻而呂生子之說也。漢書律曆志曰「黃鍾初九。律之首。陽之變也。因而六之。以九爲法。得林鍾初六。呂之首。陰之變也。皆參天兩地之法也。上生六而倍之。下生六而損之。皆以九爲法。九六陰陽夫婦子母之道也。律娶妻而呂生子。天地之情也。六律六呂而十二辰立矣。」

史記律書曰「律數九九八十一以爲宮。三分去一。五十四以爲徵。三分益一。七十二以爲商。三分去一。四十八以爲羽。三分益一。六十四以爲角。」其序律寸自黃鍾長八寸十分一。最長依次至應鍾長四寸二分三分二。最短生黃鍾術曰「以下生者倍其實。三其法。以上生者四其實。三其法。」

漢書律曆志曰「黃鍾之長。參分損一。下生林鍾。參分林鍾益一。上生太簇。參分太簇損一。下生南呂。參分南呂益一。上生姑洗。參分姑洗損一。下生應鍾。參分應鍾益一。上生蕤賓。參分蕤賓損一。下生大呂。參分大呂益一。上生夷則。參分夷則損一。下生夾鍾。參分夾鍾益一。上生無射。參分無射損一。下生中呂。陰陽相生。自黃鍾始而左旋。八八爲伍。」江永律呂新義駁之曰「馬班之法。拘于陽律下生。陰呂上生。至蕤賓下生大呂。夷則下生夾鍾。無射下生仲呂。必用倍數。乃得全律。又似涉人爲。反不若淮南以午子分陰陽者。爲直捷也。」

〔三〕中聲　中聲即說見于周語伶州鳩曰。「古之神瞽考中聲而量之以制。」又曰「道之以中德。詠之以中音。」中聲蓋謂黃鍾之宮也。又曰「以夷則之上宮。以黃鍾之下宮以太簇之下宮以無射之上宮。」(註四十七)韋昭注云。「上宮以夷則爲宮聲夷則上宮也。黃鍾在下故曰下宮太簇在下故曰下宮無射在上故曰上宮。」此以夷則無射爲上宮黃鍾太簇爲下宮。應知黃鍾之宮在上下淸濁之間是以謂之中聲也。

（1）管呂說　言中聲之理驗諸實證者。莫如管子。地員篇曰。「凡聽徵如負豬豕覺而駭。」按大林最濁故先之也。「凡聽羽如鳴馬在野。凡聽宮如牛鳴窌中。」按黃鍾之宮故曰天地之中也。「凡聽商如離羣羊凡聽角如雉登木以鳴音疾以淸」史遷所謂窮于角者。倘得此說之微意五聲之序宮商角徵羽。管子非不知之而顧易其序爲徵羽宮商角且于商之後一生羽特言復于其所。蓋樂家起均用調本以宮居中者爲正宮也無如漢後俗律大悖先秦之法。蓋不識中聲之理。不讀管子之書也。世之言律者曷不三復斯言。

徵諸律本者。莫如呂覽適音篇曰。「黃鍾之宮聲之本也淸濁之衷也」按黃鍾所以爲聲律之本者不以其最濁正以其淸濁之衷也。呂覽斯言實爲聲律之至理。月令季夏紀曰。「中央土其音宮律中黃鍾之宮」孔穎達正義云。蔡氏及熊氏以爲黃鍾之宮謂黃鍾少宮也。」按仲冬之月律中黃鍾而季夏之月。別爲中央土律中黃鍾之宮即伶倫先爲黃鍾之宮以爲律呂之本猶之琴以七徽當全弦之中也。惟蔡邕以爲半黃之少宮，而熊安從之，正得古人之遺意矣。

（2）淮南說　論者輒謂十二律上下相生首變古法者，實自淮南作之俑，雖然，其說未始無與管呂書合也。天文訓曰：「日冬至音比林鍾，浸以濁；日夏至音比黃鍾，浸以淸。以十二律應二十四時之變，甲子，仲呂之徵也；丙子，夾鍾之羽也；戊子，黃鍾之宮也；庚子，無射之商也；壬子，夷則之角也。」既以冬至比林鍾，夏至比黃鍾，又以戊子居中者爲黃鍾之宮，而甲子當徵，丙子當羽，在其前；庚子當商，壬子當角，在其後，儼然先秦古說中聲之理也。

（3）馬班說　馬班之說，固漢後俗律家所奉爲圭臬者，然亦未嘗無與管呂相通之說。史記律書生黃鍾術下曰：「上九，商八，羽七，角六，宮五，徵九。」按置宮于五，正黃鍾小素之位，宮五上生徵九，故曰上九，徵九下生商八，河圖成數八者，生數三，用八即用三也；商八上生羽七，羽七下生角六，成數六者，生數一，用六即用一也。就河圖奇數言之，徵九，羽七，宮五，商三，角一，正先秦中聲之遺意微言也。漢書律曆志曰：「黃鍾，黃者，中之色，君之服也；鍾者，種也。天之中數五，五爲聲，聲上宮。」又曰：「太極中央元氣，故爲黃鍾。」班固特不知黃鍾之爲中聲與。

（四）還宮　還宮師說，見于禮記禮運篇曰：「五聲六律十二管還相爲宮也。」鄭玄注云：「布十二辰，始于黃鍾，終于南呂，更相爲宮，凡六十律也。」孔穎達正義云：「隨其相生之次，每辰各自爲宮，各有五聲，十二管相生之次，至中呂而帀，始于黃鍾爲第一宮。下生林鍾爲徵。迄中呂爲第十二宮。太簇下生南呂爲角。是十二宮各有五聲。凡六十聲。南呂最處于末也。」按京房易云「十二律得位者五卦。生五子。五五二十五。并本五爲三十。失位者五卦。生三子。三五十五。并本五爲二十。不得不失者二卦。生四子。二四爲八。并本二爲十。合爲六十。」

杜佑通典曰。「還宮之法。先以本管爲均。八音相生。或上或下。取五聲令足。然後爲十二律旋相爲宮。若黃鍾。大呂。太簇之均爲宮。皆用正律。夾鍾之均爲宮。四正聲。一子聲。黃鍾爲羽。正聲長。用子律。林鍾爲角。子聲短。仍用正聲。姑洗之均爲宮。四正聲。一子聲。大呂爲羽。用子聲。仲呂之均爲宮。正聲三。子聲二。黃鍾爲徵。太簇爲羽。用子聲。蕤賓之均爲宮。正聲三。子聲二。大呂爲徵。夾鍾爲羽。用子聲。林鍾之均爲宮。正聲三。子聲二。太簇爲徵。姑洗爲羽。用子聲。夷則之均爲宮。正聲二。子聲三。夾鍾爲徵。仲呂爲羽。黃鍾爲角。俱用子聲。南呂之均爲宮。正聲二。子聲三。姑洗爲徵。蕤賓爲羽。大呂爲角。俱用子聲。無射之均爲宮。正聲一。子聲四。仲呂爲徵。黃鍾爲商。林鍾爲羽。太簇爲角。俱用子聲。應鍾之均爲宮。正聲一。子聲四。蕤賓爲徵。大呂爲商。夷則爲羽。夾鍾爲角。俱用子聲。凡子聲如正聲之半。」

蔡元定律呂新書云。「十二律各自爲宮。以生五聲二變。其黃鍾林鍾太簇南呂姑洗應鍾六律。則五音具足。蕤賓至仲呂六律。則取黃鍾至應鍾六律。少下不和。故有變律。其聲視正律稍高。」按朱子曰。「黃鍾惟本宮用正律。若他律爲宮。則黃鍾之爲徵商羽角二變者。俱用變律。漢志謂黃鍾至尊。不爲役也。」

錢塘溉亭述古錄還宮說云。「正律上生爲倍。半律上生爲正。正者倍之半。半者正之半也。正從正生倍半不從正生」又云「黃鍾半律非執始也古中呂生黃鍾」揚子雲之「中則陽始應則陰生」中與應皆元首也日中日應非即中呂應鍾乎」按此說頗能道人之所不能道

（1）主調　還宮六十調各有主調之音卽成均之立體還宮之立均是謂調主琴操之泛音止調以相生之聲起音以相生之聲與立體之聲兩音相和終之或立體之聲兩音倍半相和終之相生之聲卽調之爲用也神州之樂立宮既取中聲立均復取中體西歐之樂即爲用以主調本黃鍾也而以徵名本南呂也而以角名豈古者角招徵招之遺型耶而其理固可會通也

（2）轉調　轉調者由此入彼之謂而其互轉各有定序中外古今蓋分三法一曰旋二曰翻三曰轉茲析敍之

（工）旋法　旋法用于弦樂或于某弦緊一律而別成一調或于某弦慢一律而別成一調皆謂之旋琴弦之旋宮轉調實依此法體運還宮之還與旋爲古今字（見附圖二）

（圖解）　初六等字示琴之某弦也圖中橫直爲弦弦下弧線示角弦緊一律而旋爲宮弦上弧線示相生之聲相轉也第一行注音律者正宮調第二三行宮下注律者皆角弦緊一律也第四五行角下注律者皆宮弦慢一律也故上別注「★」符識之

姜夔樂議論七弦琴圖曰「黃鍾大呂並用慢角調故于大弦十一暉應三弦散聲太簇夾鍾並用清商調故于二弦十一暉應四弦散聲姑洗仲呂蕤賓並用宮調故于三弦十一暉應五弦散聲林

琴弦旋宮轉調圖（附圖二）

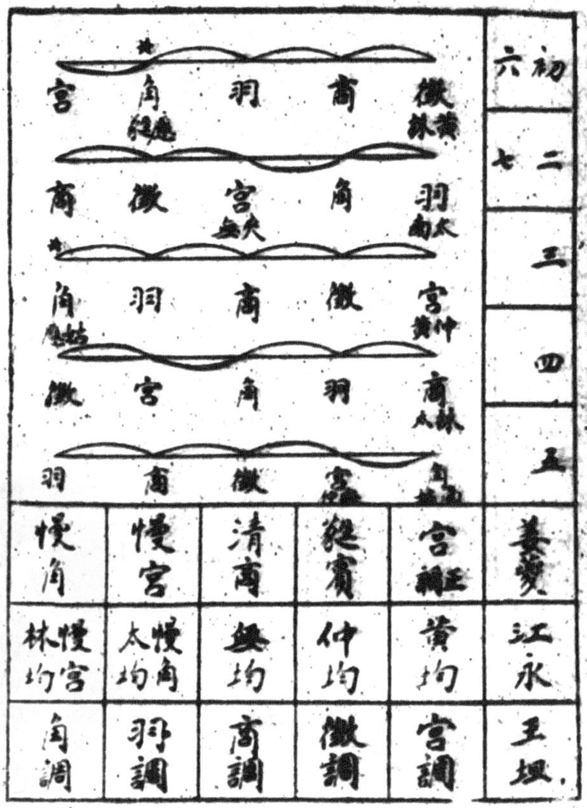

姜夔	宮正調	蕤賓	清商	慢宮	慢角
江永	黃均	仲均	無均	慢角太均	慢宮林均
王坦	宮調	徵調	商調	羽調	角調

鍾夷則並用慢宮調。故于四弦十一暉應六弦散聲。南呂無射應鍾並用蕤賓調。故于五弦十一暉應七弦散聲。」

江永律呂新義曰「慢角調今推得是慢宮調林鍾均。而琴家或謂之黃鍾調。又曰黃鍾復古調。意以此調正得黃太姑林南之五律。不知此律爲假借而眞律則林南應太姑也。何嘗有黃鍾在其間乎。獨三弦爲宮者。正名宮調。今之彈琴者。亦以此爲正調。此正合黃鍾宮聲居中之理。夫三弦爲黃鍾宮。則初六爲林鍾徵。二七爲南呂羽。四爲太簇商。五爲姑洗角。正得黃鍾均之五律。若以初六爲黃鍾。則三弦爲仲呂。焉有仲呂。而可爲黃鍾之角乎。」

王坦琴旨曰「世以管律合弦音相和取聲。而緊某弦。慢某弦。得某弦之聲。轉爲管律之某聲某字。或弦有不緊慢者。原爲管律之某聲某字。立羽位以起調。以原得某弦轉爲宮弦。立宮位以主調。則

笛　律

定爲某調。于是定爲宮商角徵羽七調。自王坦論之。所謂旋宮轉調者。以角弦易爲宮弦。其宮旋也。蓋五音之相生。始于宮而終于角。惟于角聲所值之弦。緊一音而即爲宮聲。此之謂旋宮也。角不能生宮。既緊一音而旋爲宮。則宮生徵而轉徵。徵生商而轉商。商生羽而轉羽。羽生角而轉角。五聲既以相生之聲相轉。則五調亦以相生之聲相轉。此之謂旋宮轉調也。」

（Ⅱ）翻法　翻法用于管樂。徐養田管色攷云：「凡値某字爲宮。當以某字名調。」按如工字調爲姑洗宮之類。（見附圖三）

管笛旋宮翻調圖（附圖三）

調名 / 按孔								笛體
5 4 3 2 1 / 1 2 3 4 5								
小工調	凡	工	尺	上	一	四	合	雅笛
尺 凡	工	尺	上	一	四	合	凡	
上 六	尺	上	一	四	合	凡	工	古笛
一 四	上	一	四	合	凡	工	尺	俗笛
五 一	一	五	六	凡	工	尺	上	
六 上	五	六	凡	工	尺	上	一	
凡 尺	六	凡	工	尺	上	一	四	

（圖解）後出孔下順序之數字。晉荀勖笛制逆序之數字。

宋太常笛制。

雅笛者。唐宋以來雅樂之制半全者。無夷五律半竅應南七律全竅。猶之風琴黑白鍵。參觀文獻通考及頖宮禮樂疏。

古笛者。胡彥昇樂律表微。依荀笛制。以笛體爲姑洗角工。與雅樂之以黃鐘宮者不同。其言曰：「今因舊以合爲黃鐘。故黃鐘爲六字調。餘六律亦各用其字爲調名。皆沿舊時之誤也。然觀其各調之宮。按之古笛之律。適與今之字譜相符。」

俗當者。俗樂合字在第三孔。適當諸聲之正中。而商角間距二律。五聲之次不合古。而調則謂今。

按自沈存中筆談據「唐人琵琶錄以爲調拳之法。須先以管色合字定宮弦。」于是北宋以來。皆訣以合字爲宮。

宋史云。「俗樂以變徵爲宮。」胡彥昇樂律表徵辯之曰。「以荀譜言之。當時俗樂實以太簇爲黃鐘。即今之正宮調也。以商爲宮。其名不正。當呼五字調。而以正宮之名還黃鐘。」按宋法以四爲太簇。以五爲太清。故曰以太簇爲黃鐘也。自明以來。皆以四字爲宮。江永律呂新義從而爲之辭曰「宮逐羽聲。」于是以「四當四字位者爲正宮調。每換一調。則四字移一位。」故四當某字。即爲某字調。是簫笛七調之法也。

楚辭大招云「四上競氣。極聲變只。」唐順之遂謂當周秦之間已有之。四字。當宮。豈自古相傳耶。自清人發見中聲之理。又徵之十七聲中九聲合四六九之獨俱清濁也。然後知宮之爲上。非四非合也。

（翻法一） 準小工調。以工字當某字。即爲某調。如下一列調名。或以某字當小工調之工字爲某調。如上一列調名。

（翻法二） 準正宮六字調。以六字當某字。即爲某調。亦下一列調名。

（翻法三） 準正宮四字調。以四字當某字即爲某調。亦下一列調名。

（Ⅲ）轉法　轉法者。奏曲之際。臨時變調。琴操謂之移宮換羽。如宮調徵音風雷引之後。羽音萬壑松濤之後。不用清聲而用正聲。易于宮徵之位矣。羽音之佩蘭至曲成更奏。不用變宮而用宮聲。易于羽角之位矣。烏夜啼之第七段用變宮易于徵商之位矣。徵調宮音胡笳十八拍之第五段用變宮易于角與變宮之位矣。

（同宮轉）　成均之型雖異。而立宮之律實同。是謂同宮轉。如止宮之于般涉也。

（相生轉）　立宮之律雖异而立體之均相生。是謂相生轉。如黃林之變宮徵之轉也。

（1）犯調　犯調之法。莫著詞譜。且有三犯四犯者。如四犯剪梅花用解連環醉蓬萊雪獅兒。再用醉蓬萊。故名。姜夔淒涼犯自序云。「凡曲言犯者。謂以宮犯商。商犯宮之類。」又云「唐人樂書云。犯有正旁偏側。宮犯宮爲正。宮犯商爲旁。宮犯角爲偏。宮犯羽爲側。此說非也。十二宮所住字各不同。不容相犯。十二宮特可犯商角羽耳。」按宮犯宮有之。即轉調相生轉法也。

（同韵犯）　立宮之律雖異。而立均之律則一。是謂同韵犯。如道調宮上字住。雙調亦上字住。所住字同。故道調曲中犯雙調。或于商調曲中犯道調。是以「同殺」相犯也。王灼所謂「大石調西河慢聲犯正平。越調蘭陵王聲犯正宮」皆是。張炎所謂「宮犯商。商犯羽。羽犯角」者。即此。

（借殺犯）　立均之律雖異。而張炎有角歸本宮之犯。是謂借殺。按。即西樂之長六階也。如伊川歌王建宮詞有所謂「側商聲裹聽伊川」者。王灼解之曰。「林鐘商今夷則商也。管色譜以凡字殺。若側商則借尺字殺」此所謂側商所謂借殺即是夷則商犯夷則閏。故歸同宮也。

（五）和聲　和聲師說見于虞書后夔典樂而垂十六字之教曰「詩言志歌永言聲依永律和聲八音克諧」周語伶州鳩曰「聲以龢樂律以平聲金石以動之絲竹以行之詩以道之歌以詠之匏以宣之瓦以贊之革木以節之物得其常曰樂極極之所集曰聲聲應相保曰龢細大不踰曰平」又曰「數合聲龢然後可同也故以七同其數而以律龢其聲」伶州鳩之言發明后夔之教可謂至矣以律龢其聲者即所謂聲應相保也聲應相保故雖八音之異律而克諧和者指律之聲諧者指器之音惟用律和聲者始見八音之克諧也。

（1）龢　龢即和之本字與龡爲吹之本字同以从龠取誼攷和聲之學肇自軒伶明于瞽叟陶唐之世瞽叟乃拌五弦之瑟以爲十五弦虞舜既立命延乃拌瞽叟之所爲瑟益之八弦以爲二十三弦之瑟呂覽所述古樂可徵舜彈五弦之琴以歌南風之詩其殆上承家學直接軒伶故十六字之心傳獨著虞書而和聲之理實自琴弦發之。

（Ⅰ）倍半龢　正聲與倍律大均或半律少均之和聲亦謂之同律龢

（Ⅱ）生我龢　瀛亭述古錄云「古中呂生黃鐘」是黃鐘雖爲十一律之母而古中呂猶生之況復餘律太之于林姑之于南皆生我之龢也

（Ⅲ）我生龢　宮之于徵徵之于商商之于羽羽之于角皆我生之龢也

（2）叶　叶猶和也。爲龢之次。按之琴弦。取吟。皆于叶律用之。琴旨取吟定位曰「一音立其體則二音以聲爲用。二音以吟爲用。五音聯絡。曲折紆迴。始得宛轉而成韵」又曰「宮音則于羽角位用吟」按羽角位者。西樂之三階。六階也。西樂叶和音階。有初八四五三六之別。初八者倍半龢也。四者生我龢也。五者我生龢也。三六之叶和。不如初八四五。故別叙之。

（工）四元叶　十二辰之四孟四仲四季皆謂之四元。四元之宮。除對冲者不叶外。餘俱相叶。是謂四元叶。如申子辰也。子午相冲。故蕤賓不叶。卯酉則以四仲相叶。

（順四元）　順四元者。如辰見未之類。西樂所謂短三階也。

（逆四元）　逆四元者。如子見酉之類。西樂所謂長六階也。

（丑）三合叶　三合者。亥卯未合木局。寅午戌合火局。巳酉丑合金局。申子辰合水局是也。惟三合于每均。皆虛一待用。亦如四元之或順或逆也。

（順三合）　順三合者。如子見辰之類。西樂所謂長三階也。

（逆三合）　逆三合者。如辰見子之類。西樂所謂短六階也。

考西樂。明季嘉萬之際。意人查令(Zaalino)始知和聲之理。歐人尊而祖之。逮清初雍乾之盛。而法人剌謨(Rameau)（註四十八）乃證高聲之餘響。意人秦的(Tartini)（註四十九）繼之。復證低聲之餘響。于是長短調之三種叶和始備。

西樂向從希臘之單音樂制。洎宋元之間。乃漸進為複音樂制。(註五十)康雍以來。意北有略和低聲之吟調。暨乎乾嘉。德人巴赫（Bach)(註五十一)貝都芬（Beethoxen)(註五十二)相繼起。遂成今日之主調複音。主調複音。利用和聲之原理所成。千變萬化。西人極詡神妙。而孰知四千二百年前。神州古樂夙垂十六字之教矣。曰「律和聲」

（3）諧　諧猶叶也。為叶之次。

（I）轉機諧　琴弦十三徽。古人或以律名。或以辰名。皆非也。實與七始相關。如十三徽八分之七也。視正音九分之八。胸音十分之九。差清十二徽六分之五。越雙律十一徽五分之四。越三律十徽四分之三。越四律九徽三分之二。越六律七徽十徽之正中。八分之五。越七律八徽五分之三。越八律七徽二分之一。為全弦之半。自十二徽以下。其為諧音。人或知之。十三徽八分之七。人莫知者。孰知為和聲轉關之機乎。

（II）六合諧　六合諧為轉機諧之次。中西樂家莫能識之。而孰知其為成周三代之大合樂也。周禮大司樂「以六律六同五聲八音六舞大合樂。乃分樂而序之。乃奏黃鍾。歌大呂。舞雲門。以祀天神。乃奏太簇。歌應鍾。舞咸池。以祭地示。乃奏姑洗。歌南呂。舞大磬。以祀四望。乃奏蕤賓。歌函鍾。舞大夏。以祭山川。乃奏夷則。歌小呂。舞大濩。以享先妣。乃奏無射。歌夾鍾。舞大武。以享先祖。」此所奏、與所歌、乃六合諧也。（見附圖四）

十二律六合圖

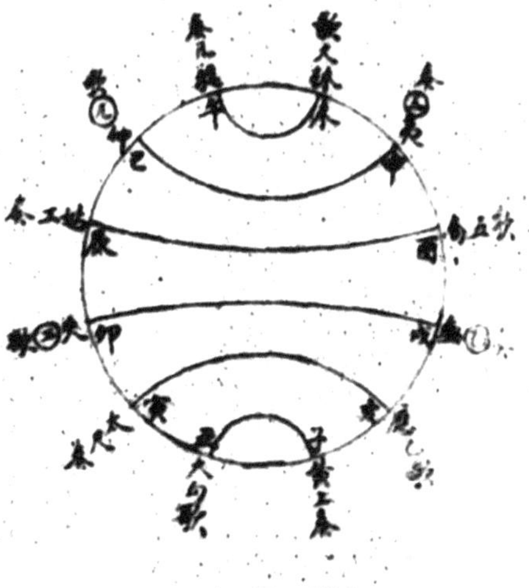

（附圖四）

〔圖解〕圓內子丑爲十二律之律辰弧線示六合。奏黃鍾歌大呂者子丑合也奏太簇歌應鍾者寅亥合也奏姑洗歌南呂者辰酉合也奏蕤賓歌函鍾者午未合也奏夷則歌小呂者申巳合也奏無射歌夾鍾者戌卯合也言奏者皆陽律言歌者皆陰律皆陰陽相合也

上勾注以唐宋俗樂譜字也可證子丑之合寅亥之合尺乙也辰酉之合工五也午未之合凡六也內卯戌之合巳申之合皆不當七音之位故無譜字然據此又足證唐宋俗樂以合字配黃鍾之非。

節三　樂譜

樂之有譜舊矣歌詩之聲曲折已見于漢書藝文志王先謙補注云「即歌聲之譜」惜乎漢承秦燼之餘不足以徵三代之隆而碩果僅存之樂譜又迭經喪亂蕩然無存後之人雖欲尚友稽古其將奚以取證今幸存者琴瑟琵琶諸譜猶足以考見漢唐之遺型至趙彥肅所傳之風雅十二詩譜是否孔門三百篇之餘響陳澧疑其均澀難歌然姜夔詞譜已承宋調而倚聲試歌亦均澀殊甚此以一聲叶一字者張炎詞源之謳曲要旨即其歌法所謂高下纍纍合韻抑揚非祇按譜直歌容人由法生巧所以異于曲譜之注音詳盡也成周聲曲折之遺響其或在此踐形因是發明美讀之方凡古今駢散詩詞悉可本諸聲

倫文調。納于樂譜。寔以管弦。涵養薰陶。亦孔門樂教之旨也。

(一)指譜　譜兩手之指法者。是謂指譜。文中子雖有「鼓蕩之什。」其果爲孔門相傳之指法耶。姑弗論。指譜所宗。昉自蔡邕五弄。唐貞觀初。趙師撞琴。獨步上京。因修指法。師字耶利。陳氏樂書琴勢論曰「古者手勢所象。本蔡氏五弄。趙耶利所修。」又曰。「趙師彈琴。未有一聲無法。」足徵指譜所傳。蓋在漢唐之間。

(1)琴譜　五知齋琴譜曰。「琴之有譜。始自雍門周。其後趙耶利因之。至曹柔作減字法。傳流至今而莫變。」按琴譜指法。有虞吳甯浙閩蜀諸派之辯。今選自遠堂琴譜。羽音平沙落雁一段示例。(見插圖一)

(2)瑟譜　堂上之樂。首重琴瑟。太常作樂。皆以管色合字定琴瑟之首弦。則琴瑟本同調也。故瑟之移柱。一依琴之旋軫。晉楊泉云「琴欲高張。瑟欲下調。恐瑟聲喧。則奪琴聲也。」漢燕樂三調中有瑟調。元熊朋來有瑟譜。刊入嘉興錢氏叢書。粤東伍氏叢書。而程雄則傳松風閣瑟譜。今選邵嗣堯瑟譜。宮音平沙落雁一段示例。(見插圖二)

(3)琵琶譜　傳元琵琶賦曰。「漢遣烏孫公主嫁昆彌。念其行道思慕。故使工人裁箏筑爲馬上之樂。」風俗通曰「以手琵琶。因以爲名。」釋名曰。「推手前曰批。引手却曰把。」惟當時亦有用木撥者。唐貞觀中指譜盛行。名手裴洛兒出。全用手搊。罕復木撥者矣。樂府雜錄曰「曹鋼善運撥。若風雨。裴

興奴長于攏撚。」足見前人琵琶固撥搊並用也。今選王君錫琵琶譜北派正調平沙落雁一段示例。（見插圖二）

琴譜圖

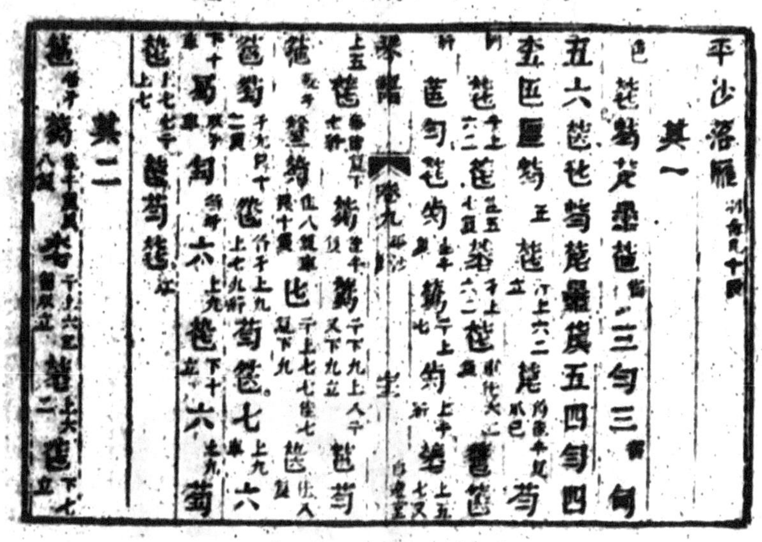

（插圖一）

琵譜圖

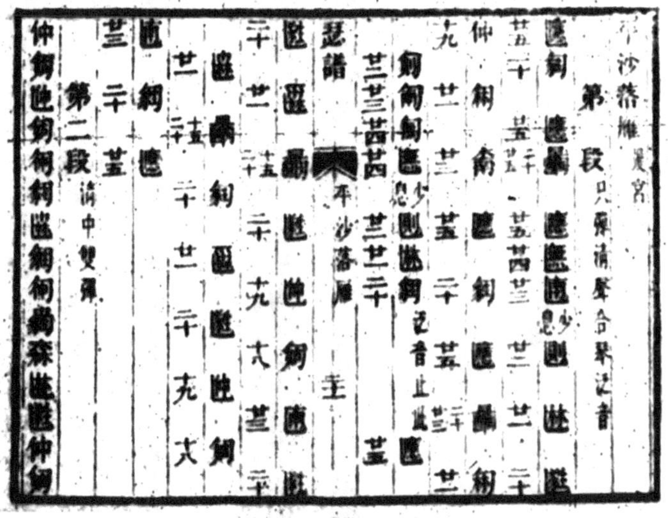

（插圖二）

（二）字譜　字譜記樂。或謂最古世界各國皆或不然。而所謂字。亦非一例。

（律字）　律字者。以十二律名記譜也。如朱子儀禮經傳通解所載趙彥肅風雅十二詩譜。即其一例。

琵琶譜圖

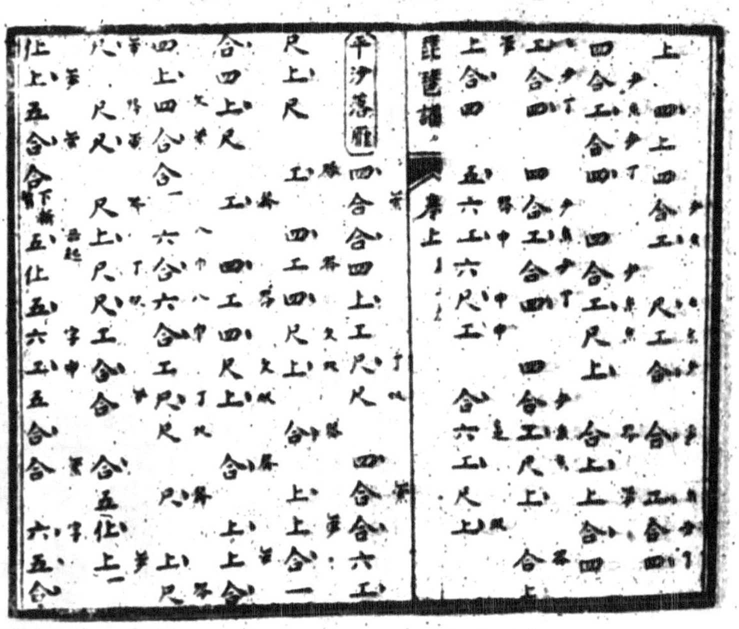

（插圖三）

（音字）　音字者。以五音七聲記譜也。如大成樂譜。字下鍾磬排簫列所注五音是。埃及則以七象形。希臘拉丁則以七字母記之。

（唱字）　唱字者。唐宋俗樂所用之唱名。即楚辭大招之「四上」也。印度之薩哩嘎。法之獨來。日本之伊呂皆是。

（譜字）　譜字者。宋時記譜之俗字。姜夔詞譜用以為旁注。而張炎詞源及事林廣記所載。又與之微異。

（省筆字）　省筆字者。唱字省去末一筆。以示別也。宋譜以夷固同配上字。而沈括筆談則以南爲高工。事林廣記則以夷爲下工。復不同。譜字書法。于下工則規其外以識之。省筆字者。于唱字之下四下工下凡下五各省其末筆而下乙則省爲一也。

字譜書法有直譜旁譜之別。

一曰直譜　直譜者譜注樂詞之字下。

（1）樂譜　樂譜即合譜也例如大成樂譜。首列歌詞于每字之下。次列編鍾編磬排簫之譜。復次列簫塤箎復次列笙笛復次列琴末列瑟譜。

（2）詩譜　詩譜即三百篇之聲曲折也。例如風雅十二詩譜。

二曰旁譜　旁譜者譜注樂詞之字旁。

（1）歌譜　歌譜如越九歌旁譜之類。見白石詞譜。則唱名與音律並注也。

（2）詞譜　宋人之詞皆無傳譜獨姜夔自創之調旁注譜字播以新聲亦詞人獨得之雅趣也。今選詞譜醉吟商一首以示例。（見插圖四）

（3）曲譜　曲譜與詞譜不同詞譜以一聲叶一字而一聲之依永必須由法生巧方盡聲曲折之妙。詩歌兩譜皆然。至如曲譜不僅塡詞已也。將一字之聲情曲折悉由唱字周詳描出。歌者祗須依譜抗墜便能曲折傳神。是所謂曲譜也。

（工）詞曲譜　詞曲盛于元明。有南北之殊。蓋由宋詞而變元曲。更由北曲而爲南曲。音韻節奏兩不相侔。不徒在乙凡兩字也。今選九宮大成南北詞曲宮譜之北詞廣寒法曲以示例。（見插圖

五）

（Ⅱ）崑曲譜　由元之雜劇，而變明之傳奇。迨魏良輔之水磨腔出，于是乎有崑曲。徐大椿樂府傳聲源流篇曰「北曲如董解元之西廂記，僅可以入弦索而不可以協簫管。其曲以頓挫節奏勝，詞疾而板促。至王實甫之西廂記，及元人諸雜劇，方可協之簫管。若北曲之西腔高腔梆子亂彈等腔，此乃其別派，不在北曲之列。南曲之異，則有海鹽義烏弋陽四平樂平太平等腔。至明之中葉，崑腔盛行。」又其自序曰「南北曲皆元明之舊，而其口法亦屢變。南曲之變，變爲崑腔，自成一家。」故別出爲崑曲譜。按笠翁李漁香豔叢錄音律篇曰「弋陽四平等腔，字多音少，一泄而盡。崑調悠長，一字可抵數字。」今選滿床笏之笏圓一齣以示例。（見插圖六）

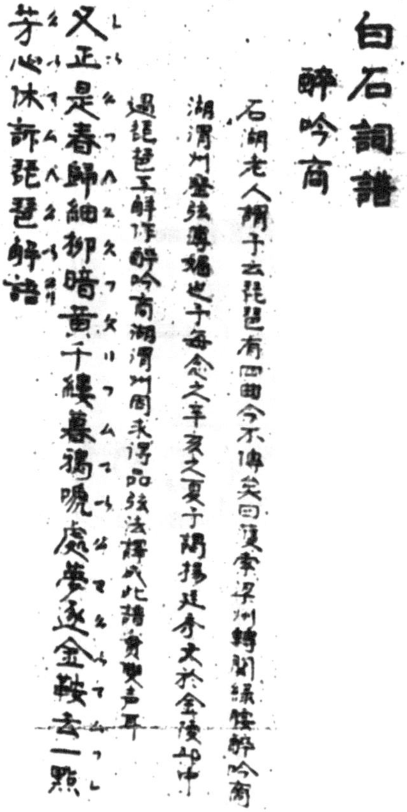

白石詞譜
醉吟商
又正是春歸細柳暗黃千縷暮鴉啼處夢逐金鞍去一點
芳心休訴琵琶解語

（插圖四）

詞曲譜圖

新定九宮大成北詞宮譜卷之閏

編輯　周祥鈺　分纂　徐興華
編輯　鄒金生　　　　王文祿
參定　徐應龍　　　　朱廷璋
參定　朱廷鏐　校閱　藍畹

仙呂入雙角合套

北新水令　廣寒法曲

一輪滿月照中秋　滿清光水晶明透
霜飄澄鳳沼　風色靜龍樓　揭起簾鉤
露庭院白如晝

南疊字錦

掩映十二疊欄　清夜裏遊　掩映十二
疊欄　清夜裏遊　影娑婆流　寒不濕
金波瀲灩浮　參差璧彩　雲輕露濃
歡賞處　三五月夕　一年秋　綺席畔

（插圖五）

崑曲譜圖　（插圖六）

滿床笏　卷二　十一

朝罷西府了
謝恩請前往瓊筵　劍佩玉珂鳴　朝罷歸來班彩相映　合
參爺請上待孩兒　請爺爺合請
們拜　罷了　喜得福壽康寧安享遐齡上待孩兒
們拜壽
罷了　祥蔭賴教養成全孩雖蒙聖眷把狀頭錯訂無
敢王爺　各位公侯全來拜壽　大
窮喜滿門全家笏縱橫　孩兒郭曜　有　你去酬答　說我
奉旨不敢出見
晉封謝罷了是　南極壽星明　便伯公卿一齊撒政　六部九
卿　京堂大僚全來拜壽　孩兒　敢
郭昭　有　你去致意便了　是了　六部九卿　踏踏送迎　王
爺　科道部曹京營將領　全著近滿節鎮內相諸　台諸部曹
人俱來拜賀　四孩郭晞　有　你去酬謝便了　是
敢王爺　王親國戚　駙馬
郎　軍營將領　更有那內官節鎮　儀賓俱來拜壽　孩兒
郭曙　郭映　有　敢王爺門外各
你二人支派罷　是　諸王孫輩　天潢支派玉壺冰　各營兵將於
全孫　孩兒郭暉　孩兒郭
瞰　有　你每去致謝便了　是　將士屬員承迎陳隨行階下

（Ⅲ）劇曲譜　「南崑」既盛行吳越而與之非時者尚有「北弋」「東梆」「西梆」諸腔。弋腔盛行蜀粵滇黔間黃梅腔花鼓戲屬之梆腔盛行燕趙齊魯間八角鼓蹦蹦戲屬之梆子盛行秦晉鄭衛間亦名秦腔乾道之際南崑獨步首都同光以後漸成廣陵是時亂彈乘隙崛起綜楚徽之聲別皮簧諸調今之平劇遂執中國劇界之牛耳寗知其亦脫胎于崑腔徒以淺俗而受歡迎乎故別爲劇曲譜。

（Ⅳ）雜曲譜．不入上三種者悉歸諸雜曲譜凡學校所唱之西式歌譜民間之通俗小調及近代流行之歌劇舞曲皆是。

（三）圖譜　圖譜非中國產歟有之則舞譜也。

（1）符譜　符譜以符號示音之高低歐州中古之教堂樂譜名紐滿 (Neuman) 者即是。

（2）線譜　線譜皆知爲歐產也雖然周語伶州鳩之言十二律曰「元間大呂二間夾鍾三間中呂四間林鍾五間南呂六間應鍾」六同獨謂之間者何也竊意周譜之畫七線也自上而下黃鍾第一線故曰「由是第之」太簇第二線故云「二曰」于是「三曰姑洗」第三線「四曰蕤賓」第四線「五曰夷則」第五線「六曰無射」第六線而半黃鍾爲第七線所謂七律也七律之位既定然後及于六同故曰「爲之六間」謂在兩線之「間」者有六也秦燼之後中國無聞唐末梁初比之牧師賀拔（Hucbalk）（註五十三）用橫線爲譜以一線表一音始其遺制後繹法人專讀（Guido Von Arezzo）（註五十四）改革線「間」亦表一音以四線表七音色「C」以黃色「F」以紅視在何

線以辯音位。卽置紐濡之符于線上。爲今五線譜之雛型。

（3）舞譜　舞譜與歌譜並重。聲容之不可偏廢也。

（工）樂舞譜　樂舞有文用羽籥武用干戚之別今還混庠樂舞主任范隱深所贈祀孔譜中文舞「古」「聖」二字之姿勢以示例。

（Ⅱ）劇舞譜　樂舞莊重進旅退旅。劇舞瀟洒進俯退俯。文戲之動人。不僅在音律之宛轉抑且在姿勢之綽約也。

（Ⅲ）雜舞譜　一切舞蹈柔術之屬。概以雜舞賅之。

（註一）馬端臨文獻通考樂考分樂器爲雅部俗部胡部三者。先被秦之夷部。卽漢後之胡部也。周官鞮師掌教韎樂施人掌教舞夷樂。鞮鞻氏掌四夷之樂與其聲歌。然則胡夷之樂先王所不廢也。

（註二）伏羲作樂名曰立基一曰扶來亦曰立本見帝系譜及孝經緯鉤命訣有網罟之詠見隋史樂志造駕辯之曲見楚辭注又樂苑稱伏羲造九弦琴世本說庖犧氏作五十弦瑟。是伏羲之時樂器已具矣。

（註三）陰康氏之舞。見呂覽古樂篇。惟今本呂覽沿高誘注之誤。每有妄改作陶唐者。顏師古前漢書注早已深辯其非曰「陶唐當作陰康傳寫字誤耳」又曰「呂氏說陰康之後方一一歷言黃帝顓頊帝嚳。迺及堯舜作樂之本皆有次第。豈再陳堯而斷亂其序乎。蓋誘不觀古今人表妄改易呂氏本文」按章懷注後漢書馬融傳。引作陰康。可證呂覽原文本作陰康不作陶唐也。

（註四）葛天氏之歌。見于呂覽古樂篇。亦樂界先哲也。高誘注「古帝名」張衍云「三皇時君號」董禮通紀之古帝在伏羲之前。說見羅泌路史。徐昭綱目考證。

(註五)說詳司馬相如上林賦。曹植。陳琳書。按韶。舜樂。夏。禹樂。均極文明美善之容。而聽者且樂葛天八闋之歌。致弃護韶夏之音。殆能聯合民衆心理。故得千人提倡。萬人附和。即據此六字評語。已足證古者之音樂藝術。夙具不祧不朽之價値矣。

(註六)呂覽古樂篇云「葛天氏之樂。三人操牛尾。投足以歌八闋。一曰載民。二曰玄鳥。三曰遂草木。四曰奮五穀。五曰敬天常。六曰建帝功。七曰依帝德。八曰總禽獸之極。」

(註七)見呂覽古樂篇。

(註八)(註九)(註十一)並見淮南子主術訓篇。

(註十)韓詩外傳五云。「孔子學鼓琴于師襄子而不進。師襄子曰。夫子可以進矣。孔子曰。丘已得其曲矣。未得其數也。有間曰。夫子可以進矣。曰。丘已得其數矣。未得其意也。有間復曰。去子可以進矣。(此下初學記引有曰。丘得其意。未得其人。有間)曰。丘已得其人矣。未得其類也。有間曰。邈然遠望。(初學記引曰字在遠望下。)洋洋乎。翼翼乎。必作此樂也。默然思。戚然慎。以王天下。以朝諸侯者。其惟文王乎。師襄子避席再拜曰。善。師以爲文王之操也。故孔子持文王之聲。知文王之爲人。師襄子曰。敢問何以知其文王之操也。孔子曰。然。夫仁者好偉。和者好粉。智者好彈。有殷勤之意者好麗。丘是以知文王之操也。

(註十二)韓詩外傳七云。「孔子鼓瑟。曾子子貢側耳而聽。曲終。曾子曰。嗟乎。夫子瑟聲。殆有貪狼之心。邪僻之行。何其不仁趨利之甚。子貢以爲然。不對而入。夫子望見子貢有諫過之色。應難之狀。釋瑟而待之。子貢以曾子之言告。子曰。嗟乎。夫參天下賢人也。其習知音矣。鄉者丘鼓瑟。有鼠出游。狸見于屋。循梁微行。造焉而避。厭目曲脊。求而不得。丘以瑟浮其音。參以丘爲貪狼邪僻。不亦宜乎。

（註十三）樂緯動聲儀云。「孔子曰。簫韶者。舜之遺音也。溫潤以和。似南風之至。其爲音。如寒暑風雨之動物。如物之動人。雷動禽獸。風雨動魚龍。仁義動君子。財色動小人。是以聖人務其本。」

（註十四）高誘淮南注云。「白雪太乙五十弦琴瑟樂名也。」

（註十五）見淮南子覽冥訓篇。

（註十六）參觀註四所說。

（註十七）參觀注三所說。

（註十八）琴操曰。「伏羲作琴。所以修身理性。反其天眞。」陳氏樂書曰。「至于弦數。先儒謂伏羲蔡邕以九。」據此二說。則琴制確定自伏羲。而施以九弦。蓋九弦琴也。

（註十九）世本曰。「庖犧氏作五十弦瑟。」

（註二十）呂覽古樂篇云。「朱襄氏之治天下也。多風而陽氣畜積。萬物散解。果實不成。故士達作爲五弦瑟。以來陰氣。以定羣生。」是朱襄氏先伏羲之五十弦大瑟而創造成五弦小瑟也。

（註二十一）陳氏樂書琴瑟上論云。「神農使晏龍作琴。」隋書樂志曰。「神農五弦。」是是神農變伏羲之弦琴。而改造成五弦琴也。

（註二十二）世本云。「黃帝使素女鼓瑟。哀不自勝。乃破爲二十五弦之瑟。具二均聲。」

（註二十三）互見呂覽古樂篇說苑修文篇風俗通音聲篇世說德行篇前漢書律曆志等。

（註二十四）呂覽古樂篇云。「黃帝又命伶倫與榮將鑄十二鐘。以和五音。以施英韶。以仲春之月。乙卯之日。日在奎。始奏之。」

（註二十五）並見帝系譜及孝經緯鉤命訣。

(註二十六)顏師古注云。「班氏自云作志取劉歆之義也。」齊召南曰。「一曰備數以下。皆劉歆之詞。而班氏稍加刪節。」晉志引此志直云劉歆序論。

(註二十七)漢書歷律志云。「度者。分寸尺丈引也。所以度長短也。本起于黃鍾之長。以子穀秬黍中者。一黍之廣。度之九十分黃鍾之長。一爲一分。十分爲寸。十寸爲尺。十尺爲丈。十丈爲引。而五度審矣。」又云。「量者。龠合升斗斛也。所以量多少也。本起于黃鍾之龠。用度數審其容。以子穀秬黍中者。千有二百實其龠。以井水準其槩。十龠爲合。十合爲升。十升爲斗。十斗爲斛。五量嘉矣。」又曰「權衡者。衡平也。權重也。衡所以任權而均物平輕重也。其道如底。以見準之正。繩之直。左旋見規。右折見矩。其在天也。佐助旋機。以齊七政。故曰玉衡。權者。銖兩斤鈞石也。所以稱物平施。知輕重也。本起于黃鍾之重。一龠容千二百黍。重十二銖。兩之爲兩。二十四銖爲兩。十六兩爲斤。三十斤爲鈞。四鈞爲石。五權謹矣。」

(註二十八)律歷志又云。「其法用銅。高一寸。廣二寸。長一丈而分寸尺丈存焉。用作爲引。」又云。「其法用銅方尺。而圜其外。旁有庣焉。其上爲斛。其下爲斗。左耳爲升。右耳爲合龠。其狀似爵。」

(註二十九)Zarlino 生于西歷一千五百十七年。卒于一千五百九十年。爲主建和聲學原理之名音樂家。

(註三十)Mercator 約當西歷一千六百七十五年左右。

(註三十一)P.Von Janko 生于一千八百五十六年。卒于一千九百十九年。

(註三十二)拙著中國學術之關係世界文化一篇。詳證歐州文化之來源。與世界文化中之中國地位。

(註三十三)Mahler 奧人。生于西歷一千八百六十年。卒于一千九百十一年。喜用中國五音調。一時習尚。竟成風氣。

(註三十四)Sekles 西歷一千八百七十二年生。Franenstein 一千八百七十五年生。Neuraum 一千八百七十六年生。Braunfels 一千八百八十二年生。Bartels 一千八百八十三年生。

(註三十五)Werckmeister 生于西歷一千六百四十五年。卒于一千七百零六年。當一千六百九十一年時。曾主採用十二平均律之議。厥後此制竟成歐洲樂制之主體。

(註三十六)說本韋昭周語二十三年條下注。

(註三十七)十二徵至無尾亦得全弦六分之一。

(註三十八)黃鐘上生林鐘。距間夷則南呂無射應鐘凡四律。林鐘下生太簇。距間更加黃鐘大呂。凡六律。濾後䜭說。乃以黃鐘下生林鐘。林鐘上生太簇。大背先秦古籍。不可從。

(註三十九)呂氏春秋畢沅校正本作含少按說苑作含少。江永所據本亦作含少也。

(註四十)顏師古注云。「逸書也言王者統業先立算數以命百事也。」

(註四十一)撥者枇佐通典曰。「舊彈琵琶皆用木撥。」又曰。「手彈之法。今所謂搊琵琶者是也。」撥用弓拉擦以手撫揩者、拍也。攷者擊也。莊子曰。「金石有聲不攷不鳴。」振者播發振揮也。吹則用于管簧。

(註四十二)九宮大成譜刊于乾隆十一年。納書楹譜刊于乾隆五十七年。兩書凡例于板眼之式皆加說明。

(註四十三)(註四十五)左氏魯昭公二十年傳。「晏子曰。一氣二體三類四物五聲六律七音八風九歌以相成也。清濁小大短長疾徐哀樂剛柔遲速高下出入周疏以相濟也。君子聽之。以平其心。」

(註四十四)尙書大傳虞夏傳上有云。「五載一巡守。羣后德讓貢正聲而九族具成。雖禽獸之聲猶悉關于律。樂者人性之所自有也。故」云云。鄭玄注「族猶爲奏言諸侯貢其正聲而天子九奏之樂乃具成也。關猶入也。今詩國風是也。」云云

(註四十六)周禮春官大司樂「掌成均之法。以治建國之學政。而合國之子弟焉。」禮記文王世子云。「凡大合樂必遂養老。」下云「謂之郊人讀之于成均。」鄭玄注云「成均則虞庠近是。」孔穎達疏云「以無正文故云近是」按周禮成均

之均」。應卽周語「立均」之均。正承上文大合樂而言。不得歧解。犍楗也。

（註四十七）周語伶州鳩曰「武王以二月癸亥夜陳。未畢而雨。以夷則之上宮畢之。當辰。辰在戌上。故長夷則之上宮。名之曰羽。所以藩屏民則也。王以黃鍾之下宮布戎于牧之野。故謂之厲。所以厲六師也。以太簇之下宮布令于商。昭顯文德。底紂之多辠。故謂之宣。所以宣三王之德也。反及嬴內。（音媯汭）以無射之上宮布憲施舍于百姓。故謂之嬴亂。所以優柔容民也。」韋昭注「周禮太師執同律以聽軍聲而詔吉凶」

（註四十八）Rameau 生于西歷一千六百八十三年。死于一千七百六十四年。發明三種主要叶和。一曰基音叶和。二曰上五音叶和。三曰下五音叶和。

（註四十九）Tartini 生于西歷一千六百九十二年。死于一千七百七十年。發明短調自然叶和。以纖刺磨之長調自然叶和。

（註五十）西元九世紀後之 Organum 四階單複音。十二世紀之 Diskantus 五階八階單複音。十三世紀之 Fauxbourdon 起止以五八餘以三六之雙複音。其後乃有自由之複音樂制 Konduktus。至十四世紀之對譜音樂 Kontrapunkt 各譜獨立而以叶和合奏爲複音之極盛。

（註五十一）Bach 生于西元一千六百八十五年。死于一千七百五十年。因西歐鋼琴鍵樂備十二音之不純。而其主音對譜之互用。是以調勻之。

（註五十二）Beethoven 生于西元一千七百七十年。死于一千八百二十七年。其最負盛名之月光曲奏（Mondschein-sonate）實能完成主調複音。

（註五十三）Hucbald 生于西歷八百四十年。卒于九百三十年。嫌ノ（Neumen）符號之不安。而用五橫線以長希臘或拉丁之音名。

經　術

(註五十四) Guido Von Arezzo 生于西曆九百九十五年。卒于一千零五十年。

東廬詩鈔

吳縣金　廣東著

五古齊體

植桑

夙昔聞諸葛闗有八百桑吾亦愛農畝栽植望成行灌溉原非易日益豈知長培樹如培人後用難料量
非期蓋子垂或得遠枝揚嘉蔭日以茂葱鬱繞吾室嗟哉古君子學圃非尋常傳家足衣食斯業古所良
由來溫飽事立志非文章

夜宿西湖僧院三首

不見古塔院春山一徑綠問訊在何處遙見葛嶺麓中有樓三椽高峙孤山角叩門謁老僧商略於此宿
殷勤伴清話假道松花熟倚樓望裏湖夕陽澹寒竹愛此白玉簪呼童買一束
湖樓夜闃寂清風來疏簾鐙焰微綠古佛冷相守一夜不成寐披衣起坐久開窗看明月月已落山後
深黑一川烟漁火隱疏柳杳杳南屏山曉鐘忽一扣結襪問短蓑沐頭酒無有
攜背抱橫宅門對處士墓老僧導我遊得得入雲路淩霄有蓬閣紅欄半山露夕陽在高岑遠寺鐘聲度
徘徊葛仙庵歸來日已暮明約外湖去買舟楊柳渡飽作湖山遊笑道神仙妬

來函

自述學樂之經過

楊踐形

松苓先生鈞鑒。昨聆鴻教。恍浹春風。今讀瑤章。彌感盛誼。謹就（踐形）治業之情。縷陳左右。外曾大父華蓬秋翁（諱翼綸。山水宗宋元。三女俱傳家學。見鄭昶中國畫學全史。祖母尤工詩善琴。）學出曾文正之門。掌教東林書院。有蒻雨軒集行世。（俞樾序稱其筆畫近柳州。伯仲隨湖南有經世志。然止一從軍廣西。一爲令江西。）家蓄古琴甚夥。大姥腹等尤名貴。其子若汀翁（諱衡芳。弟世芳齊名。曾從曾勇毅侯戎幕。）主滬濱格致書院。暨西人傅蘭雅譯西籍。（滬上設製造局）尤精數理。傳行素軒叢書。惟心思過勞。鬢髮早霜。童時見之。幾疑古稀已上人矣。（踐形）內稟祖母之教。外感華翁之訓。而樂數又六藝之二。愧未能鑽擊有得。以紹前緒。（曾大父晚嗜醫。納姑蘇名彈詞家朱氏女。擅琵琶弦索。故余家庭藝術化。）然化治重闈。熏陶不覺。故每逢上丁釋菜。未嘗不恭詣學宮。仰瞻禮樂之遺。獨惜簨簴徒陳。歊奏未全。至絲音琴瑟。久已闕羊。等視歸而發憤。致力琴譜。此（踐形）研究樂律之起因也。清光緒中。南皮張文襄總督湖廣。雅愛家君暨康南海二人。後康入京爲主事。而有戊戌政變六君子之役。家君則轉泛江漢。歷遊荊越。宣統間。治理溫紹鹽務。得徐氏古越藏書樓（光緒二十一年徐樹蘭建。附設中西學堂）書目一帙攜歸。遂引起（踐形）負笈外郡。瀏覽圖書館之心。頗思讀盡古籍。以求先哲之微言。而病九通廿四史等有關樂曆二藝之說爲未足饜。更進搜歷代學者之專著。然後稍窺樂律之淵源。與古今沿革之史蹟。適知中國樂藝肇興于羲炎。垂憲于軒伶。隆盛于韶武。至宣聖出而登峯造極。無以復加。迨戰國之末。燔于秦。亂于漢。夷于隋。雜于唐。衰敗于宋。滅亡于清。至今而無存。蓋羲炎制作以前爲第一期。黃唐爲第二期。虞夏商周爲第三期。復分四小期。一、隆盛前期。自舜至武。亦曰頌樂分化期。以與黃帝頌樂一脈期別。二、隆盛中期。成康至宣王。爲雅樂統一期。三、隆盛後期。在東遷後。亦曰風樂流行期。實爲中國樂藝之須彌頂時也。四、秦始初立。迄漢興樂府未成之先。爲隆盛餘期。實興樂變聲期矣。自漢迄隋爲第四期。唐至北宋爲第五期。南宋至明爲第六期。遜清至今爲淪亡第七期。至復興之期。未知在今後何日耳。考古今樂律學者聚訟紛紜。莫衷一是。論律生則有前後上下。至律呂子午之制。論律數則有九進十進。至八一九十之辨。論律度則古尺有夏商周之異。今尺有裁衣量地營造之別。黍尺至宋。又有李照之橫。

來函

胡瑗之織。鄭保信之衔。厥凡蔡邕劉歆韋昭杜夔荀勗孟康劉徽錢樂之祖沖之萬寶常劉焯王朴韓琦丁度房庶阮逸范景仁司馬光等十八尺之殊。歸而納之。四期以上。謂之先秦古律。五期以降。謂之漢後俗律。旁起漢之絲絃。迄今西樂。更分胡夷之部。辛亥春。得古琴一。厥名中和。月朗之天。焚香撫琴。頓覺襟懷寥廓。夐絕塵埃。翌年自治補選。迭辭議員。專長校務。參酌歷代成法。特編歌舞樂譜。期振關故于陵夷之世。寓樂教于遊宴之中。丁巳秋。更辭景雲教育會長。就職滬江。侍家君赴耆老會。值愛儷園舉習鄉飲禮。園主哈同羅迦陵。主其事者實姬覺彌。鹿鳴羽籥。會聘明智大學生演習歌舞。頗有提倡古樂之概。辛酉夏。長沙洗心社長張芹蓀印鴻隸。春化人。主講濟南哲報。著大孤集七種。洗心語錄。太原洗心社長趙戴山。等相推。派琴友三人赴滬來見。為特開放豫園一天。一時名士麕集。足覘今人對于古樂之心理。是歲春。康南海遊句曲。同居茅山月餘。其徒龍積之印澤厚。倡丁祭紀念會于羊城。合禮樂局之典禮練習所及韶武講習所。成師生五百餘人之禮樂團。其子月。顧揖為易堂。主張恢復禮樂之治。出其前上桂林當局之意見書相示。返滬後。文廟樂舞主任范深一再過訪。並手錄禮制館新定祀天祀孔之樂譜見贈。惜當時滬濱積染已深。雖有贊從。難成事實。明年因編學鐸社刊。後著易黨香局失傳學舞綴兆之譜規。僅存姚明暉之樣學綱領王西神之同學金鉞。杭辛齋之研究。輯觀賛星若之課程所傳譜許指點之宛委山莊論樂舞之歷甲子歲舞考等數十種。提倡禮樂。而章太炎時寓法租界王開疆師三層樓上。主張學莊諸綜特闢法律一門。並親法律原理。據禮記經解六教。主分門。杭辛齋海寧人。乙卯冬。抗議會入獄。得遇易老傳授易學。戊午開會講學。因結研易學社。以講易集易學者數百種曰易叢書八冊。時寓霞飛路仁和里。並編講易法周刊。據周易履豫二象。參觀學易筆談二集三卷。主一貫後。聘姚東木[illegible]人。後來南海。殺古存保存會。主于冬。借其徒讀樂章傳士蕭適。成孔教總會于海寧路。馮夢華金壇馮煦。奉化孫鏘玉傳。等于倉聖學會。樂史泉于萬年倉聖會。卒據樂記周禮之誼而並列為姚老皤冉和鳴。尤稀忘年莫逆。其子朋晦別設天民編北京中國內地學會雜誌。有太平洋筆記。教授武昌高師時。曾著律曆小記。癸亥秋。出席國際教務聯合會孔教總代表。當陽前三日。李佳白博士何東爵士。王芝祥將軍等百有餘人集會于尚賢堂。哈少甫來函[illegible]孔教之正義。歡大講論均徵國際公報尚賢堂紀事中。並論儀孔教大學。成國數字。不可宣講孔道。成孔學。公忠演說會。見刊誡。則云學道教三字皆可通用。又孟夏。宗聖從香港分設上海中學。宣教總會。則竟得宣教。歸彩前詩五十韵。徽龍教總會。受國觀弟六期。主張立禮成樂。移風易俗。歸本于周易咸象聖人感人心而天下和平之旨。甲子歲。龍老力慫為編大學歌舞譜。以教崇德中學諸生。計年。正舞勹。舞象之年。計時。又夏令學樂之時也。繼為暨學會編二分二至祀天歌舜新譜。歌辨雅俗。舞別文武。而政學諸界來參觀者。反視為新奇殆物。以罕為貴耶。返錫後。

迄今已八閱寒暑。回顧滬上當日之盛況。奚啻曇花之偶現。茲聆
先生提倡國樂之名論。不覺觸時情景。又迴縈方寸之間。爰本從來鑽研樂律之一得。纂次舊稿。敘述成書。厥名「樂微」。遂
命于短時間內整理就緒。惟原稿字數過多。現擬刪汰什九。重加修改。茲先郵呈孔子之詩樂一篇。即樂微三十六篇之一也。上一篇述
先秦之古樂。下一篇述漢後之樂府。本篇專明孔子之詩樂。即孔門之樂譜。一以齊詩師說爲徵。蓋自轅固作詩傳爲博士。而夏侯始昌
后蒼戴德戴聖慶普以至鄭玄。凡詩禮師傳皆出齊詩之門。而翼奉匡衡師丹伏理及班彪班固荀爽荀悅之家學淵源。董仲舒胡毋生
之治公羊春秋。孟喜焦贛京房虞翻之易學。桓寬鹽鐵論。皆齊詩之學派也。則詩樂之關係。齊詩實爲樞機。詳形此篇廣搜歷代詩學之
師說。與詩經闡微一稿。互相發明。累年心得。頗有發覆獨到之處。不忍遽刪。擬自成篇。將以貢獻海內治國學諸君子之前。而求匡正焉。
其他三十五篇。摘取重要者仍入樂微一書中。餘則均從刪汰。圖表共計百五十餘幅。亦擇其較重要者用之。近又廣搜中外學說古今
專籍。參互考訂。并附最近心得。深夜演算。至數十位之繁。精求一律。輒開方至三百六十次之多。即三百六十之乘方根也。演算雖至心
疲神倦。不敢中輟。偶一朦朧。輒見禮樂先哲督促其旁。大有欲能不能之勢。丙子亳曆午建之朔清晨。恍惚素女導至西山阮陰之宮。登
堂入室。則見一清癯皤叟正凭几假寐。自念此倫先生也。端拱而立其旁。素女告以賓至。則蹶然起迓。握手示掌。授以心印。縱談如家人。
久而彌親。觀而深思。驟不知倫先生者何許人也。展卷恍然。迺知黃帝之臣伶倫其人也。嗚呼。思之思之。又重思之。思之不得。鬼神通之。
古人豈欺我哉。猶憶曩者成童誦經。而宣尼入夢。事詳生平日記弱冠學易。而秦皇見犢。辛亥秋偕神州志鼎于宛丘詳孫君筆記今也推算樂律。而伶倫又
以心印付囑矣。夫樂數二藝。固三代之教育法門。而詩樂二經。又宣聖之微言大義所在。一厄于秦燔。再喪于胡亂。三亡于西樂。至今而
爲極。幸有子遺矣。紹其統者。西京之齊。道明天人。東漢之鄭。學貫今古。江左以來。深于聲韻。附庸而後。則律無人。致使西域龜茲之樂。充
斥中夏。僭竊三代雅頌之音統者。幾二十年矣。雖經宋儒抱殘。而闡發先聖之微言。朱蔡諸哲。明律呂以解經。姜張之儔。因均調以譜詞。
而積重難返。卽能冥符馬班之數。亦不能尚合管呂之書。仍非三代之遺音也。詳形三十年間。搜羅遺佚。供編樂微所舉專名。及其師說。

一以先秦古籍爲歸。于經則主樂記（代表樂經政特提出）周詩三禮春秋內外傳等。于子則管荀呂覽。先秦所亡。方及兩漢淮南諸傳諸緯諸家師說。于史則西京之馬。東漢之班。乃暨歷代律志樂志。于疇人則京房之六十律。錢樂之之三百六十律。雖或未能密合。而尤爲律家師說之一。無疑也。至五經無雙之許叔重。一代大儒之鄭康成。亦均後世之所宗仰。若謂不免遺憾。則雖繼往開來集諸儒之大成若朱子者。尚不能直登夫子詩樂之堂。而况其餘。然于儀禮經傳通解鍾律一篇備矣。西山律呂新書增六變而爲十八律。雖不免後儒之譏。然上承紫陽。直接尼山。六變之數。一本于京律。師說淵源。確鑿可據。（政形）特爲表而彰之。此亦十二非均律應有之象也。若夫十二平均律。明于朱載堉。以鄭王世子之身。而精究律呂。發前人之所未發。爲樂界開一新元。惜乎僅以付史館。備稽考已耳。然其音實不純。以之爲鋼琴等鍵樂則可。以之爲管弦。蓋非三分損益之律也。嘗謂先秦古籍。孔經而外。惟左傳管呂最知聲律。迨漢之淮南馬班。已不解韶武之音。然神州律呂。猶未湮也。故京房蔡邕荀勗梁武。猶尚有管弦律製之作。隋唐以後。胡樂篡統。迄清之初。李光地隆迴愚潛號知律算。而御製律呂正義乃一何荒謬之甚。嗚呼。自荀勗以來。管律之誤久矣。安得起敬仲邱明輩于九京。而一正之乎。夫管子小素實弦度之本。呂覽含少爲管律之基。而國語立均。依韋昭之注。亦若後世京房之作準。梁武之製通。至我夫子之微言。則三禮詩樂之說備矣。惜後之人不善讀書。反遷延俗說以滋疑誤。獨蔡邕深明律理。其制十二笛。還相爲宮也。（或說笛律通考所載殆非實數）實得周禮管呂之遺意。洵足貴矣。然尼山心印。賴周齊詩風。已發之。師說相傳。列于學官者。代有其人。至京房得焦氏之傳。乃始見之實用耳。江永不解呂覽。著律呂新義。反疑呂書正文爲字之誤。得毋受李氏之紿耶。此有清一代所以明律者無人。而末流之弊。乃至用夷變夏。西樂充斥也。彼西樂家最新發明之主調複音。自謂神妙。返觀國樂。獨後無聞。噫。此豈國樂之不若人哉。抑先秦古律之久失其傳歟。或曰。荀習西樂。亦或能之。是何足奇。嗚呼。彼其習西樂者。心目中早已徒知有西樂。而不復知有國樂矣。或曰。以西樂之主調複音。翻入國樂。夫奚不可。嗚呼。誠知是則所謂國樂者。不將徒有其名。而無其實。盜存其軀。而亡其靈歟。然則如之何而後可。必曰立均出度。一本周語。而依永和聲。俾八音克諧。又廣蒐雜散。古籍俱在。證管呂未誤之師說。求先秦已亡之古律。然後遍知疇人子弟分散。或在夷狄之說可信。故博考世界各國之樂律。雖文野多寡。程序互殊。若歸納之。可分三大樂系。而其臻詣神妙。範圍曲成。罔或出我軒伶之右。然後遒知黃帝伶倫。其世界萬古之樂律師表也。然後遒知神州樂律。遠非胡夷可比。而世界各國。僅極其出神入化之妙。自詡無偶。靜而思之。亦不過有得于神州之一體焉耳。所惜者，先秦古律。失傳已久。隋唐而後。千古長夜。目今國樂專家。徒知四上而不復知宮徵。即知宮徵。而仍不知黃林。借曰知黃林矣。亦僅知隋唐以來之黃林。而不克知先秦古律之黃林。是猶未能確知黃林也。因是妄謂中西樂律之不同。甚至遷就以求其同。嗚呼。削足適履。其何能淑。進退無依。益見其惑矣。彼樂工（徒知音樂而不通經史六藝者。）固無足論。即號爲學者。亦或依違未免。而況本非以經史見長者乎。迭夏歸夷。亦其宜也。蓋不知中西樂律本無不同。而又不可遷就以求其同。彼輩所謂不同者。正其無不同處也。而其遷就以求同者又正萬不可同處也。如能證明古律仲呂一均之型。則西樂無不同處矣。如又能證明唐宋之清角。則西樂之萬不可同處在其握矣。此皆二千餘年古樂長夜之癥結。誠能豁然啓發。自可隨處貫通。今世自新者流。不諳中國古樂。人云亦云。輒謂中國樂僅五音。謬之甚矣。曾嘗一讀國語之書乎。先秦古籍。彰彰可考。則國樂七音。由來舊矣。而唐宋燕樂。姜張詞譜。且皆備列八音。（西樂亦祇七音）奚嘗五音云乎。（踐形）歷年心得。及有特解。均于樂微一書。表明其意。引證考據。亦不敢稍涉苟略。師晦庵治樂之精神。補宣尼樂經之闕亡。冀以斷成周之遺響。闡先哲之微言。故立說立數。一主于先秦經子。雖不廢漢後胡俗之樂。而矯弊堵漏。將復返韶武雅頌之聲。庶糾正隋唐以來之墜統。而發二千餘年之幽光。塵封拂淨。古鑑瑩然。豈非曠古之大快乎。故本書所述。略于衆人之所共曉。詳于識者之所同忽。疏游淮南馬班等後起漢律。闡明禮國管呂之先秦古律。然後遒知角八窮變之誼。今日國樂之消長。其權衡全在于此。惜乎海內知者無人。即古琴專家。于泛音當徵則鳴。亦徒知其當然。而不知其所以然。況下此者乎。我祖宗雖有出神入化。精妙絕倫之作。而闡徵何人。徒欲見異思遷。舍喬木而投幽谷。亦可謂不善變矣。此樂微之所以不得不作也。（踐形）茲編。竊以三種責任自勉。曰國故之整理。曰考古之印證。曰樂理之闡發。尚祈當代之國學家考古家音樂家諸君子加以指正。匡其不逮。庶乎益求精進。俾底完成耳。樂微脫稿。即付人清繕。是政當此肅復。祗頌

鈞安。

晚　楊踐形謹啓

孔子之詩樂

無錫 楊踐彤

章一　詩三百篇

夫樂居六經之一。雖備于聲容。而其辭則詩也。（注一）詩者。樂章也。（注二）生于心而節于音謂之詩。一言詩而樂自寓焉。（注三）自后夔以來。樂以詩爲本。詩以聲爲用。（注四）劉勰有言。詩爲樂心。聲爲樂體。又云。樂辭曰詩。詩聲曰歌。（注五）蓋律其辭謂之詩。聲其詩謂之歌。（注六）古之詩。今之辭曲也。（注七）發自人情。繫乎民俗。政治之得失。教育之隆替。胥由是爲覘之。故太師掌于王朝。樂正以教國子。周人重視詩歌。而盛行上下。其流傳後世者。有周詩三百篇。列于六藝。猶可想見當時詩樂之盛。

虞夏以降。咸有采詩之官。夏有遒人。商有太師。周天子五年一巡狩。設采風之使。其制尤備。（注八）鄉移于邑。邑移于國。國史錄詩。獻之太師。比其音律。以聞于天子。天子受之。列于樂官。故王制曰「太師陳詩以觀民風。」其誦詩以諫。乃瞽矇之職。周禮春官所謂「瞽矇掌九德六詩之歌以役太師」也。夫詩篇之集。自作者而采者而邑而國而國史而太師而天子而瞽矇。皆所采列國之風也。若天子聽政使公卿大夫以下列士獻詩。或太史所作。其雅頌之聲乎。依永和聲。著自虞廷。下迄成周。古詩有三千餘篇。（注九）蓋太師所采之數。逮製譜陳奏。用爲樂章。不過三百篇。于用已足。其餘音律不協者。棄之。存之太師。（注十）以爲逸詩。而自東遷以後。王者之迹熄。采詩之典廢。巡狩不至。以待還獻。洎乎周頃魯文之世。諸侯悉民風之傳聞境外。國史罷錄。而詩遂亡。非民無詩。職詩者之罪也。（注十一）故曰詩亡。列國之詩亡耳。其作于

天子之邦者則固未嘗亡也(注十二)

周郁于文詩媚婦稚而用洩于樂賦徵士夫或佐證事評或自抒心志然引稱必于時尚新樂既盛古詩浸微譜亡音替漸變徒詩存之國史而已蓋世近則人多誦習世遠則日就湮沒(注十三)故雖博學如孔子猶俟在齊而聞韶(注十四)嗟我夫子生當衰周睹政教之放失憂禮樂之陵遲故慨然以删詩(注十五)正樂自任選校古詩釐正遺文輯其精華褫其煩重(注十六)取可施于禮義上采后稷中述成周之盛至幽厲之缺下暨魯僖純取周詩三百篇皆弦歌之以求合韶武雅頌之遺音蓋仲尼編詩爲燕享祭祀之時用以弦歌(注十七)故列國風以明風土之音不同分大小雅以明朝廷之音有間陳頌之音所以侑祭定六笙之音所以叶歌(注十七)校其節奏整齊其次序無相奪倫(注十八)然後某詩宜入某律合某音著于聲譜(注十九)方稱樂正故雅頌各得其所(注二十)得詩而不得聲者則置之謂之逸詩得詩而得聲者三百篇(注二十一)此即周詩三百之數也論語記孔子之言一則曰詩三百再則曰誦詩三百而墨子公孟篇亦云誦詩三百弦詩三百歌詩三百舞詩三百則可知周詩三百實古人已具之成數(注二十二)孔子復益其先祖正考父所校商之名頌五篇(注二十三)故史漢讖緯並稱三百五篇(注二十四)又有謂笙詩六篇有聲無辭者則又三百十一篇矣按之詩譜(注二十五)有更十君而取一篇二十餘君而取一篇者(注二十六)皆商周人所作(注二十七)魯史所收之詩(注二十八)夙有編次(注二十九)不待創名(注三十)其間非有所删即有所逸(注三十一)世所傳逸詩或句存而亡其章或章存而亡其篇不得爲完詩故太

師弗采魯史弗錄(注三十二)孔子弗能弦歌亦弗傳已而兕秦火之餘曰誦偶忘(注三十三)章句之佚經師或異乎(注三十四)

(注一)明黃佐樂典云「夫樂居六經之一雖備于聲容而其本原則詩也周衰樂崩雖什無倫賴聖人正之故曰吾自衞返魯然後樂正雅頌各得其所當時必有聲譜不止于辭而今不傳觀笙詩有義而無其辭則有聲可知矣」

(注二)鄭樵通志樂略正聲序論云「作詩未有不歌者也詩者樂章也」朱子亦云「詩者樂章也故必學樂然後誦詩所謂樂者蓋琴瑟塤箎之類以漸習之而節夫詩之音律者」

(注三)范家相詩瀋云「生于心而節于音謂之詩一言詩而樂自寓焉委巷小兒聯歌拍臂皆可配以管弦優伶俗樂吹竹彈絲亦能別翻聲調一言樂而章曲亦自生焉要之三百五篇有節有調可歌可弦無非樂章樂譜而已」

(注四)見鄭樵通志樂略樂府總序下去「自后夔以來樂以詩爲本詩以聲爲用八音六律爲之羽翼耳」

(注五)見文心雕龍樂府篇

(注六)見鄭樵通志樂略正聲序論即班固藝文志所云「誦其言謂之詩詠其聲謂之歌」

(注七)見鄭樵通志樂略樂府總序下文云「議理之說既勝聲歌之學日微蓋聲失則義起」又正聲序論云「詩爲聲也不爲文也」又云「詩在于聲不在于義猶今都邑有新聲巷陌競歌之豈爲其辭義之美哉直爲其聲新耳」

(注八)禮記王制云「天子五年一巡狩命太師陳詩以觀民風」鄭玄注云「陳詩謂采其詩而視之」漢書食貨志云「孟春之月羣居者將散行人振木鐸徇于路以采詩獻之太師比其音律以聞于天子」藝文志亦云「行人以採詩上之太師比其音律以聞于天子」公羊傳何休注云「男年六十女年五十無子者官衣食之使之民間求詩鄉移于邑邑移于國國以聞于天子」朱熹詩經集傳云「諸侯採之以貢于天子天子受之而列于樂官」據前諸說或由天子命採或由諸

侯、選貢其制、不尤備乎。崔述讀風偶識以為「前三百年所采殊少、後二百年所采甚多、周之諸侯千八百國、獨此九國有風可采。」而懷疑采詩之說、不思季札觀樂、左傳記其自檜以下無譏、足知當時周樂必不止十五國風、而聲詩均無足觀、故孔子刪詩不取。崔氏執秦燔之餘、而疑刪前之全耳。

(注九)史記孔子世家、歐陽修詩本義、章潢鼎詩經考定、王崧說緯、均主古詩有三千餘篇。

(注十)王崧說「史記所謂古詩三千餘篇、蓋太師所采之數、迨比其音律、聞于天子、不過三百餘篇、何以知之、采詩非徒存其辭、乃用以為樂章也。音律不協者棄之、即協者尚多、而此三百餘篇于用已足、其餘但存之太師、以備所用之或闕。」

(注十一)王通文中子云「詩者民之情性也、情性能亡乎、非民無詩、職詩者之罪也。」

(注十二)見顧炎武日知錄。

(注十三)崔述考信錄讀風偶識云「美斯愛、愛斯傳、乃天下之常理、故有作此即有傳者、但世近則人多誦習、世遠則就湮沒。」

(注十四)漢書禮樂志云「夫樂本情性、浹肌膚而臧骨髓、雖經乎千載、其遺風餘烈尚猶不絕、至春秋時、陳公子完奔齊、陳舜之後、韶樂存焉、故孔子適齊聞韶、三月不知肉味、曰不圖為樂之至于斯、美之甚也。」

(注十五)刪詩之說、始自史記孔子世家云「古詩有三千餘篇、及至孔子、去其重、取可施于禮義、上采契后稷、中述殷周之盛、下至幽厲之缺、凡三百五篇、皆弦歌之、以求合韶武雅頌之音。」漢書藝文志亦謂「孔子純取周詩、上采殷、下取魯、凡三百五篇、遭秦而全者、以其諷誦、不獨在竹帛故也。」歐陽修詩本義云「馬遷謂古詩有三千餘篇、孔子刪存三百、鄭學之徒以遷為謬、予考之遷說然也、今書傳所載逸詩、何可數也、以詩譜推之、有更十君而取一篇者、有二十餘君而取一篇者、由是言之、何啻三千。」因謂孔子刪詩有「篇刪其章、章刪其句、句刪其字者」之異。然鄭樵六經奧論刪詩辨乃說「上下千餘年、詩纔三百五篇、有更十君而取一篇者、皆商周人所作、夫子並得之于魯太師、編而錄之、非有意于刪也。」朱子亦謂。「當時史官收詩時。已各有編次。但經孔子時已散失。故孔子重新整理一番。未見得删與不删。」而黃淳耀詩衡方玉潤詩經原始朱彝尊經義考汪琬堯峯文鈔皮錫瑞詩經通論則皆以爲孔子有正樂之功而無删詩之事。惟清趙坦說「删詩之旨。去其重複焉爾。史遷所云去其重。取可施于禮義者。直千古不易之論。」

(注十六)孔穎達毛詩正義序云。「先君宣父。釐正遺文。緝其精華。褫其煩重。上從周始。下暨魯僖。四百年間。六詩備矣。」

(注十七)蓋字下直至此均見鄭樵通志樂略樂府總序。

(注十八)汪琬堯峯文鈔云。「孔子蓋嘗正樂矣。而未删詩。删之云者。削而棄之也。正之云者。校其節奏。整齊其次序。如所謂無相奪倫也。

(注十九)黃佐樂典云。「周衰樂崩。錯什無論。賴聖人正之。當時必有樂譜。不止于辭。」蔣子瀟詩有六情五際解云。「詩經即樂經也。三百五篇孔子皆弦歌之。某詩入某律。合某音。聖人當有手定之譜。故曰然後樂正。雅頌各得其所。得所即各當其音律之謂也。」又云。「可知齊詩所傳。爲孔門樂經之譜矣。」

(注二十)鄭樵通志樂略正聲序論云。「孔子曰。吾自衛反魯。然後樂正。雅頌各得其所。亦謂雅頌之聲有別。然後可以正樂。」方玉潤詩經原始云。「夫曰正樂。必雅頌之樂各有其所在。不幸歲久年湮。殘缺失次。夫子從而正之。俾復舊觀。故曰各得其所。非有增删于其際也。」

(注二十一)亦見鄭樵樂府總序。

(注二十二)鄭玄以爲「自周南至魯頌。適得三百之數。商頌本不在內。」葉適云。「論語稱詩三百。本謂古人已具之詩。」崔述云「孔子曰誦詩三百。是詩止有三百。」

(注二十三)國語魯語閔馬父謂「昔正考父校商之名頌十二篇于周太師。以那爲首。其輯之亂曰。自古在昔。先民有作。溫恭朝

學術

夕。執事有恪先聖王之傳恭。猶不敢專稱曰自古。古曰在昔。昔曰先民」。毛詩序云。「微子至于戴公。其間禮樂廢壞。有正考父者得商頌十二篇于周之太師以那爲首」。朱熹集傳曰「歸以祀其先王。鄭司農曰「自考父至孔子又亡其七篇故餘五耳」。康成曰「孔子錄之以備三頌」。校字或以爲往周太師處審校音節。魏源詩古微謂「校者校其所本有得者得其所本無」。或以爲獻者。王國維樂詩考略說商頌上謂「宋在東土。未有亡國之禍。先代禮樂自當無恙。故獻之周太師以備四代之樂。據魯語閔馬父以那爲先聖王之詩。而非考父自作也」。趙德詩辨說引山堂考索說「若商頌則正考父得之于周太師者。蓋周用六代之樂。故周太師有之。孔子商人也。乃正考父之後。亦安得而不存之哉。既以杞之文獻不足。則惟有商頌而已」。

(注二十四)史記孔子世家。漢書藝文志。樂緯。詩緯。尚書璇璣鈐。並稱三百五篇。龔遂謂昌邑王曰。大王誦詩三百五篇。王式曰。臣以三百五篇諫。明何楷詩經世本古義謂。「漢世皆以三百五篇爲夫子刪采定詩。正與今詩見在篇數相合」。

(注二十五)詩譜始自鄭玄。厥後宋之歐陽修。清之戴震等。咸有考訂。至丁晏有毛詩譜考正。而明何楷詩經世本古義。以詩編年。混風雅頌。又自成一家之言。

(注二十六)見歐陽修詩本義。

(注二十七)見鄭樵六經奧論。

(注二十八)詳見袁翻定詩經考定下云「其他逸詩。列國所得。應有三千餘。魯史所無。

(注二十九)朱子云。「史官收詩當時已各有編次。孔子重新整理一番」。

(注 三 十)程大昌詩論「詩之布于南雅頌諸國。前乎孔子已有定目。不待孔子出而創名」。

(注三十一)刪者。或孔子所刪。或太師所刪。逸者。或刪餘而逸。或散失而逸。或弗采。弗陳。而逸。

（注三十二）見汪琬堯峯文鈔。

（注三十三）見朱彝尊經義考。

（注三十四）劉歆說。詩之初出。經師一人不能獨盡其經。或爲雅。或爲頌。相合而成。可知流傳之詩經。已非孔子刪定之舊本。乃漢儒掇拾于秦火之餘者。故三家之詩。時或出入多少。如鼓鐘一篇。三家多昧任侏僸一句。十月之交一篇。韓詩多雨無其極二句。皆其明證。

（未完）

研究經籍古書方法

富順宋育仁芸子先生遺著

一最初古文不離乎獨體者近是。此後演體複體多增偏旁。皆爲晚出孳乳之字。遇有迂回而難通者。當求之字詁以解句義。除去其複體偏旁。求其最初獨體。尋得此字之源。便能得此字眞解。

二小篆雖已遞變古文而不離其宗。今字楷書多從隸體。其差甚遠。（如艸廾廾廿卄隸體均作卄。大亣六隸均作大。厥義不可得而說。）先識許書篆文部首偏旁。則今字皆通訓義。誤解古書之處。可據篆文字體研究形義。以定其謬。

三名詞。古文一字涵數義。多單字名詞。然二字組合爲詞者。亦復不少。其在經傳之單字名詞。本經必前後一律。組合名詞。經傳之中必有左證。至少必再見。子書則不盡然。但組合名詞多有來歷出處。故加是謂爲言。（如老子是謂玄牝。是謂恍惚。是謂無象之象。莊子是謂葆光。是謂弔詭。皆出自其前之古書已佚。谷神玄牝一節。陰符引作黃帝之經可證。）名詞乃文句之主幹。對勘左證。自得眞詮。其不得左證者。須當求之詞例。組合詞例。必有主詞、謂詞、動詞、静詞、詞主。所謂無古今中外。其例一也。名詞即與詞例銜接。有名詞必有所謂。始能成句也。詞例實言之。即是句法。與前例名詞同條共貫。名詞爲詞主。合以所謂。

（未完）

學術

孔子之詩樂（續）

無錫 楊踐形

章二　詩與樂

孔子刪詩然後樂正則孔子之時詩無不入樂矣太師陳詩比其音律則孔子之前詩無不入樂矣墨子稱詩誦弦歌舞則孔子之後詩亦無不入樂矣古者詩教通行未有詩而不入樂者（注一）溯宋以前蓋無疑問自程大昌始疑「南雅頌之爲樂詩而諸國之爲徒詩也」（注二）顧炎武繼之遂謂「詩有入樂不入樂之分」（注三）不思季札觀樂諸國皆歌（注四）而樂記宜歌風與雅頌並列鄭樵明言「古之達樂三一曰風二曰雅三曰頌所謂金石絲竹匏土革木皆主此三者以成樂」（注五）說蓋本諸孔疏「依音制樂詩在樂章」之誼（注六）雖魏源折中其間而有「詩爲樂作不爲樂作與不爲樂作者皆不得謂樂章」之辯然又有「凡詩不爲樂作而可入樂」之說（注七）則詩之入樂與否可無論矣第朱子有言「樂乃爲詩而作非詩爲樂而作也」（注八）與于詩成于樂是詩與樂之間蓋必有以辨矣周詩三百篇學者于此略分二派其一曰詩樂分二說依據禮記以爲詩藝與樂藝不同其二曰詩樂合一說則據齊詩以爲孔子之詩經即孔門之樂譜分引其說于後

節一　詩樂分二說

經解云「詩之教溫柔敦厚樂之教廣博易良」是詩教與樂教其旨不同也王制云「樂正立四教以造士春秋教以禮樂秋冬教以詩書」是教詩與教樂其時又不同也故知詩與樂分爲二教（注九）不

然。何以孔子有刪詩正樂之殊。書詩者。寫其哀樂美刺之文。辭諸曲詞也。樂者。訂其淸濁高下之節。辭諸曲譜也。詞不可謂譜。譜不可謂詞。詞與譜判爲兩事。故陳啓源乃倡詩樂分二之說。且謂「敍詩止言作詩之意。其用爲何樂。則弗及焉。意歌詩之法。自載于樂經。元無煩敍詩者之贅。及樂經不存。則亦無可考矣。」「益信古人詩樂分爲二教也。」(注十) 又有馬瑞辰者。謂「古詩入樂。類皆有散聲疊字以協于音律。即後世漢魏詩入樂。其字數亦與本詩不同。則古詩之入樂。未必即今人誦讀之文。一無增損。蓋可知也。古樂失傳。故詩有可歌不可歌。所謂可歌者。謂其聲律猶存。不可歌者。僅存其詞。聲律已不傳也。」(注十一) 夫辨誦讀之文。爲僅存其詞。聲律不存。爲古樂失傳。是亦詩樂分二之說也。至以散聲疊字爲古詩入樂之歌法。則朱子黃佐已同此論。蓋古樂有倡有歎。倡者發歌句也。歎者繼和其聲也。詩詞之外必有疊字散聲以發其趣。(注十二) 故趙彥肅之風雅十二詩譜。直以一聲叶一字者。不獨當時朱子疑其非古法。即淸之陳澧亦嫌其拘澀難歌也。(注十三)

節二　詩樂合一說

孔子刪詩正樂。傳之子夏。漢興列于學官者。則有齊詩韓詩魯詩三家。而齊詩最盛。詩禮師傳皆出其門。則齊詩勢力當時可想見矣。(注十四) 按齊詩特點在四始五際六情之說。四始者。詩緯汎歷樞云「大明在亥。水始也。四牡在寅。木始也。嘉魚在巳。火始也。鴻雁在申。金始也。」五際者。緯又云「卯。天保也。酉。祈父也。午。采芑也。亥。大明也。然則亥爲革命。一際也。亥爲天門。出入候聽。二際也。卯爲陰陽交際。三際也。

午爲陽謝陰興四際也酉爲陰盛陽微五際也」按宋均云「天門戌亥之閒乾所據者」孟康引詩內傳云「五際是卯酉午戌亥陰陽終始際會之歲于此有變改之政」六情者春秋緯演孔圖「詩含五際六情」注云「其六情者則春秋云喜怒哀樂好惡是也」三家之失傳齊詩最早諒以了悟之不易至清時孔廣森乃推得其說。

經學巵言曰「始際之義蓋生于律大明在亥者應鍾爲均也四牡則太簇爲均天保夾鍾爲均嘉魚仲呂爲均采芑蕤賓爲均鴻雁夷則爲均祈父南呂爲均漢初古樂未湮者如此」（注十五）宗其說者有蔣子瀟直謂「詩經卽樂經也」大倡詩樂合一之論其言曰「孔門通六藝者七十餘人當時必有傳樂經者而漢書藝文志所載但有樂記而無樂經豈亡之哉詩經卽樂經也三百五篇皆弦歌之某詩入某律合某音聖人必有手定之譜故曰然後樂正雅頌各得其所得所卽各當其音律之謂也魯韓三家但傳訓詁不傳音律傳音律者只有齊詩含神霧曰「齊地處孟春之位律中太簇音中宮角陳地處季春之位律中姑洗音中宮徵曹地處季夏之位音中徵秦地處仲秋之位律中南呂（按古微書本無此四字）音中商唐地處孟冬之位音中羽」此雖略舉示例未能備著然亦可知齊詩所傳爲孔門樂經之譜明矣」（注十六）又云「亥爲革命者文王大明緜三篇分孟仲季于亥宮也其三十年中之歲月日辰相生相克皆調之以應鍾之氣午爲革命者六月采芑車攻三篇分孟仲季于午宮也其三十年中皆調之以蕤賓之氣卯酉爲革政者常棣伐木天保三篇分孟仲季于卯宮沔水鶴鳴祈父三篇分孟仲季于酉宮也其六

十年中之事。皆調之以夾鍾南呂之氣。戌亥之交，小雅之終而大雅之始也。其間必有閏律。閏律爲前宮之餘氣。凡樂譜有中聲，有變聲，有子聲，有全律，有半律，有閏律，分布于十二宮，宮各三十年。」又云「孔門微言，止作于此，而知樂之人不世出，不敢指齊詩爲孔門之樂譜，遂使尼山六藝，缺而不全。」按詩樂合一之說，范家相詩瀋亦已明之。其言曰「聖人作樂，必因詩以興，而詩爲人聲，金石絲竹爲物聲，各有相需之妙。聖人見其然，因之以詩入樂，以樂合詩，而樂與詩乃并之爲一。」又曰「三百五篇有節有調，可歌可弦，無非樂章樂譜而已。」凡所舉例，皆以爲孔子之詩經，卽孔門之樂譜也。

以上二說，一分一合，果孰是而孰非？折中其間者則有詩樂互變之說。

節三　詩樂互變說

樂詩徒詩之辨，發自程大昌詩議，變而通之者爲魏源詩古微。既曰「凡因事抒情，不爲樂作者，皆不得謂之樂章」矣，又有「詩不爲樂作，而可入樂者」之說，是直撤樂詩與徒詩之藩籬矣。現代顧頡剛宗其說而以詩經中大部爲奏樂所作之樂章，小分爲徒詩變成之樂歌。按此論足以破程大昌諸國爲徒詩之說。至謂詩經所收民間徒歌，已全由樂工改爲樂章，見于歌謠週刊三十九號及論詩經所錄全爲樂歌一文，直謂樂歌可以變徒歌，徒歌可以變樂歌，豈非詩樂互變之說乎？宜析二項。

（一）徒詩變樂章說　徒詩者，民衆發洩內心之情緒而作，無取乎往復重沓。樂章則由樂工編製，爲聽者計，必需整齊之歌詞，而奏復沓之樂調。今詩經中往往一篇而重複爲數章，各章間僅換幾字，意其中一章是原詞他數章皆樂師申述之樂歌顧氏幷舉左昭十二傳南蒯鄉人歌爲徒詩可變樂詩之例。或就原文形式用叠章法加成三章或改作而融化意思在四章樂歌之內式與綠衣燕燕等詩相似（注十七）且謂「後人雖知是從徒歌變來但詩經中原歌之本相如何已無從理出」至徒詩變成樂歌蓋不出叠章與融化二法則可知。

（1）叠章法舉例　秦風之權輿下章先言每食四簋接言每食不飽着眼在食首尾相貫上章先言夏屋渠渠接言每食無餘前後不稱意原來徒歌只有下章其上章是樂工爲重沓而硬湊此徒詩叠章而變成樂歌之例也。

（2）融化法舉例　改作融化已變本相非有原詩對照不易辨別試觀樂府西門行之徒詩即古詩十九首之十五生年不滿百一篇爲本辭也蓋樂府播之管弦故篇分數解以爲節奏長短其句求合律呂與詩之但用于諷吟者體製懸殊又漢時卓文君所歌之白頭吟至晉樂府所奏亦增改辭句而郭茂倩樂府詩集並錄之此又徒詩融化而變成樂章之例也。

此外尚有襯字叠字餘聲散聲和聲送聲之類皆屬樂府歌法而非互變之例故不舉。

（二）樂章變徒詩說　論詩經所錄全爲樂歌一篇中又舉吳歌中集之跳槽王美針兩歌以爲樂歌變承徒歌之例。按皮錫瑞經學通論云「宋歌詞不歌詩于是宋之詩爲徒詩元歌曲不歌詞于是元之詞爲徒詞明以後歌南曲不歌北曲于是北曲亦爲徒曲」以皮說例之則漢歌樂府不歌周詩于是三百篇，皆爲徒詩。所謂魯、韓、毛三家，但傳訓詁，不傳音律者是也。鄭樵通志云：「當漢之初，去三代未遠，太樂氏以聲歌肄業，往往仲尼三百篇，瞽史之徒例能歌也。東漢之末，禮樂蕭條，曹操平劉表，得漢雅樂郎杜夔，夔老矣，久不肄習，所得三百篇者，惟鹿鳴、騶虞、伐檀、文王四篇而已。餘聲不傳。太和末，又失其三。左延年所得，惟鹿鳴一篇。每正日大會，太尉奉璧，羣臣行禮，東廂雅樂常作者是也。至晉室，鹿鳴一篇又無傳矣。」鄭氏又云：「三百篇之詩，皆可被之弦歌，故琴中有鵲巢、騶虞、伐檀、白駒，皆今詩文。又如文中子『歸而援琴鼓蕩之什』，乃知聲至隋末猶存」。由是言之，則詩經三百篇者，周代之樂歌，而變今日之徒詩也。

（注一）全祖望經史問答云：「正詩乃正樂中事，古未有詩而不入樂者。」馬瑞辰毛詩傳箋通釋云：「詩三百篇未有不入樂者。若非詩皆入樂，何以被之聲歌，且協諸音律乎？周官太師教六詩，而云以六德爲之本，以六律爲之音，是六詩皆可調以六律也。鄭風子衿詩毛傳云：『古者教詩以樂，誦之弦之歌之舞之。』其說正本墨子，是三百篇皆可誦歌弦舞也。若非詩皆入樂，則何以六詩皆以六律爲音？又何以同是三百篇而可誦者，即可弦可歌可舞乎？左傳吳季札請觀周樂，使工爲之歌周南、召南，並及于十二國。若非人樂，則十四國之詩，不得統之以周樂也。」鄭志答張逸云：「國史采衆詩，明其好惡，令瞽矇歌之。其無所主，皆國史主之，令可歌。」據此，則鄭君亦謂詩皆可入樂矣。皮錫瑞經學通論云：「古者詩教通行，必無徒詩不入樂者。唐人重詩，伶人所歌，皆當時絕句。宋人重詞，伶人所歌，皆當時之詞。元人重曲，伶人所歌，亦皆當時之曲。有朝脫稿而夕被管弦者。宋歌詞不歌詩，于是宋之詩爲徒詩，元歌曲不歌詞，于是元之詞爲徒詞。明以後歌南曲不歌北曲，于是北曲亦爲徒曲，今並南曲亦失其傳，雖按譜而填，鮮有能按節而歌者。如古樂府辭皆入樂。後人擬樂府，則名焉而已。

（注二）程大昌詩議云。「考其入樂則自邶至豳無一詩在數。享之用鹿鳴。鄉飲酒之笙由庚鵲巢。射之奏騶虞采蘋。諸如此類。本有出南雅之外者。然後知南雅頌之爲樂詩。而諸國之爲徒詩也。」

（注三）顧炎武日知錄云。「夫二南之七篇也。小雅正十六篇。大雅正十八篇。頌也。詩之入樂者也。邶以下十二國之附于二南之後而謂之風。鴟鴞以下六篇之附于豳而亦謂之豳。六月以下五十八篇之附于小雅。民勞以下十三篇之附于大雅而謂之變雅。詩之不入樂者也。」

（注四）方玉潤詩經原始云。「若謂國風不入樂。則季札請觀周樂。何以謂之歌邶鄘諸國。」皮錫瑞經學通論云。「若惟正風正雅入樂。而變風變雅不入樂。與札焉得而觀之列國君卿焉得而歌之乎。」

（注五）見通志樂略樂府總序。

（注六）孔穎達正義云「依人音以制樂。託樂器以寫人。人之作詩。先須成樂之文。乃成爲音。」又云。「詩在樂章。禮樂既備。後有作者無緣增入其二雅正經而外。亦用于樂。或爲無算之節。或隨事類而歌。」

（注七）魏源詩古微云。「詩有爲樂作不爲樂作之分。且同一入樂而有正歌散歌之別。」又云。「凡因事抒情不爲樂作者。皆不得謂之樂章矣。」又云「以入樂言之。則變風變雅不但無不可歌。亦無不可用。以儀禮正歌言之。則不但變詩不得與。卽正者亦有時不得與。何者。周公時未有變風變雅。而已有無算樂爲房中賓祭之散樂。凡詩不爲樂作而可入樂者皆是也。」

（注八）詩經傳說彙纂綱領引朱子曰。「方其詩也。未有歌也。及其歌也。未有樂也。以聲依永。以律和聲。則樂乃爲詩而作。非詩爲樂而作也。三代之時。禮樂用于朝廷。而下達于閭巷。學者諷誦其言。以永其志。詠其聲。執其器。舞蹈其節。以涵養其心。則聲樂之所助于詩者爲多。然猶曰興于詩成于樂。其求之固有序矣。」

（注九）（注十）並見陳啓源毛詩稽古編。又云。「即鹿鳴燕羣臣。淸廟祀文王之類。亦指作詩之意而言。其奏之爲樂，偶與作詩之意同耳。彼自言詩。不言樂也。」又云。「古人用詩于樂。不必與作詩之意相謀。

（注十一）見馬瑞辰毛詩傳箋通釋。

（注十二）見黃佐樂典若朱子儀禮經傳通解詞略同。少倡者兩句。

（注十三）朱子儀禮經傳通解云。「唐開元鄉飲酒禮。其所奏樂。在小雅有鹿鳴四牡皇華南有嘉魚南山有臺六篇。在風有關雎葛覃采蘩采蘋六篇。其聲今亦莫聞。獨趙彥肅有此譜。云即開元遺聲。不知工師何所考而爲此。若此譜直以一聲叶一字。又以淸聲爲調。非古法。」陳澧聲律通攷亦云。「以此譜轉爲今俗字。按而歌之。頗有近于拗澀者。雖古調與後世不同。亦恐有傳寫之誤。俟知音者審定之。」

（注十四）班固漢書藝文志云。「漢興魯申公爲詩訓故。而齊轅固燕韓生皆爲之傳。三家皆列于學官。又有毛公之學。自謂子夏所傳。而河間獻王好之。未得立。」又志稱詩凡六家。以齊詩有后氏孫氏雖記故也。按三家詩之失傳。齊爲最早。自轅固治詩爲博士。諸齊以詩貴顯者。皆固之弟子。而昌邑太傅夏侯始昌最明。后蒼事始昌。亦通詩禮爲博士。戴德戴聖慶普皆其弟子。詩禮師傳既同出后蒼。則儀禮及二戴禮所記引佚詩。皆當爲齊詩之文。鄭玄本治小戴禮。注禮在箋詩之前。未得毛傳。禮家師說，均用齊詩。鄭玄據以爲解。知其所述多本齊詩之義。故鄭志答炅模說坊記注以燕燕爲夫人定姜之詩。又說先師亦然，先師者。謂禮家師說也。齊詩有翼（奉）匡（衡）師（丹）伏（理）之學。班固之從祖伯少受詩于師丹。誦說有法。故彪固世傳家學，荀悅叔父爽師事陳寔。寔子紀傳齊詩。見經典釋文。荀爽嘗著詩傳，見後漢書。爽之詩學。太邱所授。其爲齊學明矣。轅固作詩內外傳。荀悅特著于漢紀。尤足證荀氏家學皆治齊詩。故言之獨詳。至如公羊氏本齊學。治公羊春秋者其于詩皆稱齊。董仲舒通五經。治公羊春秋。與齊人胡毋生同業。則習齊可知。其他如孟喜及焦氏易林。相

學　術

寬贈鐵論皆主齊詩說。

(注十五)見孔廣森經學卮言十月之交朔日辛卯條下云。故翼奉曰。詩之爲學。情性而已。五性不相害。六情更興廢。觀性以歷。觀情以律。律曆迭相治。與天地稽三期之變。亦于是可驗古之作樂。每三詩爲一終。說始際者。則以與三期相配。如文王爲亥孟。大明爲亥仲。緜爲亥季。其水始。獨言大明者。三期之先仲次季而後孟也。故鹿鳴四牡皇華同爲寅宮。舉四牡以表之。魚麗嘉魚南山有臺同爲巳宮。舉嘉魚以表之。卯不言伐木而言天保。(按常棣伐木天保皆所以燕朋友)容三家詩次不盡與毛同耳。以次推之。采薇之三。(按采薇出車杕杜皆所以勞將士)正合辰位。惟采芑爲午。似蓼蕭之三。(按蓼蕭湛露彤弓皆所以燕諸侯)彼倒在六月采芑車攻之後。而爲未也。吉日鴻雁庭燎。乃申也。祈父非酉之中。又篇次之異。且其成子丑爲何等篇。不可推測矣。

(注十六)見七經樓文鈔詩有五際六情解下云。　且古詩入樂。皆三篇連奏。以左傳文王之三鹿鳴之三例之。則大明在亥。爲文王大明緜三篇。四牡在寅。爲鹿鳴四牡皇華三篇。嘉魚在巳。爲魚麗嘉魚南山有臺三篇。鴻雁在申。爲吉日鴻雁庭燎三篇。但舉中篇而上下二篇在內。以三篇備而後可合爲一宮。十二宮各有孟仲季也。五際之義亦同四始。注漢書者不深明齊詩之例。但以陰陽際會解之。不知亥爲革命者。文王大明緜三篇分孟仲季于亥宮也。其三十年中之歲月日辰相生相克。皆調之以應鍾之氣。而吉凶可見。王者值此天神伺察之時。一有不慎。天命將去。故爲一際也。午爲革命者。六月采芑車攻三篇分孟仲季于午宮也。其三十年中之歲月日辰相生相克。皆調之以蕤賓之氣。而吉凶可見。王者值此陽消陰長之時。一有不慎。寒氣將至。故爲一際也。卯酉爲革政者。常棣伐木天保三篇分孟仲季于卯宮。沔水鶴鳴祈父三篇分孟仲季于酉宮也。卯司日出。亦稱天門。酉司日入。亦稱地戶。王者值此二際。則修舊舉廢。理其政以應之。故曰卯酉爲革政。其六十年中之事。皆調之以夾鍾南呂之氣。而吉凶可見。所以各爲一際也。戌亥之交。小雅之終而大雅之始也。其間必有閏律。閏律爲前宮之餘氣。而戌亥正當紫宮之前。天門所在。太一巡行入宮出入于此。王者尤宜愼之。故別爲一際也。凡樂譜有中聲。有變聲。有子聲。有全律。有半律。有閏律。分布于十二宮。各三十年。合得三百七十三年。自古未有三百七十三年而不爲革命革政之事者也。有其事必在五限之際。一定不易之理也。三代以上。陰陽曆譜天文五行合爲一家。遞相保章之。所司即孔子之所本。漢儒條別九流。分爲四家。六朝以後。學術淆亂。唐李淳風僧一行略能明之。而未詳其要。

（注十七）左氏傳昭公十二年傳。南蒯將適費。飲鄉人酒。鄉人或歌之曰。（1）我有圃。生之杞乎。從我者子乎。去我者鄙乎。倍其鄰者恥乎。已乎已乎。非吾黨之士乎。顧氏用疊章加上兩章。變成樂歌。（2）我有圃。生之棘乎。從我者賢乎。去我者疚乎。倍其鄰者頑乎。已乎已乎。非吾黨之人乎。（3）我有圃。生之桑乎。從我者臧乎。去我者狂乎。倍其鄰者亡乎。已乎已乎。非吾黨之良乎。或以徒歌意思。融化在四章樂歌之內。改成（1）我有圃。生之杞子之從我。甯爾婦子。（2）我有圃。生之柳子之去我。自詒顚沒。（3）我有圃。生之李子之倍鄰。實維爾恥。（4）子口諄諄。乃不我信。已乎已乎。非吾黨之人。

章三　三名解

三家既失傳。惟毛詩獨也存。自唐迄今。定于一尊。三百五篇。歸之于風雅頌三名。程子云「國風大小雅三頌。詩之名也。」歷來諸家對于三名之辨。實繁爰就有關詩樂者。分體相用器正變略述之。

節一　三名主體說

樂記曰「人不能無亂。先王恥其亂。故制雅頌之聲以道之。」是雅頌之別。蓋由聲也。故子貢問歌師乙告以歌風歌頌歌大小雅之宜。鄭孔並宗是說。程大昌詩議云「南雅頌樂名也。若今樂曲之在某宮者也。」鄭樵詩辨妄風雅頌辯云「風雅頌詩之體也。三者之體。正如今人作詩有律有呂有歌行是也。」

朱子集傳詩序注云。「風雅頌者。聲樂部分之名也。」又語類詩綱領曰「風雅頌乃是樂章之腔調。如言仲呂調大石調之類。」至黃佐樂典迺有「雅頌用黃鍾爲宮鄉樂皆無射清商」之說而惠周惕詩說云。「風雅頌以音別也。」王國維樂府考略云。「風雅頌之別當于聲求之。」

（一風）鄉樂禮　風者太師采陳各方鄉土之樂調也朱子詩序注曰。「風者民俗歌謠之詩」按儀禮之鄉樂散歌。後世之土風俗樂也。左傳引范文子之言曰「樂操土風」可知風之本誼矣故王質詩總聞曰「風樂名也」黃佐樂典曰「風亦名鄉樂。」策學備纂引鼠璞曰「國風十五國之土歌」諸說皆是二南與豳顧炎武以爲「統謂之國風此先儒之誤」故特析而疏之。

（南）　南之一名見于禮見于詩舊矣詩小雅鼓鍾篇云「以雅以南」明以南與雅並列劉炫釋詩云。「當如周南。程迴引之。蘇轍直謂「雅是二雅。南是二南。」朱子集傳因之曰「雅，雅也南，二南也。」禮記文王世子「胥鼓南」張氏亦曰「南，二南也。」程大昌詩議曰「詩更秦火簡編殘缺學者不能自求之古。而文王南樂遂包統于國風部彙之內傳習之久無敢正指以爲二南也」又曰「南有周召頌有周魯商本其所從得而還以繫其國土也。」至顧炎武日知錄乃有「周南召南南也非風也「之說雖然士變見操風之評（注一）呂覽著取風之說（注二）左傳云「風有采蘩采蘋」詩譜云「風有周南召南」南之是風。不容疑矣。禮記言風不及南。季札稱南不舉風。王質詩總聞云「當是風也南也其聲同律同被于琴。風南一也。」又云。「昔舜作五弦之琴以歌南風。南即詩之南風亦詩之風也。

」（注三）亦主二南是風之說。按南之為體，或以音辨，或以俗別，或以樂名。辨名說亦允矣。

以音辨者崔述讀風偶識云「南者詩之一體，本起南方，北人效之，故以名南，若漢人效楚詞之體亦名楚詞」其說是也。按呂覽音初篇曰「塗山女歌實始作南音，周公召公取風焉，以為周南召南」則二南之釋，宜以南音為正。周召別于國風而為二南者，亦如今之粵謳以兩廣之音調有異爾。

以俗別者詩小雅鼓鍾篇毛傳禮記文王世子鄭注班固白虎通均謂「南夷之樂曰南」（注四）而鄭玄注周官何休注公羊（注五）蔡邕獨斷孝經緯鈎命訣又謂「南方之樂曰任」禮記明堂位「任南蠻之樂也」御覽時序部引書大傳「南方者任方也」詩之說文「南有任諠」（注六）蓋南任一音之轉，析言之就舞曰任，就歌曰南，通言之則南任一也。王質詩總聞依鼓南鄭注而非杜預左傳注「文」之說，宜列此派。（注七）

以樂名者程大昌詩議云「子謂伯魚曰汝為周南召南矣乎，為有作之義，既曰作則翕純皦繹有器有聲，非但歌詠而已。夫在樂曰作樂，在南曰鼓南，質之論語則如三年不為樂之為，吾是以合而言之，知二南二雅三頌之為樂無疑也」又云「南雅頌樂名也，其在當時親見古樂者，凡舉雅頌率參以南，則南之為樂古矣」此以南為樂名之說。按二南之詩，儀禮燕禮謂之鄉樂，周官磬師謂之燕樂，卽周房中之樂也。梁啓超釋四詩名義據儀禮鄉飲酒禮燕禮「于工歌間歌笙奏之後，最末一套名曰合樂」合樂所歌是周南之關雎葛覃卷耳，召南之鵲巢采蘩采蘋，蓋合樂附唱，不限樂工，故論語謂關雎之亂洋洋盈耳。

」此以南爲合樂之說蓋以南音與亂相近曲終所歌曰亂爲樂終合唱之詩也

以舞名者左氏襄公二十九年傳于季札聘魯稱「舞象箾南籥」者南籥實述曰「以籥舞也」「杜預注「文王之樂」」程大昌謂「二南之籥」蓋皆以二南爲籥舞也然則非徒爲樂歌名故鄭玄詩箋直以爲舞名矣（注八）

（豳）　顧炎武日知錄云「豳謂之豳詩亦謂之雅亦謂之頌而非風也」又云「豳詩不屬國風周世之國無豳此非太師所采」按周官有豳籥爲歌豳詩時所龡之器則豳之得名宜與樂器相當矣惟詩以豳屬風而周官乃有雅頌歷來解者于此蓋有四說

一曰一詩三分說　鄭玄三分七月之詩以當之殆及同歸以上道情思者爲豳風以介眉壽以上正禮節者爲豳雅萬壽無疆以上樂成功者豳頌朱子集傳駁之曰「一篇之詩首尾相應乃別取其一節而偏用之恐無此理」（注九）

二曰雅頌逸亡說　王安石謂「豳詩別自有雅頌今其辭亡」呂祖謙亦謂「豳雅恐逸」黃氏日抄駁之曰「豳乃先公方自奮于戎狄之地此時安得有所謂天子之雅頌邪」

三曰雅頌別擇說　朱子謂頌雅之中凡爲農事而作者皆可冠以豳號又曰「楚茨大田甫田是豳之雅噫嘻載芟豐年諸篇是豳之頌」

四曰音節隨變說　黃氏日抄引王雪山謂「篇章所謂豳詩以鼓鐘琴瑟四器之聲合籥也禮笙師

歛竽笙壎籥簫箎篴管舂牘應雅凡十二器以雅器之聲合籥也。眡瞭播鼗擊頌磬笙磬凡四器以頌器之聲合籥也。凡爲樂器以十有二律爲之數度以十有二聲爲之齊量凡和樂亦如之故迎暑近寒祈年祭蜡皆全用七月之詩特以器和聲有不同爾」方玉潤詩經原始「豳七月實兼風雅頌三體蓋記風土講農政外又可以爲祭賽用周官不得其解妄分爲三曰豳風豳雅豳頌致啓漢宋諸儒疑議。

（一風）　詩經十五國風自程大昌提出二南崔述讀風偶識即以十三國標題顧炎武又提出豳詩故日知錄稱邶以下十二國謂之風至王國維倡邶鄘二風有目無詩之說（二十二）則成十國鄭樵曰「歌則各從其國之聲」朱子曰「詩古之樂也亦如今之歌曲音各不同衛有衛音鄘有鄘音邶有邶音故詩有鄘音者係之鄘有邶音者係之邶」則國風之分蓋以音也吳歆蔡謳見于楚辭招魂趙代秦楚之謳敍于漢書樂志以今例之則平漢秦川閩粵諸調樂器歌喉亦各不同即如楚辭用筑崑曲用笛皮簧用胡彈詞用弦而嗓音歌藝各有特點也。

（二雅）正樂體　詩大序曰「雅者正也」朱子集傳曰「正樂之歌也」王質詩總聞曰「雅樂歌名也」按儀禮鄉飲酒禮云「工歌鹿鳴四牡皇皇者華笙南陔白華華黍乃間歌魚麗笙由庚歌南有嘉魚笙崇丘歌南山有臺笙由儀工告于樂正曰「正樂備」」歟射禮燕禮則稱「正歌」其誼一也詩小雅鼓鐘篇鄭玄箋云「雅萬舞也周樂尙武故謂萬舞爲雅雅正也」則雅亦樂舞之名矣。左傳季札觀樂記師乙告宜皆有歌小雅歌大雅之說而荀子儒效亦稱小雅大雅則二雅之別舊矣孔疏謂「詩體既異。樂音亦殊有大雅小雅之聲」朱子曰「大雅小雅亦如今之商調宮調作歌曲者亦案其腔調而作耳。」鄭樵謂「小雅大雅特隨其音而寫之律耳律有小呂大呂則歌小雅大雅宜其有別也（注十二）程大昌詩議云。「二雅音類既同。又自別爲大小則聲度必有豐殺廉肉亦如十二律然既有大呂又有小呂也。」惠惕詩說云「大小雅當以音樂別之。如律有大小呂」。李陸深則曰。「大雅小雅。猶今人言大樂小樂。嘗見古器物銘識有堯臼小雅堯有鐘曰頌鐘。乃知詩之篇名各以聲音爲類。而所被之器亦有不同」說歌詩與樂器之關係爲最備矣。

（三頌）舞樂體　頌爲舞詩故體以舞樂名阮元釋頌曰。「風雅但弦歌笙間賓主及歌者皆不必因此而爲舞容惟三頌各章皆是舞容故稱爲頌若元以後戲曲歌者舞者與樂器全動作也風雅則但若南宋人之歌詞彈詞而已不必鼓舞以應鏗鏘之節也。」王國維樂詩考略說周頌曰「頌之所以異于風雅者。頌之聲較風雅爲緩」

節二　三名主用說

此說以爲風雅頌由于用途而分也。

（一風）鄉樂用　鄭玄詩譜「周南作樂用之鄉人焉用之邦國焉。或謂之房中樂者女史歌之故耳。」按周有房中之樂儀禮燕禮注謂「弦歌周南召南之詩」亦名燕樂周官磬師注「燕樂房中之樂」賈疏謂「關雎二南也。」孔穎達曰「二南用于鄉。南爲鄉人唱禮所用。故曰鄉」黄佐樂典云「

風名鄉樂。末乃合之謂之亂。」魏源詩古微云「必曰關雎之亂者。正以鄉樂之亂。必合樂關雎之三。儀禮燕饗賓射皆于升歌笙間合樂之後工告正歌備。乃繼之以無算爵。亂之以無算樂。無算云者。或間或合。盡歡而止。」孔疏所謂「雖用于樂。或爲舞算之節。或隨事類而歌。」魏氏所指爲房中賓祭之散樂散歌也。

（二雅）正樂用　鄭玄曰。「其用于樂。國君以小雅。天子以大雅。然而饗賓或上取。燕或下就。何者。天子饗元侯。歌肆夏。合文王。諸侯。歌文王。合鹿鳴。諸侯于鄰國之君。與天子于諸侯同。天子諸侯燕羣臣及聘問之賓。皆歌鹿鳴。合鄉樂。」故孔穎達曰。「大雅用于王朝。小雅用于侯國。」朱子語類云。「小雅是燕禮用。大雅是饗禮用。」集傳云。「小雅。燕饗之樂也。大雅。會朝之樂。受釐陳戒之辭也。或歡欣和悅以盡羣下之情。或恭敬齋肅以發先王之德。詞氣不同。音節亦異。」又云。「序以此爲羣臣嘉賓之詩。而燕禮亦云「工歌鹿鳴四牡皇皇者華」。謂此也。鄉飲酒用樂亦然。而學記言「太學始教。宵雅肄三」亦謂此三詩。然則又爲上下通用之樂矣。」王柏云。「小雅之正詩。其體有二。一爲燕享賓客。一爲勞來行役。大雅之正詩。其體一。曰會朝之樂而已。」劉瑾曰。「考儀禮。凡上下通用之樂止是小雅二南諸詩。而無歌大雅者。可見大雅獨爲天子之樂。此二雅大小之所以分也。」

（三頌）舞頌用　孔穎達曰。「頌用于郊廟。」朱子集傳曰。「頌者。宗廟之樂歌。」蓋告神侑祭之詩也。

此說以風雅頌之分由于作者與文字之不同。王柏曰「風雅之別朱子答門人之問有腔調不同之說有體製不同之說有詞氣不同之說或以地分以時分以所作之人而分」方玉潤詩經原始曰「詩之腔調生于詞氣詞氣生體製體製不同故詞氣與腔調亦因之以異」

節三　三名主相說

（一風）鄉樂之相　魏源詩古微云「詩有爲樂作不爲樂作之分古樂因禮作樂因樂作詩之始也欲爲房中之樂則必爲房中之詩而關雎鵲巢等篇作焉欲吹豳樂則必爲農事之詩而豳詩豳雅豳頌作焉凡因事抒情不爲樂作者皆不得謂之樂章矣」按因事抒情者如周公居東二年乃爲詩以貽王名之曰鴟鴞事見周書金縢詩在豳風。秦穆納晉文子罃送之作渭陽。至若許穆夫人憫衛之亡而賦載馳。秦人哀三良之殉而賦黃鳥鄭人爲高克而賦清人。衛人爲莊姜而賦碩人鄭樵六經奧論云「出于小夫賤隸婦人女子之言其意雖遠其言則淺近重複故謂之風」朱子詩集傳云「凡詩之所謂風者多出于里巷歌謠之作所謂男女相與詠歌各言其情者」蓋其所詠卽當時社會之風俗故可以覘各國之情狀左思三都賦序曰「見綠竹猗猗則知衛地淇澳之産見在其版屋則知秦野西戎之宅」此所以名風也風詩之特點止在淺近與重複而多短什篇分二章以至八章章包二句以至十句最短之詩六句三章如齊風盧令王國維樂詩考略云「樂詩之所以用韻者以同部之音間時而作足以娛人耳也。故其聲促者韻之感人也深。風雅所以有韻者其聲促也。風雅皆分章且後章句法多疊前章。其所以相疊者。亦以相同之音間時而作。足以娛人耳也。」

（二雅）正樂之相　魏源詩古微云。「欲爲燕享祭祀之樂則必爲燕享祭祀之詩。而正雅及諸頌作焉」鄭樵六經奧論云。「雅出于朝廷士夫。其言純厚典則。其體抑揚頓挫。非復小夫賤隸婦人女子所能通者。故曰雅」按雅多記事之長篇。每篇有擴至十六章者。如大雅桑柔。每章有長至十二句者。如大雅韓奕。

（大雅）　大雅作者之可考者。如周公作文王。見于呂覽。（注十三）吉甫作誦。並見崧高烝民二詩。（注十四）衞武公作抑戒。見于楚語。（注十五）周芮良夫作桑柔。見于左傳。（注十六）詩序並同。按依詩序尚有召康公召穆公凡伯仍叔諸作者。至其形式之特點。或以後章首句重疊前章之末句。或以奇句重疊前偶句于一章之內。如文王既醉之例。則惟大雅有之。後世曹植贈白馬王彪詩及六朝樂府西洲曲。王勃之詩。黃庭堅之詞。並受其影響。

（小雅）　小雅作者。如節南山之「家父作誦。」巷伯之「寺人孟子作爲此詩。」均見自述。至若常棣一篇。周語引以爲周文公之詩。而左傳云召穆公。杜預孔穎達均謂「周公作詩。召公重歌之」。崔述則謂「穆公之說較勝」（注十七）按大雅或寓規戒。小雅迹近寄興。此形式之大較也。

（三頌）舞樂之相　鄭樵六經奧論云。「頌者初無諷誦。惟以鋪張勳德而已。其辭嚴。其聲有節。不敢瑣語褻言。以示有所尊。故曰頌。」

（商頌）　魯定諱宋稱宋爲商。（注十八）說者乃以商頌爲宋詩（注十九）正考父美襄公而作（注二十）魏源詩古微舉十三證皮錫瑞詩經通論益七證王國維樂詩考略說商頌復益二證然皮氏以考父與襄公年代可相及。而王氏又以襄公考父時代不同。故云「商頌爲考父所獻而非考父自作」（注二十一）按謂正考父作商頌之說始于史遷引太史公曰而不見于宋世家之正文不足據也至孔子世家直云「正考父佐戴武宣公」而考父之子孔父嘉當殤公之世爲華父督所害事並見左傳史記據史記年表戴公在位三十四年自卒年。乙亥周平王五年魯惠公三年在春秋前四十二年至襄公元年辛未即周襄王二年魯僖公十年入春秋之第七十二年歷武宣穆殤莊湣桓凡七世經百十五年而後至襄公則考父之年計且百有數十歲矣安得猶存。更安得述而美之宜司馬貞史記索隱直斥以爲謬說也魯語閔馬父謂「正考父校商之名頌十二篇于周太師以那爲首」（注二十二）雖校字或以爲獻音（注二十三）或以爲獻書（注二十四）而閔馬父以那爲先聖王之詩則非周代宋國之作也甚明乃或以商頌殷末而疑（注二十五）或以殷楚用字而疑（注二十六）或以宋魯無風而疑（注二十七）或以成語偶同而疑（注二十八）且指殷武之奮伐荆楚與閟宮之荆舒是懲同頌僖公攘楚之功（注二十九）余于詩經闡微已祥辯之按商頌十二篇正考父得之周而歸之宋至孔子時又無七篇故孔子錄詩則得五篇。（注三十）而附于周詩三百篇之後。所謂先魯後殷。（注三十一）理自宜然亦編時之序也那烈祖玄鳥三祭詩皆全章長二十二句。不分似爲商頌之特點然那與烈祖實一篇二章也（注三十二）玄鳥詩後節首句重叠前節末句惟第四節似少上二句。實開周詩大雅之體。王長發殷武分章如常。皆雅詩也。

（周頌）　周頌三十一篇或說皆出周公之手（注三十三）或說亦有康王以後之詩（注三十四）蓋以爲頌中有「文」「武」「成」「康」之謚（注三十五）故昊天有成命曰「成王不敢康」執競曰「丕顯成康」「自彼成康」噫嘻曰「噫嘻成王」說者見有「成」「康」二字遂指爲成王康王之謚然則書經酒誥述成王之言曰「成王畏相惟助成王德顯」豈成王生時竟能自道其死後之謚耶。以此例之則成王二字之訓宜以毛鄭（注三十六）爲正無可疑矣大雅下武「成王之孚」朱傳「言武王所以能成王者之信」下武「成王」二字可如此解昊天噫嘻何獨不可如此解乎章敍「或疑此詩有成王字恐當只如舊說」下武可如舊說昊天噫嘻何獨不可如舊說乎甚矣朱傳之惑也是故周頌所謂成康云者乃指武王之成此王功康定天下亦猶酒誥言「成王」大誥言「寧王」云爾凡詩書言「武」「成」「康」「甯」多頌武王豈得一見「成」「康」卽指爲王誦王釗之謚耶國語叔向嘗引昊天有成命之詩矣韋昭注曰「文武修己自勤以成其王功非謂周成王身也賈鄭唐說皆然」（注三十七）孔穎達亦云「是時人有疑是成王身者故辨之也」（注三十八）孔謂「檢周頌事迹皆不過成王之初故斷之以爲限故曰成康沒而頌聲寢」王褒曰「昔周公詠文王之德而作淸廟」周語引周文公之頌曰「載戢干戈」周文公之爲頌曰「思文后稷」是國語亦以時邁思文爲周公作矣王國維樂詩考略說周頌云「其聲緩者韵之感人也淺頌之所以多無韵者其聲從而失韵之用故不用韻」(注三十九)然胡秉虔古韻論曾駁江永詩韻舉例所舉通章無韻者之非，而均正之以韻甄士林詩經音韻譜直謂「周頌章章有韻，或以爲無韻者，過也」。王氏又云「若聲過緩則雖前後章句法相疊，聽之亦與不疊同。頌之所以不分章，不疊句者當以此」。按魯頌商頌固已分章，突當謂周頌獨不分章。乎大武六章見于左氏魯宣十二年傳(注四十)九夏九章見于周官鍾師(注四十一)與春秋內外傳(注四十二)至振鷺一詩，姚際恒分爲二章，有客一詩，分爲三章，是周頌亦非不分章也。惟不疊句之說，周頌固然，而雅詩亦未嘗無之。大較則周頌之用韻雖，而其聲緩，不若風雅之音促而韻緊。多短章，例如文舞清廟武舞大武每章以七八句爲率，最短者僅五六句(注四十三)較之民相全章長至二三十句爲周頌中之所特有。

(魯頌)　韓詩謂「奚斯作閟宮」，而宗三家者以魯頌出于奚斯；毛序謂「史克作駉」(注四十四)而宗毛者以魯頌出于史克。近汪琬皮錫瑞(注四十五)乃紬毛申韓，主奚斯作魯頌(注四十六)然衡以文體，類大雅者，時或在前，蓋奚斯所作(注四十七)類風興者，時或在後，蓋史克所作(注四十八)駉有駜二詩重章疊句，孔穎達指爲變風之美者，實頌詩中之特體。

節四　三名主器說

此說謂歌詠風雅頌時伴奏諸樂中各有所主之器也。樂記曰「聖人作爲鞉鼓椌楬壎篪，此六者德音之音也，然後鐘磬竽瑟以和之」又曰「鐘聲鏗，石聲磬，絲聲哀，竹聲濫，鼓鼙之聲讙」(注四十九)荀子樂論曰。「聲樂之象。鼓大麗。鐘統實。磬廉制。竽笙簫和。筦籥發猛。塤篪翁博。瑟易良。琴婦好。歌淸盡。舞意天道兼。鼓其樂之君邪。故鼓似天。鐘似地。磬似水。竽笙簫和筦籥似星辰日月。鞉柷拊鞷椌楬似萬物。」(注五十)郝懿行謂「古樂經之文。」按樂記以土革木之質音爲主。而樂論則主金石絲竹之美音。蓋美音用以伴奏和歌。故云和也。至質音僅以節樂而已。諸樂迭奏之際。必有一二美音以爲聲調主。而諸樂則附而和之。亦必有一質音以爲之節。此主調節樂之音。皆所謂主器也。

（一風）鄉樂之器　列國之音調不同。則列國所主樂器。亦必不同。趙簫見于楚辭。(注五十一)秦缶著于史記。(注五十二)蓋歌喉樂器相輔而成。故如後世楚聲用筑。崑曲用笛。皮簧用胡彈。詞用弦。各有所主樂器也。南豳二體。別出論之。

（南）　南爲歌聲之一體。自有樂器與之相當。樂記曰。「舜作五弦之琴以歌南風。」王質詩總聞云「南。即詩之南。風即詩之風也。」又云「風也南也。其聲同律。同被于琴。風南一也。」是南亦弦樂之一。禮記文王世子篇云。「胥鼓南。」張氏曰。「南。二南也。以鼓節之曰鼓南。」按「胥以鼓節之。」蓋本鄭玄之注。以鼓節弦。殆今鼓詞之先聲耶。

季札觀樂。有舞象箾南籥者。史記集解引賈逵曰。「南籥以籥舞也。」左傳杜預注同。且云「文王之樂」。顧炎補正云。「南籥者二南之籥。」實本程大昌考古編之說。按此蓋籥師之籥也。

儀禮燕禮。「有房中之樂。」鄭玄注云。「弦歌周南召南之詩而不用鐘磬之節也。」敖繼公云「秦之于房。故云房中之樂。蓋別于堂上堂下之樂也。」陳祥道云：「毛氏以詩招我由房爲房中樂。鄭氏則以磬師之燕樂爲房中樂。關雎之詩曰鐘鼓樂之。而周官教燕樂以磬師。則房中之樂非不用鐘磬也。」毛萇侯芭孫毓皆云「有鐘磬」。賈公彥折中其說曰：「房中樂以祭祀則有鐘磬。以燕則無鐘磬。」

（豳）　豳亦有相當之樂器。豳籥是也。按籥有數種。有笙師之龡籥。似笛而短小。三孔。有籥師之舞籥。長于笛而六孔。龡以節舞。有籥章之豳籥。鄭衆以爲豳竹。鄭玄以爲葦籥（注五十三）。周官云：「籥章掌土鼓豳籥。中春晝擊土鼓。龡豳詩以逆暑。中秋夜迎寒亦如之。凡國祈年于田祖。龡豳雅。擊土鼓以樂田畯。國祭蜡則龡豳頌。擊土鼓以息老物。」黃氏日抄引王雪山謂：「籥章所謂豳詩以鼓鐘琴瑟四器之聲合籥也。禮笙師龡竽笙塤籥簫篪篴管舂牘應雅凡十二器以雅器之聲合籥也。禮眡瞭播鼗擊頌磬笙磬凡四器以頌器之聲合籥也。」準是說則雅樂有雅樂之器。頌樂有頌樂之器。同一豳詩。特以合籥之器有不同而爲風爲雅爲頌。亦因之而不同。合籥之器。附和之樂也。而豳籥則主樂之器也。豳之所以別出于風體者。以有豳籥。而又可以兼三體之用者。以有合籥之器。即附和之樂也。豳以豳籥爲主調之器。土鼓爲節樂之器。南以鼓節。弦豳以鼓節籥。亦猶近代鼓詞之用弦。崑腔之用笛爾。

（未完）

從衛星說到易學與國學

楊踐形

攷國學家以二十八舍爲經星。五緯爲緯星。科學家則以日與經星爲恆星。地與緯星爲行星。而月爲衛星。然則衛星之名。取諸月象。卽取諸周易也。離爲日。日是宗陽之尊曜。國學總會似之。坎爲月。月爲大地之衛星。國學分會似之。漢易納甲。以月之晦朔弦望。說明先天定象。尤是爲衛星強有力之徵。孔子贊易繫傳云。懸象著明。莫大乎日月。許氏說文引祕書。日月爲易。先天卦。離東坎西。並列成明。此孔易「日月貞明」之象。後天卦。離上坎下。相承成易。此說文日月爲易之象。是坎離二用。所以周流六虛。而爲先後天卦象交變之樞機也。交變圖凡四式。第一式先天定象。卽原圖。是謂周雖舊邦。第二式卽第一式移動巽卦。是謂「初變移風」。第三式卽第二式移動坤卦。是謂「再變易俗」。漢易坤爲俗。巽爲風也。第四式仍卽第三式。是謂其命維新。初變移風者。齊一變至于魯。再變易俗者。魯一變至于道也。其法易簡。其理明確。其說醇正。毫不雜小道術數之談。此踐形三十年來寢饋學易之心得。亦六種發明之一也。移風易俗。乃正革故鼎新之象。撥亂反正之功。修己在茲。安人亦在茲。進德在茲。淑世亦在茲。此義文周孔列聖傳心之法。三代而下。知者無人。惟宋之程朱。明之陽明。淸之曾羅。則皆具體而微。是謂新儒之理學。聖功正此。經史在此。國學之淵源無亦在此。而踐形個性所近亦全在此。故于周易小學外。兼攻老莊荀墨。夫莊非道家。實反老學。自杏壇撤教。七十子之徒。幾遍神州。世人悲顏回早夭。而不知陋巷之樂。獨傳莊周。孔子歎禹無間然。而其敎行于墨翟。孔子刪詩正樂。導德齊禮。而荀況特躋其峯。孔子謙仁。孟子乃大倡仁義。蓋荀子得雅言之趣。而孟子闡罕言之微也。孔子贊易。韋編三絕。其最大之發明有二。一曰繼善成性之道。孟子七篇宗之。二曰太極圜中之旨。莊子內七篇發之。說者謂孟莊之學。內聖外王。一體一用。同得孔易之心傳。惟或造晉唐逸民之高趣。或開宋明理學之聖功。有不同耳。或謂荀子明孔門小康之法。固是。又謂孟子暢禮運大同之旨。則非。蓋不知大同學說傳之墨子。而孟子乃禮運大順之道也。相去一間。烏可不辯。昔精擘莊墨。然後乃知孟荀莊墨。猶之禹稷顏回。易地則皆然也。故雖同屬孔門之支裔。而孟莊高超。荀墨卓苦。此天才之不同也。孟主兼濟。而莊主獨善。荀主經國。而墨主平民。此學詣之不同也。而同有淑世之苦心。則其志一也。

墨子之兼愛大同也。韓愈之博愛大順也。（唐代無儒韓文爲唯一儒家原道原毀二篇直接孟子薪傳實程朱之前驅）而皆卽孔子之汎愛也。其胞與之量。仁民愛物之心。無不同也。

吊宗忠簡公墓

易君左

〰長留鐵甕埋忠骨。永護金甌奠國魂〰

秋高氣爽遊興濃。不登天台雁蕩之奇峯。不戀洞庭君山之眉峯。而乃一鞭驢背夕陽紅。悽然獨出京江之東門。憑吊宗忠簡公。忠簡公奇男子。三呼渡河然後死。不渡河死無他。公之熱淚何滂沱。東京留守一硬漢。南宋偏安三浩歎。亡國由來有大夫。遺塋自古依菴觀。東門之外女如花。東門之外花如露。東門之外畫角如悲笳。東門之外落日如西瓜。青山四圍入懷抱。銀江九曲嫣然笑。葬此乾坤天地宇宙大偉人。讓他上下古今來往恣憑吊。東門之外幾鄉村。不見當年血戰痕。長留鐵甕埋忠魂。永護金甌奠國魂。一支遠在義烏住。一支曾在宜興遇。年年寒食飛楡錢。化作轟機關外去。鳳衔不乏有心人。集資重葺墓門新。蒼松白石皆如畫。赤胆丹心各有神。吾聞壯士重守土。又聞數典不忘祖。東北望關山。狼烟滾滾間中原。一將駐旌節。坐鎮如山似宗澤。誰是當年岳家軍。可憐遍地黃巾賊。安得宗爺岳爺復起於九泉。安得黃龍痛飲抵幽燕。安得班生奮筆勒石銘燕然。安得移葬京江宗墓壓胡天。吁嗟乎斜陽也解興亡意。深怕驢兒行得急。驢兒也要管斜陽。只許中興不許亡。

衛　星　三七

先後天卦象交變圖說 楊踐形

易之爲學。仁者見仁。智者見智。自漢迄今。家數繁多。不能定一尊。楊君此作。獨具心得。楊君於國學論衛第八期有樂徵一篇。精深偉大。本刊次期當載其一函自述學樂之經過。易與樂今爲絕學。亦有足觀者焉。 編者

〔解一〕先天 先天指定象八卦方位。說卦傳曰。「天地定位。山澤通氣。雷風相薄。水火不相射。」邵康節曰「此伏羲八卦方位。乾南坤北。離東坎西。兌居東南。震居東北。巽居西南。艮居西北。所謂先天之學也。」杭辛齋（杭氏私淑端木國瑚實遜清易派之殿軍）易楔曰「邵子貫徹易理。獨有會心」案蓋得力于「八卦相錯」一句耳。然先天卦位實非始于宋也。（攷證辯論備詳踐形易學叢書）荀爽虞翻之徒。罔無論矣。卽禮記祭義「祀天南郊。祀地北郊。朝日東門。夕月西門。」儼然乾南坤北離東坎西之定象。漢學家謂「先王制禮。推本于易。」足徵先天卦位傳自孔門舊矣。

先天定象八卦相錯圖

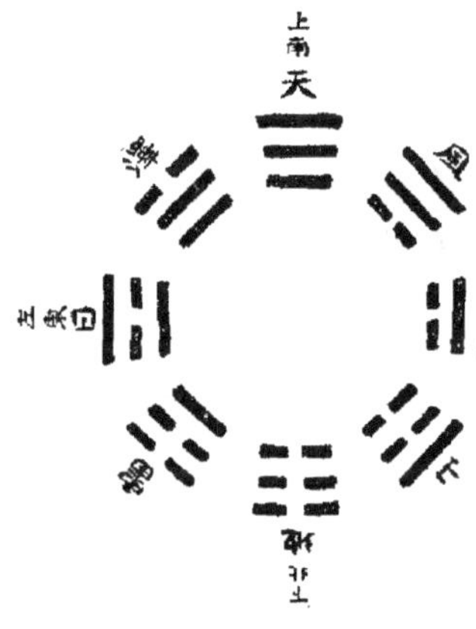

〔解二〕後天 後天指本象八卦方位。說卦傳曰。「帝出乎震。齊乎巽。相見乎離。致役乎坤。說言乎兌。戰乎乾。勞乎坎。成言乎艮。」邵康節曰「此卦位乃文王所定。所謂後天之學也。」其位震東兌西離南

後天本象四時流行圖

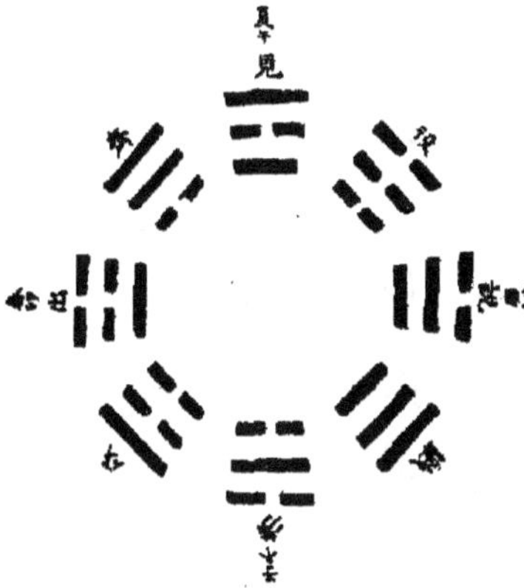

先天定象日月並明圖

後天本象日月成易圖

坎北。謂之四正。乾居西北。坤居西南。艮處東北。巽處東南。謂之四維。案易諱通卦驗候卦氣以四時八節分配本象八卦。所謂「變通配四時」也。踐形茲篇雖用邵氏羲文之誼。而一以漢易師說解答先天化後天之象。

〔解三〕卦象　卦謂卦位。僅指小成三畫八卦言。非大成六十四重卦。所謂先天圓圖方圖也。象謂圖象。聖人制器尚象。十翼詳引「蓋取」易冏象學也。漢（漢易存者京鄭荀虞）宋（宋易先進周邵程朱）明（明易代表來瞿塘派）清（清易中堅焦循端木師）承各異。要皆不離象學。惟晉易清談。始視象爲筌蹄耳。（參觀王弼周易略例）案象有三。即鄭康成所謂「易含三義」是已。先天定位。不易之象也。是謂定象之體。後天流行。變易之象也。是謂本象之用。而其造化之樞機。尤在簡易之象。是所謂懸象也。繫傳曰「懸象著明。莫大乎日月。」許慎說文亦引祕書「日月爲易」。夫日是宗陽之尊曜。月爲大地之衞星。其在先天東西相望。所謂日月相推而明生焉。此「日月貞明」之象「明」字以之。及至後天子午同經。所謂日月運行。一寒一暑。此「剛柔相易」之象「易」字以之。所以坎離二用。周流六虛。而爲先後天交變之樞機也。漢易家輒以月之晦朔弦望。

先後天陰陽交易圖

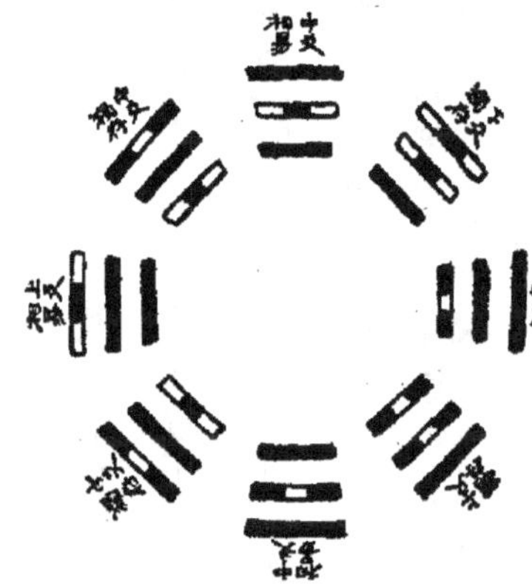

衛　星

四

先後天陰陽互變圖

先後天陰陽相仍圖

權釋定象。足見易道流行。象徵衛星。然則衛星之任。不綦重乎。

〔解四〕交變　交者。交易也。變者。變化也。交易、指爻象、言變化、指卦象、言。指爻象言者。四正則一爻相易。四維則一爻獨存。指卦象言者。四正則陰陽互變。四維則陰陽相仍。一爻相易者。先天之乾坤。各易中爻而爲後天之坎離。先天之坎離。互易上下而爲後天之震兌。一爻獨存者。後天之父母。分存上下于先天之子女。後天之姊弟。各存中爻于先天之兄妹。此云交也。陰陽互變者。先天乾坎之陽。變後天離兌之陰。先天坤離之陰。變後天坎震之陽。陰陽相仍者。後天之父。仍先天之兄弟。後天之母女。仍先天之姊妹。此云變也。易繫傳曰「變通配四時。」謂先天之陰陽日月。變後天之春夏秋冬。故參伍以盡利也。

〔解五〕圖　圖謂交變圖。分之則成四式。一先天定象圖。二先長陽道圖。三後消陰勢圖。四後天本象圖。統之則體、用、一、源、顯、微、無、間。止此交變之圖、耳、于、何、有。四圖形宛如車

先後天卦象交變圖型

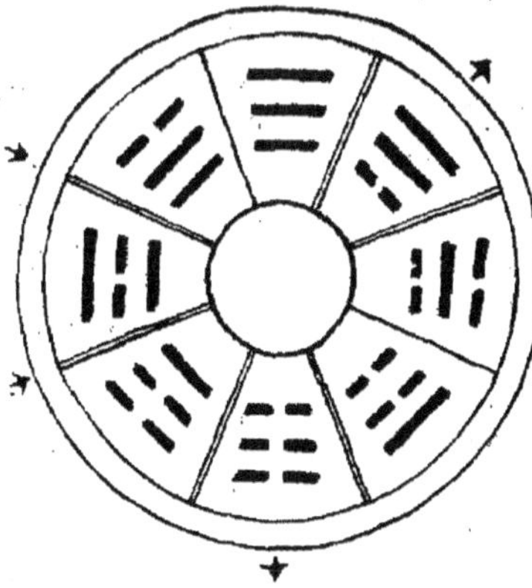

輪。外有輪緣。內分八觚。即八卦方位是已。中心有一大圓形切之。此其表面也。其裏面則依先後天卦象交變之理由及方法製就機關。應用之時。祇須按其當然之徑途一轉移間瞬息萬變。不啻供遊戲之幻術。雖在大庭廣象可使「天地交泰日月運行」先天卦象立變後天一顯此奇妙不可思議之神通。不必如先儒之手術繁難。陰陽互換。上下抽調矣。以之證明從先天化後天之象。最爲易簡。故易含三義。而易簡居首。惟此圖足以象之。

〔引言〕

先天爲後天之體。後天即先天之用。故後天之象。出于先天之圖。

〔解六〕易有體立其大本是也。易有用。行其達道是也。大本者。繼天立極之意。達道者。經國緯民之方。昔者伏義之作易也。仰以觀于天文。俯以察于地理。于是始畫八卦。以通神明之德。以類萬物之情。故大本立焉。文王當紂之末世。應周之盛德。防微杜漸。（指交變圖初變移巽而言蓋凜履霜堅冰之戒勿使女壯爲禍積小以成高大故曰微非一朝一夕之故曰漸）歸于无咎。（指交變圖再變移坤而言據漢易孟虞等卦象坤爲咎）富有日新。（指交變圖末變離日中天而言富有之謂大業日新之謂盛德偕含大有同人二象）功業見乎變。（乾變後天之離乾爲功離爲見）故達道行矣。

〔解七〕體爲具理之原。用爲流行之法。法原于理。故後天之象。出于先天之圖也。案先天即後天之未發。

後天即先天之已現。有顯藏之誼。無先後之殊。若執先天是一象。後天又是一象。則天地造化非一貫矣。孔穎達易疏曰「天地不交。水火異處。則庶類無生成之用。品物無變化之理。故雖定位而合德。不相入而相資」。此聖人有以見天下之動而觀其會通也。

其交變之法。蓋有多端。或以術數。或以理氣。或以爻象。似覺其遠。靜而思之。如有所得。

先天卦位合數圖

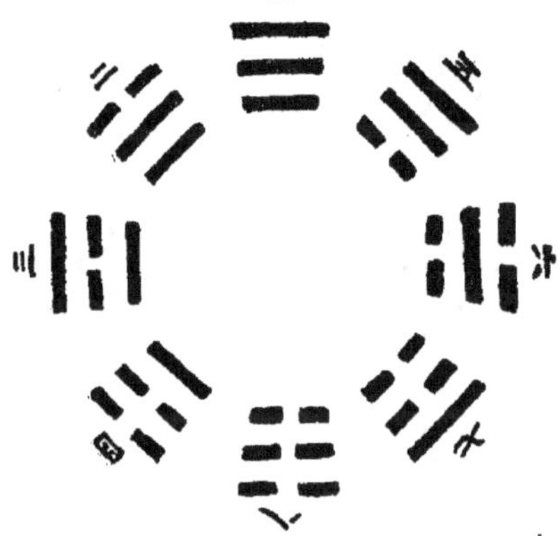

後天卦位合數圖

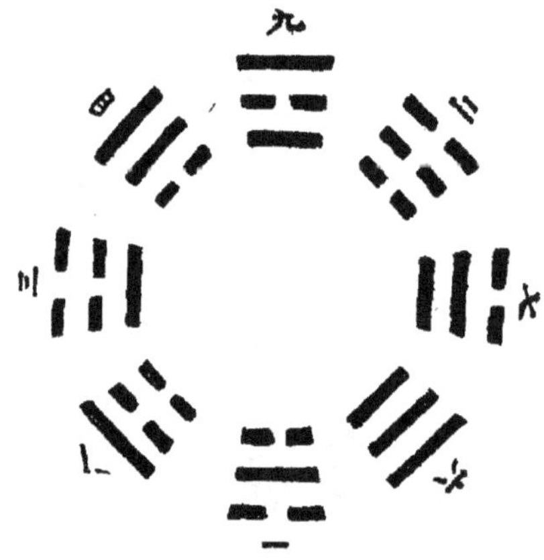

〔解八〕數　有以數言者。本于河圖洛書。天地定位。一與八錯也。山澤通氣。二與七錯也。雷風相薄。四與五錯也。水火相不相射。而相逮。三與六錯也。其合也皆九。及其變也。坎一坤二震三巽四。乾六兌七艮八離九。其合也皆十。此交變之由合數也。

〔解九〕氣　有以氣言者。先天之五行分爲五層。土最重濁。故坤艮在下。金氣輕清。故乾兌居上。天地之中。植物最蕃。而介乎兩間。巽震是也。水性潤下。故近地。火勢炎上。故近天。此一定之象也。及變爲後天本象。則水行地底。日麗中天。亦潤下炎上之故。土氣最爲中和。故火金之交有坤土。水木之間有艮土。

先天卦位五行相克圖

後天卦位五行相生圖

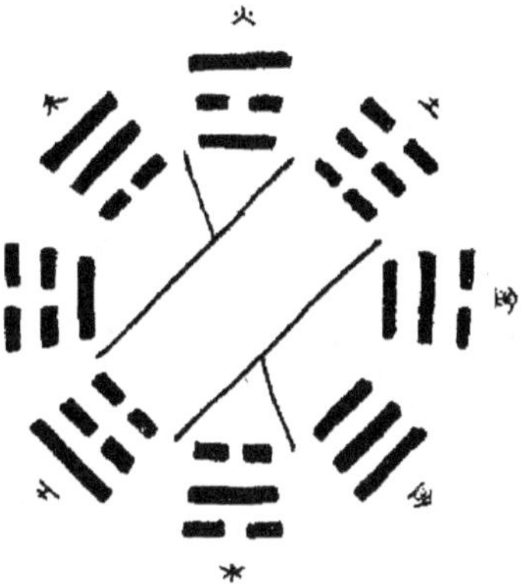

胡炳文曰。「後天之所以變化者。實由先天而來。先天水火相逮。以次陰陽之交合。後天雷風動撓。以著五行之變化。惟其交合之妙如此。故變化之妙亦如此。」朱子則謂「先天象具五行相克之序。即火克金。金克木。木克土。土克水。水克火。而植物間之。亦微意也。」後天象。朱子謂「具五行相生之序。」徐氏亦云。「震巽屬木。木生火。故離次之。離火生土。故坤次之。坤土生金。故乾兌次之。金生水。故坎次之。水非土不能以生木。故艮次之。水土又生木。木又生火。八卦之用。五行之生。循環無窮。此所以爲造化流行之序也。」生克皆氣也。

先天易爻變後天圖

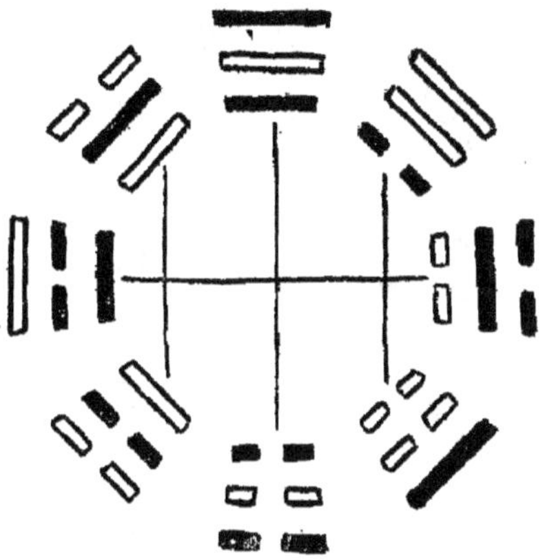

衡星

七

〔解〕空白之爻表示陰陽互變

〔解十〕爻　有以爻言者。則上下相生。上下相去。所去者陽。則所生者陰。所去者陰。則所生者陽。陰陽互易。以相交變。陽卦則由施而受。陰卦則由受而施也。韡園學易圖說謂。「四正之卦。對面交易。四隅之卦。左與左交。右與右交。四正之卦。一爻交易。四隅之卦。兩爻交易。」故乾以中爻交坤而變離。坤以中爻交乾而變坎。離以上爻交坎而變震。坎以下爻交離而變兌。震以上下交兌而變艮。兌以上下交震而變巽。巽以上二爻交艮而變坤。艮以下二爻交巽而變乾。如是則先天變成後天矣。

〔解十一〕遠　自來言先後天交變之說者。紛然雜陳。雖能言其致變之由。或既變之位。而于爻變之方無能明言所以者。煩雜扞格。均非自然易簡之理。故曰遠。

〔理由上〕

夫天地定位。上尊下卑。日月運行。東升西沈。此先天象也。故爲體。

〔解十二〕易曰「天尊地卑。乾坤定矣。」乾鑿度曰「乾坤相並具生。天地既分。乾升坤降。」是太極既生兩儀。陽氣輕清者上升爲天。故曰尊。陰氣重濁者下凝爲地。（上下依地爲準地心爲下天空爲上）故曰卑。易曰「日月運行。一寒一暑。」王夫之周易稗疏謂「指坎離。」蓋日月往來。寒暑相推。日東升。月西沈。懸象著明。莫大乎日月也。故天地定位。乾坤辨上下之分。日月運行。坎離列東西之門。吳澄曰。「左方起震而次以離。鼓之以雷霆也。右方起巽而次以坎。潤之以風雨也。離爲日。坎爲月。艮山在西北嚴凝之方爲寒。兌澤在東南溼熱之方爲暑。左離次以兌者。日之運行而爲暑也。右坎次以艮者。月之運行而爲寒也。」韓園易圖云「雷出地以行天。風起天而行地。山根地而上峙。澤從天而下降。」故先天之象。天在上。地在下。則乾坤定矣。日東升。月西沈。則坎離對望矣。兌巽二卦在圖之上半而屬天。則風雨自天也。

艮震二卦在圖之下半而屬地。則山雷出地也。是爲易之常體。儼然一宇宙之現像也。

及天地既感。陽中有陰。陰中有陽。故坤以二五之乾而爲離。乾以二五之坤而爲坎。離本乾位。故聖人南面而聽天下。嚮明而治。坎本坤位。故君子鞠躬盡瘁。勞而勿怨。此後天之坎離。所以代先天之乾坤也。故爲用。

〔解十三〕天地既感。則剛柔相摩。陰陽相交。專者直。闔者闢。陰含陽。陽凝陰。一往一來。而生萬物。乾來就坤而爲坎。坤往承乾而爲離。二五交遘。而萬象以興。萬物以生。荀爽謂「乾舍于離。配日而居。坤歸合坎。配月而居」。乾爲天。坤自下來。故南面而聽。（自此以下數解悉承漢易虞翻派師說並參清易端木派筆法故句中多專門術語幸識者諒之）乾爲治。天子當陽。故嚮明而治。坤爲躬。乾道行健。故鞠躬盡瘁。坤爲順。心服上施。故勞而勿怨。况乾居西北。父道尊嚴。坤居西南。母儀養育。坎離用事。正夫婦之倫。震巽爲長。示倡隨之義。艮事父兄。以盡孝弟。兌從父母。不越非禮。乾統三男在外。坤統三女在內。紀綱斯正。齊治所基此正易之抄用。儼然一家庭之現象也。

後天本象在齊家庭圖

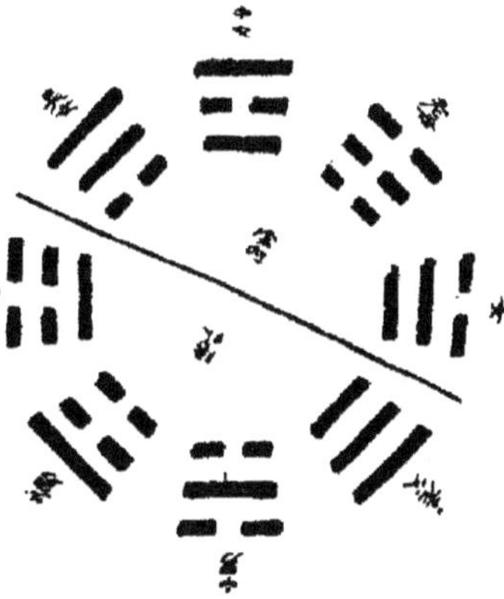

坎離二用。周流六虛。二用者。致中和之謂也。周流者。育萬物之謂也。故坎離在先天爲日月。而衡在後天爲水火而縱。故曰變通者趣時者也。

〔解十四〕坎離二用。爲明。爲易之日月。先天後天之樞機也。徐幾曰「坎離天地之大用也。得乾坤之中氣。故離火居南。坎水居北也。坎離用事。而父母退居西北西南之維。致仕歸養之義也」六虛有二義。一六位。二六子。周流者。陰陽之氣流行于六子之位。則明生而寒暑成也。中也者。天下之大本也。體也。和也者。天下之達道也。用也。體立而用行。故曰致也。後天之序。爲出齊見役說戰勞成。卽生散長養收制藏終。品物流行。故曰育也。日東月西。象之橫也。炎上潤下。形之縱也。變通者。配四時以盡利。時謂消息盈虛之機。項安世曰「後天之序。據太極既分之後。播五行于四時也」

〔理由下〕

天下有風。月窟之始也。山附于地。剝爛之劇也。

〔解十五〕月窟　天指乾。風指巽。先天之象。乾巽相連。是天下有風。月窟成矣。邵康節曰「乾遇巽時爲月窟」巽承乾下。以陰消陽之始也。紂嬖于妲己而戮商容比干。囚文王。奴箕子。甚矣女壯之禍。故君子防微杜漸。必戒愼于始也。

〔解十六〕剝爛　山指艮。地指坤。先天之象。艮坤相連。是山附于地。剝爛成矣。象傳曰「山附于地剝」以柔變剛。以陰滅陽。小人道長。糜爛邦國。紂惑于僉壬。億兆離心。三分去二。碩果僅存。猶未悔悟。卒致剝廬無國。詩有「匪風下泉」又曰「慍于羣宵」故君子戒之

交變圖第一式　先天定象

先後天卦象爻變圖說（續）

楊踐形

聖人囚于姜里。明于憂患與故。欲錯綜以濟天下之辜。

〔解十七〕囚濟　朱震曰「聖人設卦本以觀象。自伏羲至于文王一也。」史記周本紀謂「西伯囚羑里。益易之八卦。」漢書司馬遷傳謂「西伯拘而演周易。」艮爲拘。坎爲憂患。先天之象。坎艮坤三卦相連。艮之下有坤。身則爲囚。坤又爲故。及變後天。移承于離日之下。以望坎月。則爲明。又在震雷之上。易曰「天下雷行」。震足望坎水而釋拘憂。故以濟天下之辜。易曰「因貳以濟民行。以明失得之報」是也。

〔解十八〕錯綜　錯卽旁通。謂左右交互之意。綜謂上下低昂之意。象既初變。乃以先天之巽來居震位。是震巽旁通也。自上而下降。是低昂也。皆謂巽不可不來交震。

爰先去月窟。以長陽道。巽越三卦而承于日之下。雷之上。非初也姤而今也益乎。（姤消也 益光也）初也渙而今也鼎乎（渙散也 鼎凝也）在明明德而新民乎。以止于至善乎。詩曰「周雖舊邦。其命維新」

〔解十九〕姤益　先天既變。後天乾不遇巽。不成月窟。巽陰既去。則乾統坎艮而對震。故以長陽道。越踰也。謂巽卦右旋。踰乾兌離之卦而處焉。三卦九爻。陽之數也。以陰順陽而不淩犯。謂之承。越三卦。則當

交變圖等二式　先長陽道

離日震雷之間。日照普天。震驚百里。陰小斂迹。不善者遠矣。初謂先天卦位。今謂後天卦位。象傳曰「天下有風姤」昔在先天乾巽相連。柔道牽而遠。艮故曰勿用取女。不可與長也。傳又曰「風雷益」今變後天。巽震相連。則風雷迅烈。君子必變。損上益下。（指巽自上降下）其道大光。（乾純為道離熾故光）此周室所以興也。

〔解二十〕渙鼎　象傳曰「風行水上渙」昔在先天巽坎相連。故紂喪其象。億兆離心。而文王渙其躬。與上相應。雖囚而無慍色。渙其羣三分有二。以服事殷。象傳曰「以木巽火亨飪也。聖人亨以享上帝。而大亨以養聖賢」今變後天離巽相連。則二老來歸。子將焉往。故君子以正位凝命。而協于上下。（鼎凝巽命乾純離熾）以承天休（皆指乾純）也。上有澤火之革（謂兌離相連）去故。下有火風之鼎取新。重明麗正而中虛。巽于理以化成天下。德基建矣。而又望道如未見。

〔解二十一〕乾德建于上。坤民新于下。艮止于至善。坤之舊邦。顧此巽命。而位遷維新。（並漢易卦象）

〔解二十二〕先天一變而長陽道爾。時麗日尚未中天。故乾道未見。迨再變而消陰勢。方見嫌坤陰蔽。乃革坤舊染。畀以改坤過之方。坤不連艮。則陰無勢。謂巽已正位。坤從而就之。巽先坤後。抑陰之道始于微也。故巽必先去。而坤乃後移。巽為風。坤為俗。故曰移風易俗。

乃移坤以消陰勢。亦越三卦而承于澤之下。日之上。非初也剝而今也萃乎。剝喪也萃聚也三分天下有其二以服事殷乎。內文明而外柔順以蒙大難乎。

交變圖第三式　後消陰勢

〔解二十三〕剝萃　先天再變而消陰勢。坤卦左旋。越震巽離三卦而處焉。坤避艮而移。猶巽避乾而移。故亦云承。亦順九陽之數而就兌澤離日之間。類聚謂陰陽各聚羣分。謂陰陽雜不明嫌指巽避乾坤避艮也別微。指巽先移坤後移也昔在先天。艮坤相連。道剝而民爛。今變後。天兌坤相連。化成萃聚之象。近悅而遠順。雖除戎器以備不虞。利有攸往。順天命也。觀其所萃。而天地萬物之情可見矣。然而三分有二以服事殷者。聚以正也。此時離在坤下。明入地中。有明夷之象。當晦明而順。則故內文明而外柔順以蒙大難也。

聖功格矣。而又視民如傷。

〔解二十四〕離與坎望。聰明坎耳為聰離日為明如聖坤離成澤事功坤為事乾為功已至。乾坤夾輔兌澤上下爾時坤民處兌金之下。故離視之如傷。亦謂明夷明夷傷也。

于是乎離日中天。而雍雍穆穆。坎憂潛北。而業業兢兢。昔之衡者今之縱。昔之東者今之南。順天而時行。受茲介福。指火地晉象關雎之德化。汝漢是徵。指風火家人象此後天之象所由變歟。

〔解二十五〕晉夬　由第三式先天再變圖之離卦居東者。順旋而向南。即是後天圖矣。蓋先天定象。為交變圖之第一式。移巽卦而居離震之間。爲交變圖之第二式。先長陽道。是謂初變移風（巽爲風象）更遷坤卦而居澤離之間。爲交變圖之第三式。後消陰勢。是謂再變易俗（虞翻易義坤爲俗象）移風易俗。聖人潔靜精微之敎。故易爲聖人修身寡過之學。經國緯民之方（皆坤卦象）也。然後將交變圖旋轉。于是離日順運而處乾南之位。爲中天雍穆明德之盛也。坎憂自釋而退坤北之位。以潛藏兢業戒懼之貌也。先天陰陽並列而司卯酉之門。後天日月升沈而分晝夜之境。先天離貞于東日月之位也。後天離旋于南運行之象

交變圖第四式　後天定象

也。澤上于天夬也。（後天之象兌乾相連）中正以剛決柔。左旋以順天命。利往與時偕行。明出地上晉。（謂後天象離坤相連）順而麗乎大明介爾景福。衆志允之。巽隨離升與坤並列。所以著交變之端由于此耳。

〔解二十六〕家人　後天象左旋順運風火相連。象傳曰。「風自火出家人。」象傳曰。「家人女正位乎內。男正位乎外。男女正天地之大義也。」又曰。「夫夫婦婦而家道正。正家而天下定矣。」關睢麟趾鵲巢騶虞諸詩。足徵周之德化廣被遠矣。故人而不學周南召南。其猶正牆面而立也。

〔解二十七〕易爲全世界一切學術之淵源。又爲五千年前最古之信書。雖因卜筮而獨免秦厄。然非卜筮之書也。殷人尚鬼。權假而用之耳。易象創始遂皇。易道垂自太昊。易理備于文王之演。易學傳自孔門之敎。孔曰吾從周。是孔易則周易也。故特傳文王後天之圖。然文王演易推本義家。故十翼不廢伏

羲先天之旨。攷先天羲象。哲學宇宙觀也。後天文圖。哲學人生觀也。苟無宇宙。何有人生。故孔子雖重倫理。而翼傳並著其象也。彼農易連山軒易歸藏。雖各爲夏殷所用。而孔門不傳。終見佚耳。

（方法）

其理既備乎前。其法復識于後。欲便記憶。更著捷訣。益見交變之易簡耳。

〔訣一〕離明貞乎正東。

〔解二十八〕謂先天定象原圖不動。即交變圖第一式也。

〔訣二〕巽風吹入震宮。

〔解二十九〕謂先天巽象與震對錯。今抽巽而塡離肩之下。震宮之上。遂旁離而擠各卦右移。以補其空。即在後天離卦之右也。見交變圖第二式。

〔訣三〕坤土塞塡兌澤。

〔解三十〕謂第二式坤與兌對。再抽坤而塡離肩之上。兌卦之下。遂旁離而擁各卦左撞。以補其空。即在後天離卦之左也。見交變圖第三式。

〔訣四〕日光旋向天中。

〔解三十一〕謂第三式離坎對錯。仍如先天之舊象。今將此式左旋順運。使離日由東而南。處當乾位。立刻成後天本象。即交變圖第四式也。

舞史

楊踐形

章一 引言

舞史云者溯尚世之淵源敍歷代之沿革蓋自動物之呼嗥進而爲人類之言語言語更進而爲詩歌於是聲音之發必中乎諧律聞於耳而悅於心矣此樂音之所由成也又自動物之犇突進而爲人類之步趨步趨更進而爲舞蹈(注一)於是動靜之形悉造乎有容覯於目而亦悅於心矣此又樂舞之所由興也夫鳳儀獸舞固在未能言語之先而手舞足蹈必起詠歎盡情之後然則樂舞之應感而形諸容也正樂記所謂四暢交於其中而發作於外也孔易有言「美在其中而暢於四肢發於事業和之至也」其殆先民作樂之至趣與然由是而知舞之必有樂音伴奏也審矣是故樂記曰「樂必發諸聲音形於動靜」又曰「詩言其志也歌詠其聲也舞動其容也三者本於心然後樂氣從之」故一言及舞而樂音在其中矣昔者苗民逆命禹舞干羽於兩階七旬而有苗格甚矣樂舞之効用如此其大也故又曰「聲音動靜性術之變盡於此矣」邇自歐雲美雨東脊神州於是舞蹈一技應運崛起竟蜚聲於藝術之林(注二)駸駸乎壓雜劇擯百戲幾成纍笑皆佳之槊私而家庭慶賀公而廣衆集會時或於酒醉茶餘花前燈下技試葇荑之嫩演柳折蠻腰(注三)調呈掘柘之新枝(注四)香殘樊口(注五)嚼爛絨(注六)以莞爾啓編貝而粲然微轉秋波(注七)遙攝羣蜂之魄懶描春黛渾成一線之天(注八)情含荳蔻年華妝出芙蓉面貌偎紅倚翠作亞身偃地之姿(注九)掣電(注十)流光(注十一)驚飛燕(注十二)迴鸞(注十三)之勢輕盈媚態寇萊公竟日成顛(注十四)嬝娜動人李後主淩風荒政(注十五)靈巫連蹉而偃蹇追思屈子之文嫩人姣服兮蘭湯聊證楚騷之辭「叩鐘調磬緩節安歌」此舞蹈之樂音也「含睇曾波秀頸長袂」此又舞蹈之動容也故曰「張咸池奏承雲御九韶舞馮夷玄螭蟉虬而委蛇鸞鳥軒翥而翔飛」此遠遊一篇泛論尚世舞蹈之藝術有神入化工之妙也若夫「士女

雜坐。亂而不分。放陳組纓。班其相紛。鄭衛妖玩。而來雜陳」此又二千三百年前沅湘民俗之寫直舞蹈狂歡之印象而攝敍於招魂一篇者也。孰謂交際場中士風裙下（注十六）「被薜荔帶杜衡。思公子。聞佳人。徘徊怳惚。獨與目成。」固不竢重洋之舶販夙見乎九歌而譔於靈均。夫姦聲亂色。始作俑者。夏桀瑤臺之樂（注十七）商紂濮水之音（注十八）履霜堅冰。實防鄭衛。踵事增華。偏記荆越。洎乎星火燎原。迄今日而靡有極矣。聿稽鄭民山居谷浴。男女錯雜。作爲鄭聲以相悅懌。而孔子斥其聲淫。班固謂之邪僻（注十九）衛靈夜舍於濮上。師涓聽寫以琴聲（注二十）故樂記曰「鄭衛之音。亂世之音也」說苑曰「鄭衛之聲動人而淫氣應之」（注二十一）新論曰「哀樂之心感則噍殺嘽緩之聲應。濮上之音作則淫佚邪放之志生。故延年造傾城之歌而漢武思靡嫚之色」（注二十二）蓋流辟邪散狄成滌濫之音作而民不淫亂者。未之有也。今取怨思之聲施之於弦管。聞其音者。不淫則悲。淫則亂男女之辯。悲則感怨思之氣。豈所謂樂哉（注二十三）風俗通曰「周室陵遲。禮樂崩壞。諸侯恣行。競悅所習。桑間濮上。鄭衛燕趙之聲。彌以放遠。滔湮心耳。乃忘平和。亂政傷民。致疾損壽（注二十四）嗚呼淫樂之慨。一至如此。可不畏與。可不戒與。故曰樂。聽其音則知其俗。見其俗則知其化。孔子學琴而論文王之志。延陵觀樂而指殷夏之風。見微以知明。論近以識遠（注二十五）由來舊矣。是故先王制樂以節人。君子致樂以治心。故聽其雅頌之聲。弦匏六音。志意得廣焉。執其干戚羽旄。習其俯仰詘信。容貌得莊焉。行其綴兆。要其節奏。行列得正焉。進退得齊焉。本學等文采之數。以繩其德。著發揚蹈厲之變。以見其情。使親疏貴賤長幼男女之理。皆形見於樂。和家國而通倫理。同民心而出治道。此古先哲后立樂之方（注二十六）而亦士夫君子爲樂之趣也。不然。弦匏鐘鼓干戚羽旄。樂藝之末節也。掌於有司。乃孔子設教。始於志道而終以遊藝。何也。中論曰「通乎羣藝之情實者。可與論道。識乎羣藝之華飾者。可與講事。事者有司之職也。道者君子之業也。先王之賤藝者。蓋賤有司也。君子兼之則貴也」（注二十七）是故君子無故不徹。無故不去。甚至不可斯須去諸其身。正以修己。進德之功。立於禮而成於樂也。所宜三致意者。姦聲亂色。不留聰明。淫樂慝禮。不接心術。惰慢邪辟之氣。不設於身體。無冶容之誨淫。無麗服之裁身。使耳目口鼻心知百體。皆由順正以行其義（注二十八）藉流連往復之趣。收涵泳薰陶之効。則所謂「耳目聰明。血氣和平。移風易俗。天下皆甯」（注二十九）者。當於醇正之舞蹈焉。覘之此踐形今日繹述舞考而追敘舞史之私衷也。倘幸世之君子。覽此篇者。有以辨之。

章二　三皇期

三皇之說。紛紜莫衷一是。先漢所傳。多以伏羲神農爲皇。其一者。或曰燧人。或曰祝融。或曰女媧（注三十）皆是也。而皆非也。彼開闢三皇。荒古三皇。渺矣難徵。姑弗論聿稽古史。蓋自皇次（注三十一）已降因提禪通二紀。盡冒皇號（注三十二）辰放首出洎乎巢皇（注三十三）遂皇。是爲因提之生事三皇（注三十四）史皇（注三十五）首出。洎乎戲農（注三十六）並爲禪通之制作三皇（注三十七）茲所述者。戲農已。倘伊耆氏始爲蜡。而樂神之舞肇興。祝融繼之。爰有屬續之舞。逮葛天八闋。始革其化。而轉取自娛。陰康之舞。又利用爲宣導者。若葛康實爲樂藝界歌舞三皇。膾炙流傳。至今不磨。厥後戲皇作扶徠。女皇作允樂。農皇作扶犂。足徵樂人之舞。蛻自樂神。

節一　伊耆氏之舞（大蜡）

郊特牲曰。「伊耆氏（注三十八）始爲蜡。」始者。陳祥道謂「古作樂自伊耆氏始。而蜡祭亦始於此」是也。蜡之爲樂。分見於明堂位及春官籥章。周禮義疏後案言其器簡聲質。喬野朴茂之民。制而用之。以施於農事之祈報。蓋伊耆氏已來。民間故多有此。至周公制作。乃用而比之爲樂（注三十九）焉。

舞意　郊特牲曰。「蜡者。索也。歲十二月。合聚萬物而索饗之也。」孔穎達謂「不忘恩而報之。是仁。有功必報之。是義。」籥章又言。「祈年以樂田畯。祭蜡以息老物。」馬晞孟云。「蜡者。於歲之終。報其成功。又以祈來年之始。」「神有功則報之。民有力則勞之。所謂百日之蜡。一日之澤是也。」

舞服　郊特牲曰。「皮弁素服而祭。素服以送終也。葛帶榛杖。喪殺也。」又曰。「黃衣黃冠而祭。息田夫也。野夫黃冠。黃冠草服也。」案陸佃「謂素服蓋去繡黼丹朱中衣也。天謂之玄。玄冠象焉。朝服也。地謂之黃。黃冠象焉。野服也。」方慤云。「言其所事曰田夫。言其所居曰野夫。」又云。「皮弁素服。主祭者之服。黃衣黃冠。助祭者之服。」而陳祥道乃云。「王玄冕而有司皮弁素服」徐師曾斷以方說爲長踐形案皮弁素服固祭者之服而黃衣黃冠實舞時之服也蓋祭服必遵時王之制而舞服或形野夫之舊也不然旣言素服何復黃衣甚至平添臘祭而謂草服非蜡且云「蜡以息老物臘以息民」應劭風俗通蔡邕獨斷並述四代稱臘之別名周曰大蜡漢曰臘晉聾亦云「蜡臘之別名也」而鄭陳之說離蜡與臘爲二疑非經意所有也故直以野夫草服爲蜡舞之服

舞制　陳祥道言蜡祭之制曰「其樂六樂而奏六變」按說蓋本諸鄭玄謂「大蜡索鬼神而致百物六奏樂而禮畢」意指四方之祭分用樂六均也周禮大司樂云「凡六樂者一變而致羽物及川澤之示」遍計乃至「六變」鄭玄釋變謂「樂成則更奏也每奏有所感致和以來之」此古人作樂感召之理而爲興舞事神之原故必曰始于伊耆

舞器　陳祥道又言蜡舞之器曰「舞兵舞帗舞」按周官鼓人「凡祭祀百物之神鼓兵舞帗舞者」黃度云「祭祀百物之神所謂國索鬼神而祭祀者」周官義疏後案謂「惟六鄉之中春祈秋報及歲終蜡祭百物而興舞則鼓人鼓之」皆是也賈公彥「案舞師山川用兵舞社稷用帗舞小神若義近山川則用兵舞義近社稷則用帗舞」故言此二舞

舞體　周官舞師「掌教兵舞」賈疏「掌教兵舞謂教野人使知之」又云「凡野舞則皆教之」鄭注「野舞謂野人欲學舞者」鄭賈所謂野人卽郊特牲所謂野夫也後案所謂喬野朴茂之民也故素服無繡葛帶榛杖以象伊耆之世荒古之民故就器服考之則伊耆蜡舞之體亦可得其梗概矣

舞樂　明堂位曰「土鼓蕢桴葦籥伊耆氏之樂也」方慤謂「古者未有韗革之聲故以土爲鼓未有斲木之利故以蕢爲桴未有截竹之精故以葦爲籥」踐形案古樂伊始義軒未興宜其制作之簡陋如此而籥章所掌土鼓豳籥用以祭蜡祈年者卽此器也故鄭玄注周禮引之鄭衆以豳國之地竹釋豳籥可知籥章所用之籥爲周公新制已非明堂位所言四代已前伊耆之舊式固不用葦而用竹矣

舞辭　伊耆蜡舞有辭戴記郊特牲蔡邕獨斷並載之其辭曰「土反其宅水歸其壑昆蟲毋作草木歸其澤豐年若上歲取千百

」郊特牲少末二句。獨斷少第四句。兩本互有不同也。案蜡辭之格律聲調頗類三百篇中詩歌。據此略可窺見皇古祭樂之一斑。

舞藝　昔者孔子與於蜡賓。而禮運作焉。子貢觀於蜡。而曰「一國之人皆若狂」。孔子告以張而不弛文武不能」。故東坡志林迺以八蜡爲三代之戲禮。其或然歟。攷其藝術之動人。雖數千禩已下。尚有舉國空巷之勢。則伊耆之蜡舞。洵足傳述矣。

節二　祝融氏之舞(屬續)

祝融氏(注四十)亦曰祝誦氏。(注四十一)班固應劭並以爲三皇。(注四十二)祝融之樂曰屬續。見於孝經緯鉤命訣及援神契。屬續呂覽作屬俗。

舞意　班固白虎通號篇曰。「謂之祝融何。祝者屬也。融者續也。言能屬續三皇之道而行之。故謂祝融也」是以祝融之樂曰屬續。明孫瑴古微書引呂覽云」祝融氏聽弇州之鳥鳴。以爲樂歌。作樂屬俗。以通倫類。諧神明而和人聲」則知效鳳音者不始於黃帝。

舞器　屬續之舞。效始鳳鳴。則所持舞器。其必皇舞可知也。皇舞者。以五采之羽冒覆頭上。衣飾翡翠之羽。鄭玄注大司樂曰。「皇雜五色羽如鳳凰色持以舞」是也。

舞樂　禮記樂記曰。「樂必發諸聲音。形於動靜」又曰。「詩言其志也。歌詠其聲也。舞動其容也。三者本於心。然後樂氣從之」杜佑通典曰。」樂之在耳者曰聲。在目者曰容。」又曰。聲容選和。然後大樂備矣」由是言之。則祝融作樂屬續。而以樂名者。其必聲容選和。歌舞兼備也可知。故引取以徵祝融屬續之舞。宜有相當之樂器伴奏。

節三　葛天氏之舞(玄鳥)

前人言古樂之盛者。莫不同聲一辭首推葛天。(注四十三)故劉勰明詩(注四十四)特敍「葛天氏樂辭云。玄鳥在曲」足徵葛天氏之玄鳥舞。夙已蜚聲於禪通古紀。流傳爲樂藝前型矣。

舞意　伊耆蜡舞。祭樂也。春祈秋報。冬以蜡臘。用意在樂神。而葛天鳥舞。非祭樂也。實舞蹈之先聲。而戲劇之雛型也。用意偏在矚娛。故聽者千倡萬和。獨能應合民衆心理。博後世文藝界之同情。而流傳爲佳話。不僅蜚聲於歌舞之林已也。蓋漸蛻樂神之舞而傾向樂人矣。

舞容　呂覽古樂篇曰。「昔葛天氏之樂。三人操牛尾。投足以歌八闋」稽諸古籍。尙世樂藝之作品。確能指出歌舞之人數。兼道其表現之方法者。無詳備於此矣。三人其舞佾也。操投則舞容也。操牛尾者。手舞之容。投足者。足蹈之容。手舞足蹈。極歌詠之能事。旣謂之樂。則非徒操之以歌。亦必操之以舞矣。而所謂舞者。不止手之舞之。必兼足之蹈之。故後世亦稱舞蹈。玄鳥之樂。則葛天氏之舞蹈也。操牛尾。以投足。非舞蹈而何。

舞制　呂覽稱「葛天氏之歌八闋」者。案增韻。「闋樂終也」禮記文王世子。「有司告以樂闋」注云。「闋終也」郊特牲「卒爵而樂闋」注云「闋止也」故舞曲一節終止謂之闋。亦謂之成。謂之變。嘗考有虞氏簫韶之樂九成。周武王大武之樂六成。而周禮大司樂所記圜丘之樂六變。方丘之樂八變。宗廟之樂九變。或謂之成。或謂之變。其所以爲節目者一也。葛天氏之樂有八闋。爲名雖異。亦猶八成八變云爾。

舞器　呂覽述葛天氏之樂。而曰「三人操牛尾」者。謂以牛尾爲舞器。持之而舞也。牛尾。犛牛之尾。鄭衆注周官樂師曰。「旄舞者。犛牛之尾」是也。賈公彥疏。引山海經「潘候之山有獸如牛。而節有毛。其名曰旄牛」旄牛。卽犛牛也。案犛牛之尾。本鄉士所設以爲標識者。亦舞之人所持以指麾。然則葛天氏舞玄鳥而操牛尾。乃所以爲旄舞也

舞體　周官旄人。「掌教舞散樂舞夷樂」而旄舞爲樂師掌教國子小舞之一。或者旄舞亦旄人所教耶。鄭玄注散樂而曰「野人爲樂之善者」賈公彥疏舞師而曰「旄舞施於辟雍。舞師無此。以卑者之子不得舞宗廟之酎祭祀之舞。亦不得用卑者之子也。」賈氏卑者之子。殆卽鄭氏野人之誼。蓋與蜡舞之用兵祓爲器。而稱野夫者同歟。

（未完）

舞史（續）

楊賤形

舞樂　爾雅釋樂云。「徒歌謂之謠。」舊注云。「謠謂無絲竹徒歌者。」然則合於絲竹方得謂之歌如弦歌笙歌是也。故毛氏詩傳一則曰。「曲合樂曰歌（注四十五）再則曰「歌者比於琴瑟也（注四十六）孔穎達疏云「謠既徒歌則歌不徒矣樂即琴瑟矣」又云「經傳諸言歌者皆以弦歌之。」案自朱襄造瑟而葛天迺以歌名則玄鳥在曲不徒土鼓葦籥如蜡舞之陋抑且悠揚美妙而奏士達之五弦矣。故文心（注四十七）直以曲名正所謂曲合樂也。韓詩章句云「有章曲曰歌」陳奐疏引初學記云「章樂章」（注四十八）韋昭周語注云「曲樂曲」故知葛天之歌必符於章曲而有樂器伴奏也審矣。

舞曲　皇古樂曲之能確指時代與人物兼詳其作品之節目者首推葛天之歌八闋。「一曰載民。二曰玄鳥。三曰遂草木。四曰奮五穀。五曰敬天常。六曰建帝功。七曰依帝德。八曰總禽獸之極」並見呂覽（注四十九）載民即生民詩大雅有生民之章玄鳥則商頌有玄鳥之詩先後證印不無影響然則雅頌之聲夙已具於皇古而肇始葛天矣。

舞藝　司馬相如上林賦曰。「聽葛天氏之歌千人倡萬人和。（注五十）曹植報陳琳書亦云。「葛天氏之歌千人倡萬人和。聽者因以覆韶夏」按韶舜樂夏禹樂均極文明美善之容雖以孔子之聖猶流連興歎而至三月不知肉味彼葛天八闋所舞者三人耳所操者牛尾耳投足之頃簡陋可思烏足以抗衡韶夏更何況陵駕而棄覆之哉。洵如所言則其手舞足蹈必已登峯造極盡姿勢之美妙故能傳播神速感動情深民衆歡迎大有一府隨觀萬人空巷之勢所謂千人提倡萬人附和也據此六字評論則其藝術之價值可見矣。

節四　陰康氏之舞（宣導）

維葛天氏而名世者則有陰康之舞軒勳未興。雅頌不作。三皇已前。陰康之舞實與葛天之歌並稱二絕故先民言歌舞之盛者必追溯

而推崇二氏曰「葛天之歌陰康之舞」攷歌舞未必始於二氏而二氏獨以歌舞著稱觀乎呂覽古樂一篇猶可想見二氏當時歌舞之盛矣

舞意　伊耆之蜡舞所報之用也葛天之鳥舞驩娛之情也獨至陰康之舞既非樂神更非自娛揆厥初衷不外補天工之缺憾競人力之改造以自達康壽之域而已與其謂之舞蹈毋甯謂之技擊導引之態經鳥伸神勇之洗髓伐毛華陀之五禽達磨之九返均是意也後世欲攷國技之信史每苦於古無徵而孰知陰康之舞已肇拳藝之雛型乎是故其民謂之陰康之民而其舞謂之宣導之舞

舞効　舞皆有効不僅陰康蜡舞之効在於感格鳥舞之效在於陶養獨至宣導之舞則効益尤鉅蓋有以上奪天時外壯民氣而內亦自足增進其生理之功用也効必出於因然則陰康之舞所以獨著尙世者殆有三因焉爲剖詳之

一曰時候　呂覽古樂篇曰「陰康(注五十一)氏之始陰多滯伏而湛積陽道壅塞不行其序」(注五十二)蓋陰康氏之初年四時六候失其調和之節而陰滯陽壅則生氣不盛何能暢發此陰康氏故以陰爲號也先哲有方迺利用舞蹈以宣導陰陽之滯壅(注五十三)殆欲藉人力以補救天時之失調歟此舞蹈之流行有關時候者其一因也

二曰民氣　呂覽又曰「民氣鬱閼而滯著」(注五十四)蓋當時民氣既受抑遏而致此非使之習於發揚厲蹈則不足以激昂意志振作精神故利用舞蹈以宣導民氣之鬱閼此舞蹈之發展有關民氣者亦一因也

三曰生理　呂覽又曰「筋骨瑟縮不達(注五十五)故作爲舞以宣導之」蓋筋骨瑟縮不達則形體漸就痿頓非所以永民壽強民種而奮民族也故利用舞蹈以宣導之使尪羸之軀一變而轉健康之相此陰康氏故又以康爲號也先哲之用意是藉藝術之鍛鍊以舒暢筋骨健旺體魄焉耳此舞蹈之精進有關生理者又一因也

陰康之世適會三因而舞蹈一術遂傾向宣導與鍛鍊之途此陰康之舞所以成陰康之民而獨著於尙世不忘乎人心也

舞器　宣導一舞尙世舞蹈之最純粹者絕不持一物蓋人舞也攷人舞復有二式一曰袖舞所謂長袖善舞也一曰手舞亦稱皋

舞。近世所謂士風舞者。即此宣導舞之遺蛻也。故陰康之舞以人體爲舞器。

舞制　賈公彥周禮疏曰「人舞施於宗廟」即據鄭玄「宗廟以人」之說也。而大司樂云「宗廟之樂九變」以是知人舞蓋九成也。伊者之蜡兵舞也。兵舞六成。葛天之玄鳥旄舞也。旄舞八成。陰康之宣導人舞也。故陰康之舞九成。伊後葛前。介以祝融之屬續。其成數未由攷知。殆在六八之間歟。意者踵事增華。後來居上。故伊六葛八而康九。舞蹈樂制。亦至是而造其極。故陰康之樂獨以舞名。

舞體．周禮樂師掌教六小舞。而舞師有其四。兵帗之爲蜡也。羽與皇疑或爲屬續也。祝融聽鳥鳴以作樂。而効鳳音。則其舞之用羽若皇也不難徵知矣。此四者。皆所以爲山川社稷四方旱暵之祭祀。惟旄若人則不列於舞師。旄舞施於辟雍。人舞用於交際。是以葛天之歌與陰康之舞。獨資文藝界之談助。而皆爲小舞與教野人也。則同。

舞曲　舞蹈必有曲伴奏。必有樂。古今一例。宣導之舞。豈能獨外。即視爲技擊。亦必有歌訣。按訣施動。且歌且舞。淺若八段易筋精者。拳經劍訣。莫不然也。故徵知陰康之舞有舞曲。

舞藝　宣導之舞。陰康所以鍛鍊斯民也。上行下效。朝倡野和。舉國一致。共趨三因。故其舞蹈藝術。能獨享盛名。登峯造極。駸駸乎進臻美化之境。矗然雲表。允執上古藝術界舞蹈之牛耳。使數千禩已下之人士。猶能躍然心目間。而嘖嘖於口曰「陰康氏之舞」猗歟盛哉。

節五　伏羲氏之舞（扶徠）

伏羲作樂名扶徠。亦曰立本。杜佑通典馬端臨通考並引之。見帝系譜及考經緯。馬驌繹史引作鉤命訣。按出援神契也。契又云伏羲之樂曰立基。立基即立本之異辭耳。

舞意　伏羲有罔罟之詠。見隨史樂志。夏侯玄樂論。元結補樂歌。按辨樂論云「昔伏羲氏因時興利。教民畋漁。天下歸之。時則有罔罟之歌（注五十六）劉恕通鑑外紀所謂「帝作荒樂。歌扶徠。詠罔罟。以鎮天下之人。命曰立基」是也。長言節奏。且歌且舞。所以形容畋漁之樂者可想見矣。

舞樂　楚辭大招曰「伏羲駕辯楚勞商只」王逸注云「伏羲作瑟造駕辯之曲」明以絲音爲伴奏之樂器也攷伏羲絲音已備琴瑟五十弦之瑟既見於世本九弦之琴又述於蔡邕而王嘉拾遺記且謂「庖犧絲桑爲瑟灼土爲塤」然則荒樂立基曼歌妙舞疇謂羲皇上世而可忘情耶

舞曲　伏羲御世鳳凰來儀是故有鳳來之頌（注五十七）教民畋漁時則罔罟之詠引吭曼聲時則有駕辯之曲合而言之遂成扶徠之舞

舞藝　伏羲之舞其制卽不可考然如大招所述則駕辯以陳古之曲而竟膾炙於沅湘歌舞著名之域則必當時聲律之美妙與器肉之諧和爲能深鐫人心譽滿神州而不磨可無疑也

（未完）

潭秋寄示粵秀山紅棉放歌屬和

陳寥士

朱衣別具傾城色紅袖相逢絕代姝宋院斑枝疑入畫粵江碧酒足提壺論功欲敵黃金穀結實渾如白雪膚終是蒼生衣被意眼中桃李盡成奴

采石磯懷古

成惕軒

一代才名壓衆賢詩中仙復酒中仙江心空剩唐時月曾照當年學士船

書生破敵氣彌雄泒水而還第一功今日寇深南渡日空從江上想英風

舞史（續）

楊踐形

節六　女媧氏之舞（允樂）

女媧氏（注五十八）亦曰女希氏。（注五十九）鄭玄應劭並以爲三皇。（注六十）蓋出春秋緯運斗樞云。故司馬貞乃爲補史記三皇本紀。且謂「特舉女媧以其功高。」（注六十一）許慎說文亦稱「女媧爲古之神聖。」而述其德曰「化萬物者也。」是故號爲女皇。（注六十二）作樂曰允樂。（注六十三）見於帝系譜及春秋緯握誠圖保乾圖。

舞意　保乾圖曰。「女媧氏命娥陵氏制都良管。以一天下之音。命聖氏爲班管。以合日月星辰。名曰允樂。」女媧之樂。蓋四望以祀天神也。有類於伊耆之大蜡。祝融之屬續。亦主樂神之舞。

舞樂　女媧改進管樂之制。革伊耆之葦籥。影響樂藝界。厥功甚偉。娥陵聖氏而外。又令隨作笙簧。（注六十四）故女媧允樂。以通殊風。足與伏羲扶徠相比美。一以弦。一以管也。孫穀古微書曰。「後世不知有娥陵三臣。亦未讀緯書耳。」女媧之功烈。信如續博物志所云矣。

節七　神農氏之舞（扶犂）

孝經緯鉤命訣云。「神農樂曰下謀。一名扶持。」（注六十五）援神契云。「神農樂名扶持。亦曰下謀。」而杜佑通典馬端臨通考並引見帝系譜。而竹書紀年前編徐文靖箋引外紀曰。「神農命刑天作扶犂之樂。」孫穀古微書。於扶持節下。按引扶犂。故知扶犂卽扶持也。

舞意　古微書引辨樂論云。「神農教民食穀。時則有豐年之詠。」按扶桑歌卽鳳來之頌。乃神農之扶犂也。援神契云。「神農耕桑得利。究年受福。」是故有豐年之詠。扶桑之歌也。

彝樂　神農之世。洞越練朱。晏龍制琴。鼓延爲鐘。無勾作磬。(注六十六)尙合前代。則竹管匏笙土壎絲桑樂器八音。已具其六。然則扶犂樂舞。其聲容之美。妙可想見矣。

舞曲　神農播種而有豐年之詠。耕桑而有扶桑之歌。合而言之。遂成扶犂之舞。

舞體　孫穀古微書「按扶桑歌卽鳳來之頌。乃神農之扶犂也。扶鳳來犂音相同。稱是知神農因太昊之樂」。其意以爲神農扶犂之舞。因襲伏羲。有修改而非創造。其然乎。豈其然乎。且旣曰「神農命刑天作扶犂之樂」矣。似神農氏七十世有天下。(注六十七)不必皆。襲先代之樂也。審矣。

章三　六代期

六代期。亦曰八音期。或八樂期。謂之八音者。何春秋感精符云。「夏日至之禮。如冬日至之禮。舞八音」。注謂「八音者。雲門五英六莖大卷大韶大夏大濩大武也」。謂之八樂者。何易緯通卦驗云「夏日至如冬日至之禮。舞八樂」。注云「雲門五音六莖大卷韶夏濩武也」。謂之六代者。何鄭玄注大司樂舞雲門大卷節云。「此周所存六代之樂」。孔穎達疏樂記大章章之節云。「此論六代之樂」。鄭孔所謂六代云者。皆指黃唐虞夏商周所作之六舞是也。故以六代名期。實九代。而少昊之淵。顓頊之經。帝俈之護。亦復著其名。樂記曰。「五帝殊時。不相沿樂」。殆指此爾。

節一　黃帝之舞(雲門)

周禮大司樂職。以樂舞教國子。敍六代之樂。而首之以舞雲門。又敍分樂而序之。亦首之以舞雲門。鄭玄注云。「黃帝樂曰雲門。」賈公彥疏「以爲黃帝樂則雲門與大卷爲一。(注六十八)其說非也。雲門大卷。固屬二舞。一文一武。安得混而一之。

舞意　鄭玄釋雲門曰「黃帝能成名萬物。明民共財。言其德如雲之所出。民得以有族類也。(注六十九)陳暘樂書引「傳曰雲出天氣。雨出地氣」。則樂以雲門名之。以天氣所由入出故也。

舞用　周禮大司樂敍樂舞之用。一則曰「舞雲門以祀天神。」再則曰。「雲門之舞。冬日至。於地上之圜丘奏之。若樂六變。則天神皆降。可得而禮矣。」按雲門之樂誼取諸天。故以爲神祀之用。

舞樂　大司樂敍樂舞樂器曰。「靁鼓靁鼗。孤竹之管。雲和之琴瑟。」以配雲門之舞。鄭衆注云。「靁鼓靁鼗皆六面有革可擊者也。」鄭玄注則謂「靁鼓靁鼗八面。」案鼓人「掌教六鼓四金之音聲以節聲樂。教爲鼓而辨其聲用。」云「以靁鼓鼓神祀。」鄭玄注云。「靁鼓八面鼓也。」賈疏謂「靁鼓祀天神。又尊於地示。宜八面。」云。陳暘樂書曰。「先王之制管。所以道達陰陽之聲。然陽奇而孤。陰偶而羣。孤竹之管。與圜鐘之宮合。以之降天神。取其奇而孤也。」鄭玄云。「孤竹。竹之特生者。」雲門伴奏之樂器。按大司樂而知之。

舞調　大司樂敍分樂之序曰。「乃奏黃鐘。歌大呂。舞雲門。」鄭玄注云。「以黃鐘之鐘大呂之聲爲均者。黃鐘陽聲之首。大呂爲之合。」賈公彥疏云。「黃鐘言奏。大呂言歌者。奏據出聲而言。歌據合曲而言。其實歌奏通也。據堂上歌詩合大呂之調。」大司樂又敍合樂之調曰。「凡樂圜鐘爲角。大簇爲徵。姑洗爲羽。」鄭玄謂「先奏是樂以致其神。後乃大合樂而祭之。」按樂調以一律爲均。則諸律之符于五音者。皆有一定之序。此云爲宮爲角者。皆其起調畢曲之律。卽所謂樂調也。

舞器　神僊家者流。訛傳黃帝乘龍上天。羽化登僊。其說妄也。而非無因。蓋乘龍云者。黃帝征誅蚩尤。吹角爲龍鳴也。武舞大卷之威。有以象之。羽化云者。黃帝儀型萬國。舞羽以致治也。文舞雲門之德。有以象之。攷樂師六舞。舞師僅用其四。而鄭衆謂兵事以干。則用於祭祀者。僅有其三矣。大司樂三舞。咸池既以帗。而大磬既以皇矣。若雲門故非用羽。則重者嫌重而缺者且缺矣。故知黃帝雲門之舞定以羽爲舞器。

舞制　大司樂敍雲門之舞曰。「若樂六變。」是周官以雲門爲六變之樂也。而郭友直以十二成言之。不知奚據。按江永周禮疑義據要云「揚雄太玄之數。卯酉爲六。是以夾鐘爲宮者其數六。雲門之樂亦六變而終。」又曰。「夾鐘因奏圜丘而名圜鐘。」是樂舞之節數。直與均調之主律相關也。

舞體　通鑑外紀云。「帝命大容作承雲之樂。是爲雲門。著之椌楬。以道其和。」蓋黃帝之作承雲也。將以道性情之和。非若伊耆之徼福於神祇也。故其精神歷久不渝。而六代之樂取以爲首焉。

節二　黃帝之舞二(咸池)

大司樂敍六代之樂。次之以大咸。鄭玄注云。「大咸。咸池也。」又敍分樂之序。次之以舞咸池。鄭玄又注云。「咸池。大咸也。」禮記樂記曰。「咸池備矣。」鄭玄注云。「咸池。黃帝所作樂名也。」熊安生亦「案樂緯云。黃帝樂曰咸池」(注七十)莊子呂覽前漢樂志李善諸氏並謂「黃帝作咸池」。則咸池爲黃帝之樂信矣。

舞意　班固白虎通云。「黃帝曰咸池者。言大施天下之道而行之。天之所生。地之所載。咸蒙德施也。」鄭玄樂記注云。「咸。皆也。池之言施也。言德之無不施也。」陳暘樂書引「傳曰。洗光咸池。則咸池日所出之地也。」又云。「世之論者以黃帝之樂爲咸池。亦曰雲門大卷。然雲門大卷取諸天。咸池取諸地。其可合而一之乎。」

舞用　大司樂既曰。「舞咸池以祭地示。」又曰。「咸池之舞。夏日至、於澤中之方丘奏之。若樂八變。則地示皆出。可得而禮矣。」楊復曰。「地示。謂社稷也。」按咸池得名。誼取諸地。故以爲社祭之用。

舞樂　大司樂敍伴奏之樂器曰。「靈鼓靈鼗。孫竹之管。空桑之琴瑟。」以配咸池之舞。鄭衆注云。「靈鼓靈鼗四面。」鄭玄注則謂「靈鼓靈鼗六面。」鼓人職「以靈鼓鼓社祭。」鄭玄注云。「靈鼓。六面鼓也。」賈疏謂「靈鼓祭地示。尊於宗廟。宜六面。」云陳暘樂書曰。「陽大而寡。陰小而衆。孫竹之管。與函鍾之宮合。以之出地示。取其少而衆也。鄭玄云。「孫竹。竹根之末生者。」賈疏謂「枝根末生者。」「若子孫焉。」咸池伴奏之樂器、按大司樂、而知之。

舞調　大司樂序分樂曰。「乃奏大簇。歌應鍾。舞咸池。」鄭玄注云。「大簇陽聲第二。應鍾爲之合。」周官義疏後案曰。「祭地之樂。以陰律爲重。地主成物之終。故用應鍾陰成之律。而從陽之大簇。」大司樂又敍合樂曰。「凡樂。函鍾爲宮。大簇爲角。姑洗爲徵。南呂

爲羽」按謂合樂之際用此四調之律爲和聲也

舞器　周禮舞師「掌教帗舞率而舞社稷之祭祀」而大司樂曰「舞咸池以祭地示」陳暘樂書曰「於咸池之類言其章不言其器於帗舞之類言其器不言其章互備也故知黃帝咸池之舞必以朱帗爲舞器

舞制　大司樂敍咸池之舞曰「若樂八變」是周官以咸池爲八變之樂也而郭友直以十成言之恐不然也按江永周禮疑義舉要云「楊雄太玄之數丑未爲八林鐘爲宮者其數八咸池之樂亦八變而終」又曰「林鍾因奏方丘而名函鍾各以其類也」林鍾爲地統而方丘以祭地示是故其數八變古者一變爲一成則八變其八成與

舞體　呂覽古樂篇曰「黃帝命伶倫與榮將(注七十一)鑄十二鍾以和五音以施英韶以仲春之月乙卯之日日在奎始奏之命之曰咸池」可知黃帝之作咸池如是其鄭重也故公孫尼子傳樂記而極意推崇之曰「咸池備矣」

舞効　莊子天運篇云「北門成問於黃帝曰帝張咸池之樂於洞庭之野吾始聞之懼復聞之怠卒聞之而惑蕩蕩默默乃不自得」按咸池之舞其殆黃帝時流行之戲劇歟不然何以張樂于野而聚集民衆之觀聽也始之懼殆似夫希臘之先以悲劇後之怠又似繼以喜劇卒之惑更似近代劇之懸結法有發人深思反省之概合咸池八變之樂以觀不啻一本八折之戲劇矣然則黃帝張咸池之樂于洞庭之野其卽戲劇公演之濫觴歟

舞藝　莊子又載黃帝解釋北門成三問之答詞告以「至樂之道」蓋始「奏之以人徵之以天行之以禮義建之以大淸四時迭起萬物循生蟄蟲始作而驚之以雷霆其卒無尾其始無首所常無窮而一不可待故懼也又奏之以陰陽之和燭之以日月之明其聲能短能長能柔能剛變化齊一不知故常盧之而不能知望之而不能見逐之而不能及也儻若立于四虛之道倚于槁梧而吟形充空虛乃至委蛇故怠又奏之以無怠之聲調之以自然之命聽之不聞其聲視之不見其形充備天地苞裹六極欲聽之而無接焉故惑也」(注七十二)樂藝之神妙一至於此故天機不張而五官皆備此之謂天樂無言而心說於戲咸池備矣雖甚盛樂無以復加矣

節三　黃帝之舞三（大卷）

昔者蚩尤作亂。好兵。逐炎帝伐熊皐以肆虐于天下。于是黃帝修德振武。會師諸侯。擒蚩尤於涿鹿之野。使應龍殺之於凶黎之丘。披山通道。四征不庭。凡五十二戰而天下大服。於是北逐葷粥。合符釜山。畫野分州。得百里之國萬區。其事散見於史記、歸藏、逸周書、山海經、古今注、鹽鐵論、拾遺記、龍魚河圖、帝王世紀、黃帝內傳、玄女兵法諸書。帝之武功隆盛極矣。故作武樂。告成功以垂後世。傳有擱鼓之舞曲。踐形案其歌爲擱鼓之曲。其舞卽大卷之樂也。

舞意　周禮大司樂以樂舞教國子。鄭玄注云「黃帝曰雲門大卷。黃帝能成名萬物以明民共財。言其德如雲之所出。民得以有族類。」案雲門大卷。黃帝之文武二舞也。鄭玄之注連類釋之。上句其德如雲之所出。正釋雲門。下句民得以有族類。卽釋大卷。故賈公彥疏云「卷者卷聚之義。卽下注所謂族類也。」黃帝四征不庭。一統神州。得聚華胄以有族類。因是而知大卷之爲武舞也。故周存六代之樂。則大卷與雲門並存而以教國子。及舉六樂之用。則雲門以祀天。咸池以祭地。而大卷不列於以祭以享以祀之中。而不存。（注七十三）

舞用　雲門之舞。黃帝之祭樂也。用以酬神。咸池之舞。黃帝之戲樂也。用以娛賓。此大卷之舞。則黃帝之軍樂也。用以頌武威而告成功。故樂情激昂而樂調雄壯。龍吟夔吼。虎駭雷震。類多北鄙殺伐之聲。

舞器　雲門咸池皆文舞也。此大卷之樂則武舞也。黃帝作弩。黃帝之臣揮作弓。夷牟作矢。（注七十四）於是徵師諸侯。四征不庭。周禮大司樂曰「詔諸侯以弓矢舞。」則擱鼓之舞器其弓矢也。按漢高有巴渝之舞。其二曰安弩舞。其樂前歌後舞。謂爲武王伐紂之遺聲。殆亦黃帝擱鼓之餘響與。

舞樂　大卷之舞。擱鼓之曲。黃帝金革之遺聲也。涿鹿之戰。黃帝命吹角以爲龍吟。鑄鉦鐃以擬雹聲。得山夔之皮以製鼓。撅雷獸之骨以爲槌。於是金革喧天。雷震動地。此歧伯所作之鼓吹也。說詳古今注、山海經、宋書樂志、谷儉角賦、通禮義纂、文獻通考。黃帝內傳。

韓詩外傳諸書(注七十五)「天老所謂小者金大音鼓」足徵金革鼓吹之樂明備黃帝而掆鼓之舞曲即以象其聲也
周禮大司樂職曰「凡六樂者文之以五聲播之以八音」太師職曰「皆文之以五聲宮商角徵羽皆播之以八音金石土革絲木匏竹」所謂六樂者正指六代之樂也故諸先秦典籍則樂律之五聲樂器之八音皆至黃帝而全備故樂舞之雲門咸池並列六樂之首而不祧黃帝之樂可謂盛矣然雲門咸池雖已備鐘鼓管弦之聲而其所象皆黃帝文治之德至若龍角夔鼓短簫鐃歌(注七十六)所以發揚黃帝武戰之功者則惟軍樂掆鼓足以當之
馬端臨通考云「掆鼓小鼓也圓鼓上有蓋常先作之以引大鼓亦猶雅樂之奏鞞與金鉦相應皆有曲焉」案舞曲取名掆鼓樂以鼓爲節也故風土記有云「抱鼓着腹右手五指更迭彈之以爲節舞者揲地擊掌應節而舞焉」黃帝武舞亦即掆鼓之聲以爲舞節是以命名掆鼓也
舞曲　歸藏曰「蚩尤出自羊水八肱八趾疏首登九淖以伐空桑黃帝殺之於靑丘作掆鼓之曲十章一曰雷震驚二曰猛虎駭三曰鷙鳥擊三曰龍媒蹀五曰靈夔吼六曰鵰鶚爭七曰壯士奮八曰熊羆哮九曰石墜崖十曰波濤鼜(注七十七)律書樂圖文獻通考太平御覽馮惟訥詩紀馬驌繹史並引之十曲之傳由來古矣

(未完)

無題

沈抱一

盈盈一水各天涯儘向東流感歲華不信莊生還有夢可憐蜀帝已無家千條弱柳凝朝露七尺屏風擁曉霞門巷寂寥人去後(成句)怕吹玉笛落梅花

舞史（續）

楊踐形

舞制　葛天之歌八闋摑鼓之曲十章章猶闋也先秦曰變曰成後世曰節曰解皆即樂止更起別爲段落之誼故十章則十變已考黃帝之樂雲門六變咸池八變而摑鼓之舞蓋十變也

舞體　黃帝三舞雲門咸池並列六樂之首而大卷一舞存于教而不存于用是何故耶易緯通卦驗一再云「或調陰陽」注謂「雲門咸池」而春秋感精符云「則陰陽之晷如度數」與易緯通卦驗同正京房律術所謂「冬至陽氣應則韻清夏至陰氣應則韻濁」也其云「冬至成天文夏至成地理」通卦驗與感精符並同鄭玄注云「天文謂雲光運行照天下冬至而數訖于是時也祭而成之所以報也」案周禮大司樂「舞雲門以祀天神舞咸池以祭地示」又云「雲門之舞冬日至于地上之圜丘奏之咸池之舞夏日至于澤中之方丘奏之」陳暘樂書謂「雲門以天氣所由出入咸池則日所出之地」此即雲門之冬至成天文咸池之夏至成地理而以調陰陽者與故並列六樂之首至若大卷一舞金革喧天鼓吹震地舞撥征戰之容聲多殺伐之調一自虞韶而後雅樂既興尊揖讓崇玉帛雍容氣象充溢民間因是大卷一舞存于教而不存于用存于八舞而不存于六樂（注　）遂轉流北鄙而習爲軍樂崔豹古今注言其「建武揚德風勸戰士」周禮所謂「王大捷則令凱樂軍大獻則令凱歌者也」

舞情　新舊唐書唐紹傳曰「昔黃帝涿鹿有功故摑鼓曲有靈夔吼鵰鶚爭石墜崖壯士奮之類」其辭雖不傳而曲目之雄壯絕倫古今罕匹猶足想見當時氣概之確矣

節四　少昊之舞（九淵）

漢書律曆志少昊帝引「考德曰少昊曰清清者黃帝之子清陽也是其子孫名摯立土生金故爲金德天下號曰金天氏周衰（注七十

八）其樂。故易不載序于行。」曹植少昊贊云「祖自軒轅。青陽之裔。金德承土。儀鳳帝世」亦以金天非清陽之身。乃其子孫也。（注七十九）少昊作樂名大淵。見帝王世紀。杜佑通典歷代樂沿革馬端臨通考歷代樂制均同此說。而王先謙漢書補注。引大司樂疏。案皇甫謐云「少昊之樂曰九淵。」案孝經緯援神契亦云「少昊樂曰九淵」故正其名曰九淵。

舞意　少昊之舞。九淵也。（注八十）謂之大淵者。蓋誤或亦猶大卷大咸云耳。攷九淵之名。備詳列子。實出莊周。其義見于爾雅釋水泉列其六。濫沃氿灉汧肥。（注八十一）應帝著其三。鯢桓止流（注八十二）黃帝篇云「鯢旋之潘爲淵。止水之潘爲淵。流水之潘爲淵。濫水之潘爲淵。沃水之潘爲淵。氿水之潘爲淵。灉水之潘爲淵。汧水之潘爲淵。肥水之潘爲淵。是爲九淵焉。」張湛注云。夫水一也。而隨高下夷險。有洄激流止之異。似至人之心。因外物難易。有動寂之容。」案即郭象莊子注云「波流九變」是也。少昊之舞。是以取名九淵。

舞樂　羅泌路史云「少皞金天氏立建鼓。製浮磬。以通山川之風。」則大淵蓋鼓聲也。鼓以節舞。而金石以和樂。少昊之舞。雖不存于八樂。亦有可觀者焉。

舞制　少昊之九淵舞。蓋九變也。何以知之。郭象釋九淵云「波流九變」是以知之。且也顓頊之謚。帝嚳之謚。皆以五六爲名。少昊之淵。豈異是哉。

舞體　攷漢書律曆志「少昊爲金德」金生水。故樂以淵爲名「顓頊爲水德」水生木。故樂以莖爲名「帝嚳爲木德」木生水。故樂以英（注八十三）爲名。而此三氏者。皆曰「周遷其樂。故易不載序于行。」賈公彥疏大同樂云「伏犧以下皆有樂。今此惟存黃帝堯舜禹湯」是也。

節五　顓頊之舞（六莖）

漢書律曆志顓頊帝引「春秋傳曰少昊之衰。九黎亂德。顓頊受之。金生水。故爲水德。天下號曰高陽氏。周遷其樂。故易不載序于行。」（注八十四）顓頊作樂。實名六莖。

舞名　顓頊所作之樂。或說名五莖。或說名六莖。據周禮疏。引樂緯云。「顓頊之樂曰五莖。」按見樂叶圖徵。(注八十五) 劉𢰕新論。元結補古樂歌。均同此說。而御覽引樂緯注則曰「六莖」。漢書律曆志。班固白虎通。應劭風俗通。蔡邕獨斷。杜佑通典。馬端臨通考。並云「顓頊作六莖。」張揖博雅釋樂亦「六經」。則莖字从音作經。(注八十六) 案淮南原道訓曰「耳聽九韶六瑩」。高誘注云「六瑩、顓頊樂。」則作六瑩。誘又注齊俗訓「九韶六英」云「六英、帝顓頊佾樂」。六六列六英云「六英、禹兼用顓頊之樂」。抑且竟作六英。或英瑩音近而誤。至王符潛夫論五德志云「顓頊作樂五英」。則竟與帝嚳之樂名同矣。恐不然也。

舞意　樂緯叶圖徵「帝顓頊曰五莖」。注云「能爲五行之道。立其根莖也。」案春秋緯感精符「舞八音。」注有「五英六莖」。易緯通卦驗「舞八樂」。注有「五音六莖」。又「或調五行」。注「謂五英」。可證五行之訓。實解五英。而五音則音近譌字也。然則五莖之誼。殆不足徵。今據御覽引樂緯注云「道有根莖。故曰六莖。」前漢志云「六莖、及根莖也。」風俗通說同。師古曰、「澤及下也」白虎通曰「六莖者。言和律呂以調陰陽。莖著萬物也。」王先謙漢書補注云「律呂皆六。故以調律呂言之。」案郎「或調律曆」注「謂六莖」是也。然則、顓頊之樂。合以六莖爲正。

舞用　白虎通釋六莖。「言和律呂以調陰陽。」案易緯通卦驗。春秋緯感精符。並云「冬至日。人主與羣臣左右。縱樂五日。天下人衆。亦家縱樂五日。以迎日至。又云「冬至人主致八能之士。或調黃鐘。或調六律。或調五聲。或調五行。或調律曆。或調陰陽。或調正德所行。」注「五行、謂五英。律曆、謂六莖。陰陽、謂雲門咸池。正德所行。謂大韶大夏大濩大武。以是證知。班固之釋。六莖混入。承雲一若。鄭玄之釋。雲門混入大卷。其界誼不清。同也。劉恕通鑑前編外紀。顓頊紀云。「作五莖六英之樂。以朝羣侯。」正「與羣臣左右天下人衆縱樂」之旨。而用爲嘉賓之禮。蓋與黃帝之咸池同其用也。

舞樂　呂覽古樂篇。帝顓頊項曰。「乃令鱓先爲樂倡。鱓乃偃寢。以其尾鼓其腹。其音英英。」高誘注云。「英英、和盛之貌。」案尾謂鼓槌。腹謂鼓革。英英謂鼓聲。謂其樂以鱓鼓爲舞之節也。呂覽與淮南二書。其注同出高誘之手。誘注淮南。六英一再指爲顓頊樂。殆以此與王嘉拾遺記顓頊篇有「浮金之鐘沈明之磬及朝萬國之時乃奏含英之樂其音清密落雲間之羽鯨鯢游涌海水恬波」案所謂含英之樂者即呂覽之英英淮南之六英王符之五英耶含英其正而五六其涉訛耶含英者六莖之異名浮金之鐘沈明之磬與鱓先之鼓皆六莖伴奏之樂器也而鯨鯢海水又實與鱓字相關。

舞曲　劉恕通鑑前編外紀顓頊紀云「爲圭水之曲浮金効珍于是鑄之爲鐘作五莖六英之樂以朝羣侯」（注八十七）可證樂奏五莖六英之舞時即歌圭水之曲也圭者以朝羣侯水者朝宗于海而浮金沈明與游涌恬波皆水之義也以是號爲圭水曲

舞制　淮南齊俗訓「六佾六列六英」高誘注云「六列六六爲行列也六英禹兼用顓頊之樂也」蓋顓頊之樂其鄭則六列其變則六成是故以六名

舞體　畢沅校呂覽「乃命鱓先爲樂倡」云「乃令初學記作乃命樂倡樂人也」踐形案倡爲樂工鱓先蓋典樂之官也足徵顓頊當時樂制隆重並置樂官以專司樂務六佾六列凡六六三十六人設官所以統治之後世教坊梨園之制殆即昉于此乎

節六　顓頊之舞二（承雲）

呂覽古樂篇曰「帝顓頊生自若水實處空桑乃登爲帝惟天之合正風乃行其音若熙熙淒淒鏘鏘帝顓頊好其音乃令飛龍作效八風之音（注八十八）命之曰承雲以祭上帝」

舞名　劉恕通鑑前編外紀顓頊紀作承雲之樂節混合兩種舞樂宜分別言之其云「帝命飛龍氏會八風之音以召氣而生物以調陰陽享上帝名曰承雲」與呂覽古樂篇之說正同此即竹書紀年顓頊紀「三十一年作承雲之樂」是也至圭水之曲六英之樂已見前節六莖項下

舞意　承雲之樂實效八風之音案易緯通卦驗云「八節之風謂之八風（注八十九）立春條風至注「東北方風」春分明庶風至注「東風」方立夏清明風至注「東南方風」夏至景風至注「南方風」立秋涼風至注「西南方風」秋分閶闔風至注「西

方風」立冬不周風至。注「西北方風。」冬至廣莫風至。注「北方風。」而繼之以二十四節之雲云。冬至初陽雲。小寒蒼陽雲。大寒黑陽雲。立春青陽雲。雨水黃陽雲。驚蟄赤陽雲。春分正陽雲。清明白陽雲。穀雨大陽雲。立夏當陽雲。小滿上陽雲。芒種長陽雲。夏至少陰雲。小暑五色雲。大暑赤蒼雲。立秋濁陰雲。處暑赤陰雲。白露黃陰雲。秋分白陰雲。寒露正陰雲。霜降大陰雲。立冬黑陰雲。大雪降陰雲」蓋古者以靈臺候雲物。凡分至啓閉必書雲色而占雲狀。風雲之相關莫切于八節。故效八風之音。命之曰承雲。所以召氣而生物也。其曰「以調陰陽」者。亦卽通卦驗一再云「或調陰陽」也。注「謂雲門咸池」。案高誘注淮南齊俗訓云。「咸池承雲皆黃帝樂。」又注咸池承雲九韶云。「舜兼用黃帝樂」。推誘之意。豈不以承雲卽雲門耶。雖然其祀天神與祭上帝也固同。而雲門者樂緯叶圖徵「謂之調露之樂」。承雲則呂覽古樂篇所謂「八風之音」也。烏可混而一之。

舞用　通鑑外紀于顓頊之樂一則曰「享上帝」。再則曰「朝羣侯」。案朝羣侯者六莖之用。享上帝者承雲之用。兩舞之所由別也。承雲之樂上承黃帝之雲門而來。同爲祭樂。一若六莖之視咸池。同爲燕樂也。(注九十)

舞樂　呂覽古樂篇云「正風乃行。其音若熙熙凄凄鏘鏘」。則必金石絲竹之音。鐘鼓弦管之聲。乃能象之。又云「作效北風之音」。案杜佑通典「八卦之音卦各有風。謂之八風」(注九十一)是又八音全備者矣。

舞制　白虎通釋六莖而混入承雲。通鑑外紀釋承雲而混入六莖。高誘釋承雲而混爲黃帝之雲門。則以承雲與雲門六帝同有可混之點存也。雲門六變。六莖亦六變。故知承雲亦六變也。

舞體　顓頊之樂承黃帝雲門之制而名承雲。周存六樂既用雲門矣。故畧其樂而不載。然淮南齊俗述有虞氏之禮而曰「咸池承雲九韶」。則知承雲之樂且與咸池九韶並隆而媲美矣。

節七　帝嚳之舞(六英)

漢書律曆志。帝嚳引「春秋外傳曰。顓頊之所建。帝嚳受之。玄囂之孫也。(注九十二)水生木。故爲木德。天下號曰高辛氏。帝摯繼之。不知世數。周縣其樂。故易不載。」帝嚳作樂。實名六英。

舞名　帝嚳所作之樂。或說名五英。或說名六英。其歧誤。正與顓頊同。據前漢禮樂志云「帝嚳作五英。」白虎通風俗通獨斷御覽引樂緯注並同。博雅釋樂亦「五韺」則英字从音作韺。(注九十三)而周禮疏引樂緯乃云「帝嚳之樂曰六英。」案見樂叶圖徵劉恕新論王符潛夫論元結補古樂歌並同。通典依漢志作五英。而通若則依樂緯作六英。稽諸呂覽古樂篇。則六英之說是也。

舞意　前漢禮樂志云「五英。英華茂也。」風俗通說同。白虎通曰「五英者。言能調和五聲。以養萬物。調其英華也。」太平御覽引樂緯注云。「道有英華。故曰五英。」而熊安生則引樂緯宋均注云。「六英者。爲六合之英華。」案見樂叶圖徵注也。而文獻通考。則名用樂緯。釋用漢志。「謂華茂也。」

舞用　呂覽古樂篇云。「因令鳳鳥天翟舞之。帝嚳大喜。乃以康帝德。」高誘注云。「康。安也。」案樂緯叶圖徵以及易緯通卦驗春秋緯感精符均以誤舞爲八能之士二至所舞。八樂之一。則六英者。亦燕樂之流。故以安帝德也。

舞樂　呂覽古樂篇于帝嚳六英下。繼之曰。「有倕作爲鼓鼙鐘磬吹苓管壎篪鞀椎鐘。帝嚳乃令人抃或鼓鼙。擊鐘吹苓。展管篪。」高誘注云。「兩手相擊曰抃。」觀于此。則六英一舞。伴奏之樂器。聲可知也。

舞曲　呂覽云。「帝嚳命咸黑作爲聲歌。」聲字。太平御覽羅泌路史俱作唐。此聲歌者。卽六英之舞曲也。

舞器　呂覽之敍六英曰。「因令鳳鳥天翟舞之。」天翟。蓋所持之舞器。則六英之樂。必羽舞也。

舞制　劉恕通鑑前編外紀帝嚳紀作九招之樂。節曰。「帝命咸黑作爲聲歌。命曰九招。」呂覽古樂篇亦云。「九招六列六英。」下又云「帝舜乃令質修九招六列六英。」是皆以九招六列六英連綴成文也。案淮南齊俗訓言顓頊之樂以「六佾六列六英」連綴成文。夫角招徵招。同爲九招之一。凡九變。故九招之樂九成。而舜之簫韶。則以簫別之。一若顓頊之承黃帝雲門。而名承雲也。由是知顓頊之六莖。以六變而亦號六英。帝嚳之六英。則以九變而亦號九招。

舞體　六英。亦名九招。虞舜修之。而作簫韶。即大磬（注九十四）之舞也。周存六樂。既用大韶矣。故舉其樂而不存。然易緯通卦驗春秋緯感精符並云「冬夏二至舞八樂而謨舞實爲八樂之一」也。

（未完）

十八娘傳

黄仲琴

十八娘。閩人也。家於福州城東報國院。與釘坐道人丁香子皆同族。厥初出自交趾。漢時始入中國。有寵於孝武帝。至唐天寶間。十八娘被選入宮供奉。時太眞貴傾後庭。希當意者。獨與之淄澠味合。每游太液池沈香亭長生殿。必招十八娘與俱。其族有居嶺南者。例以美者充貢。一聲至太眞則倚糚待之。於時豔稱都下。至形諸歌詠。若一騎紅塵妃子笑之句。尤傳誦一時。議者又以爲十八娘相援引之力云。洎明皇西幸。太眞殉馬嵬之難。十八娘放歸故里。小園半畝。與石醋醋比鄰而居。雖風晨月夕。不相過問。或詢以唐宮舊事。但低吟宮花寂寞紅而已。唐政不綱。中原宰割。閩僻居海左。碩果僅存。王氏開府後。境內乂安。十八娘春秋方高。然容貌視昔尤豔。閩王十八女。知十八娘之爲尤物也。善視之。方春氣餘融。薰風時至。相與流連閨閣者。冰盤明璫。達旦連宵。猶依依難別。十八娘長身玉立。常被紫縠衣。內襲絳紗襦。與雪膚相映。自以身經離亂。安土重遷。遠出數日。即黯然色變。然十八娘名聞天下。一游異地。聲價尤高。自王公貴人。下至販夫走卒。皆樂道津津焉。宋東坡居士贈以詞云。骨玉肌香。恰是當時十八娘。或謂居莆田者。宋時友蔡君謨。君謨曾序其譜。居漳州者號　皆有十八娘之風。

野史氏曰。世稱十八娘尙矣。色既豔絕。尤嫻詞令。放歸後。有贈東海生詞云。妾身本是瑯琊種。當年曾得君王寵。傾國門紅糚。人稱十八娘。絳綃籠玉質。纖手金盤擘。驛路起塵埃。驪山一騎來。情詞悽麗。不忍卒讀。天下之人。愛其色不愛其才。非深知十八娘者。嗚呼。五湖一舸。西施同載。逐什一之利者。又何人耶。

介紹中一國學叢書

無錫楊中一先生踐形積學士也博聞強記好學不倦齠齡即馳譽于鄉里弱冠已推尊于師友年甫而立著作等身深懼六經弁髦國學淪亡因廣羅九經諸子七緯史志曆象等專家名著兼及新出科哲諸書藏幾萬卷爲中一圖書館（參觀中國圖書館名人錄中楊踐形小傳）暇則寢饋其中研究考證每有心得獨到處多前人所未言而周易一經致力尤劬參考書籍數至五百旁搜遠討辯異同別醇疵費廿餘年苦心自成一家言有易學叢書三十六種餘如六書音韻樂理曆象又皆別具會心得未曾有玆避亂滬濱篋中藏舊著數十種太半無副本歷年心血散失是憂爰付印以廣流傳定名中一國學叢書惟是紙張昂貴印費浩大必待聚沙而作塔庶能集腋以成裘倘蒙好學知音或解囊助款或購書預約俾得玉成蕆事亦結緣翰墨之良機也特書此介紹

唐文治　丁福保　袁希濂　顧公亮　王銓濟
沈恩孚　蔣維喬　高　燮　馮明權　賈豐芸
金天翮　錢振鍠　呂思勉　孫德餘　李心蓮

中一國學叢書敍篇

楊踐形

經學類

（易）先後天卦象交變圖說

先天卽天地定位卦象後天卽帝出乎震方位互爲體用均見說卦傳惟自來言交變之法者乃有多端或以術數或以理氣或以爻象並覺其遠靜中思之如有所得蓋其樞機卽在坎離之周流而初變移風再變易俗學易所以教人寡過之方也作先後天卦象交變圖說

（易）中字通釋

清易學自端木周易指焦循易通釋而後繼

起無人然其特點有三(一)研究科學化（二）解釋尙考證(三)每一字均作專門術語詮界精確而謹嚴全書一貫到底不得浮泛或望文生義作中孚通釋

(易)六十四卦錯綜法

宋易起於希夷演爲周濂溪之太極圖與邵康節之先天圖卦變圖朱紫陽出兼承兩統遂爲宋易大宗明時來瞿塘之錯綜法又別出爲支流茲參酌宋明二學作六十四卦錯綜法

(易)卦變考

漢易有卦變宋易有卦變淸易亦有卦變卽如荀搆卦變之王弼最闢卦變之程頤而於賁損等象竟不能不言卦變至鄭汝諧之相錯兪琰之反對來知德之錯綜毛奇齡之分聚焦循之比例雖各別樹一幟要皆不出漢宋之卦變也作卦變考

(易)卦象兩端述例

爻雖有六象約維三文言著進退之辭象傳辨往來之誼上下內外之界說不明故漢宋卦變之來源互歧蹇晉等卦聚訟紛如欲息羣言之爭必折中於至聖作卦象兩端述例

(書)讀伏勝尙書大傳

說文禾部引唐書曰棋三百有六旬又心部引唐書曰五品不愻蓋古以堯典爲唐書考伏勝尙書大傳有唐傳虞傳虞夏傳困學記聞云大傳說堯典謂之唐傳則知不以爲虞書於時愼徽五典以下尙未別析爲舜典也按虞夏傳敍舜禹攝政之事並詳九招八伯之樂名舜名韶樂之後尙有雍樂雍舞備十有二變諸如此類補充經義關係甚大作讀伏勝尙書大傳記

(書

範微

上古哲學淵源八卦以後厥惟九疇周易之

闡發代有其人至若洪範漢儒多因以究休咎之徵宋有蔡九峯析其名數以爲洪範皇極內篇用心雖苦繼起無人要知易範相爲表裏神禹所受箕子所陳凡動幾行爲之間天道人事之變禍福感應之理皆備其中誠修身之捷徑處世之良軌也作範微

（詩）孔子之詩樂

孔子刪詩然後樂正則孔子之時詩無不入樂矣太師陳詩比其音律則孔子之前詩無不入樂矣墨子稱詩誦弦歌舞則孔子之後詩亦無不入樂矣古時詩教通行未有詩而不入樂者故季札觀樂諸國皆歌而樂記宜歌風與雅頌並言鄭樵通志謂古之達樂三一曰風二曰雅三曰頌而金石絲竹匏土革木皆主此三者以成樂其說本諸孔穎達正義云依音制樂詩在樂章之誼故曰興於詩成於樂也漢立學官齊詩最盛蓋魯韓三家但傳訓詁不傳音律傳音律者只有齊詩齊詩特點卽在四始五際等誼詩緯汎歷樞含神霧諸篇可相印互明惜二千年來傳者無人僅孔廣森經學卮言尚能略知梗概耳作孔子之詩樂

（禮）皮弁素積裼而舞大夏考

古禮失傳服制無考裼襲之義尤多異說學者經生迄未能定一是然就玉藻三思誼可知矣茲分冠衣裳帶韠屨六類詳稽三禮經傳疏圖旁參書詩左漢等注疏所引及鄉黨考小爾雅釋名方言說文諸書作皮弁素積而舞大夏考

（樂）樂微

周官六藝有樂孔氏六經有樂武城弦歌千古傳爲美談秦火之餘樂經雖亡漢興以來樂藝猶存比至後世古雅淪湮胡俗僭充龜茲既亂於前海舶復奪於今乃至西鄙粗暴

殺伐之聲尊其號曰軍樂濮上哀怨煩碎之音美其名曰細樂逢婚喪慶會之禮無非舉之考諸周制則五禮之樂各宜有別也三禮而外則堯典周語管子呂覽淮南史遷班固諸說猶可考見下逮歷來樂律專著遠及西樂律理準成均之制補樂經之亡作樂徵

(樂)舞史

人不能無樂樂不能無形故歌詠其聲舞動其容詠歌之不足不知手之舞而足之蹈也舞蹈一藝由來古矣昔者伊耆有蜡舞之辭祝誦有屬續之樂葛天有玄鳥之曲陰康有宣導之舞伏羲作立基有罔罟之歌駕辯之曲鳳來之頌女媧作充樂神農作下謀有豐年之詠扶黎之樂黃帝而後六代之樂有周禮足徵秦漢以來隨代皆有制作然不離韶武二舞爰考證羣經諸子七緯九通等書溯尙世之淵源敍歷代之沿革作舞史

子學類

老子碻解

杜下五千言闡發處世修身之哲理與周易相通而後世刑名法術隱逸神仙之流各以其說說老子五千言之老子惟一而各人心中之老子無窮一人一誼百人百誼冰塞火熱鑿圓枘方而五千言之老子難知矣乃或諉老子之書難讀皆由未能精研深體五千言之全旨耳研易之餘汎濫道藏全書得百數十家老子注上溯韓非尹文莊列呂覽淮南諸解下逮近人諸說藉資考證務期以本經之說說老子作老子碻解

莊子辨味

孔子贊易韋編三絕其最大之發明有二一曰繼善成性之道孟子七篇發之二曰太極圜中之旨莊子內七篇發之宋儒謂孟莊之學內聖外王一體一用同得孔易之心傳觀

大宗師篇泐心齋坐忘之師說於孔顏不僅遠祖杏壇兼上宗陋巷矣其言一則曰春秋以道名分再則曰春秋經世先王之志聖人議而不辯齊物篇一再稱孔子爲聖人爲夫子既引徵其言復綴詞其後而鄭重以中之曰萬世之後而一遇大聖知其解者旦暮遇之也考莊子一書稱頌聖人最多逍遙遊一齊物論九人間世二德充符四大宗師九應帝王二計內篇之言聖人者已二十有七蓋內七篇皆眞莊手筆非如外篇雜篇多纘莊贋莊之作世人執魚目而疑莊子不知莊子之心也讀莊解莊者不得莊子之心則讀者非莊子之書解者非莊子之意矣嗚呼人非莊子誰能得莊子之心人非莊子誰能讀莊子之書而解莊子之意哉雖然謂世無莊子則可謂天下無人則不可天下不能無人則莊子之書不能無讀者解者理必然也作莊子辨味

雪墨

墨子著書具救世之宏願經孟子「無父」一語蒙不白之冤者二千餘年矣余悲憫墨子之志乃掃徑翦棘證經引傳博徵周秦遺獻暨史家學者之評論爲之訟冤昭雪余不敢爲墨子知己明證俱在天下有目者所共識也作雪墨

孟荀性論折中

孟荀性論善惡之異同爲中國哲學史重要之爭辯至今迄無定論雖然道在邇而求諸遠事在易而求諸難曷不卽以孔子之說爲息爭端之標準作孟荀性論折中

哲學類

人生哲學談

人生之幸福不在肉慾之恣肆而在價値之增隆不在肢體之安適而在精神之愉快苟

欲發揮人類固有之良能擴充人類固有之良知涵養性情鍛鍊意志而免於人類之化爲物質化爲機械以圓滿眞實美善之人生主義非研究哲學不爲功作人生哲學談

西哲學案

歐西學術淵源發軔於希臘七賢之泰利氏逮蘇氏柏氏亞氏相繼崛起學院興立斐然可觀乃自西羅馬滅迄東羅馬亡其間學術統於教會經院者殆有千載文藝復興而後新說競起學派瀾汾直至今而未艾遂蔚爲近代之學說作西哲學案

倫理學詮解

倫理學定詮歷經各學者之標詮說互不同然究其能兼賅諸家之長而不背於國學固有之史蹟者當以研究人生行爲之價值而得實踐處世之正道爲主旨作倫理學詮解

歐西倫理學源流

歐西學術夙以認識宇宙爲研究之點與中國學殖之淵源於倫理者着眼不同傾向各異然處世之方不外奉己待人兩途則倫理與學術之關係其重要可知作歐西倫理學源流

習性論

中庸言性本同論語皆指先天之稟賦言及其居移氣養移體受家庭教育社會風俗之環境而後逐漸變遺傳之個性而成後天之積習故研究優生學者當以先天之性後天之習並重至其補救缺憾則惟教育感化之力作習性論

科學類

黃道新天象

根據史漢天官書天文志星經參證歷代天算家說迄近代賀步緯黃炳垕戊寅（廿七年）春用天文鏡測定黃道二十八宿經緯

度數重排二十八舍廣狹及每舍首尾兩星均取三四等以上必不得已而採用五等星者僅一張宿用意欲使初昏時人目皆能共見以符敬授民時之教且挽救習用西法星座之流弊作黃道新天象

歷代曆制沿革考

自伏羲始立周天曆度乃作甲曆起迄清世宗更定時憲曆止凡九十家作歷代曆制沿革考

民元曆新鈐

壬子春與徐璇璣共算截曆揑法故名民元曆至甲子年更定新鈐法推算卽從本甲子年天正冬至起用鈐者省去乘除之煩難便於布演之簡捷爾作民元曆新鈐

中國文化之關係全世界

史學類

中國文化有五千餘年最古之信史用域內四百五十兆民統一之同文其文化思想磅礴扶輿海外異域並受同化展發至今不僅蔚演成東方文化之一大系卽其流風遺韻之嚮影歐西者實爲世界文化之祖蹟至偉也作中國文化之關係全世界

楊氏源流考

讀中國國學會會刊第十期專件楊宗同姓分氏始祖考後心有所感余楊氏也事關始祖未敢緘默爰博徵經傳史子通志姓譜世本世系唐書宰相世表作楊氏源流考上編姬姓楊氏始祖辯下編弘農楊氏源流考

小學類

六書分類例證

依據說文間及金石甲骨體近王筠釋例與六書源流考相爲表裏作六書分類例證

國文法字類例證

自馬氏仿歐法而作文通嗣是國文法書匯

武雜出然皆習狃於西文形式不免削足適屨之弊蓋文法必根據於語言文字之歷史習慣而我國字製又自有其獨立之特性與價値視歐西構綴不必從同亦不容強同研究國文法者首宜知此作國文法字類例證

比較音韻學

文字學統三部一字形屬說文系二字義屬爾雅系三字音屬唐韻系細別之爲古韻學廣韻學等韻學切韻學發音學語源學音韻通轉法等茲用注音符號萬國音標及世界各邦字母比較附注作比較音韻學

無錫音韻考

自江左偏安五胡亂華暨異族入主以來中原古音早已系紊統絕然而秦漢之音猶留嶺外隋唐之韻仍遺江南吾錫方言之猶秉周化者有經傳足證爰據守温旁證華嚴挹温公鄭樵劉鑑諸圖合喉腭舌齒唇清濁發送收則吾錫聲類超乎七十以上而韻攝不與焉考指掌十攝指南十六攝七音略四十三圖韻鏡四十五圖廣韻三百二十九類而吾錫安攝獨析三韻蓋寒從「c」（倒西字）元從「a」先從「e」三韻介母證諸萬國音標固不同也殆遺韻之未蛻者至閉口韻之收聲於「m」音者僅廣東猶保古韻而江南已蕩然矣作無錫音韻考

梵字母考

精研佛學或誦眞言非通梵字音義難確故欲深造內學必先務字母而記典源志所載字數形音各有出入甚至異字同讀同母異音修持者亦不過謹守師傳依樣葫蘆奚待六譯而歧義哉作梵字母考附字體異形字音異讀二表

文學類

中國文學研究法

文學之重思想情感各國皆同至若氣勢格調采藻聲律則中國文學之美有非旁行書革者所能夢想矣上徵文心雕龍下逮芸臺阮氏當知所謂中國之文學者作中國文學研究法

中國文學史述要

近百年來道喪文弊已極黃鍾瓦釜病狂誰辨誨盜誨淫書肆充斥識者早有陸渾之憂由未能眞識文學之誼界也作中國文學史述要

宗教類

佛學研究

中國佛學唐爲最盛三教十宗互顯宏通並流朝鮮而傳日本印南海諸邦亦多學佛於震旦近如歐洲發起世界佛教大會紛向佛教先進之中國求取華文佛經譯成各國文字用廣流傳誠以華譯佛經詞意恰到好處而大乘佛教又屬震旦之特色與老莊印證頗多指月拈花之趣而六波羅蜜原皆孔孟所雅言寂感遂通作佛學研究

太虛講錄疏正

乙亥秋仲丁侍父偕祭遷錫始祖宋儒龜山公於東林舊址道南祠並歡迎國府林主席所頒匾額在迎賓樓聚餐後隨至縣佛學會聽太虛法師講大乘理趣六波羅密多經返舍後倍記所聞作太虛講錄疏正

藝術類

樂律精義

會通世界三大樂系折中於冷淪成周樂藝之精妙有非胡俗所能夢想尤在成均還宮曲折複音諸法作樂律精義

大學歌舞譜

移風易俗莫善於樂周禮大司樂掌成均之法以樂德教以樂語教以樂舞教蓋其變化

江浙同鄉會二週紀念刊

氣質涵養性情所以日徙善遠罪而不自知也爰稽歷代樂舞之制曲折均調之法徵之三通諸說參之大成各譜損益因革而爲學篇之歌之舞振國政於陵夷寓教育於遊戲適合學童之耳目便於音容乃斟酌中外古今之宜繙雅爲俗仍不謬於舞象舞勺之旨作大學歌舞譜

數碁

余長景校時偶見諸生有圈井之戲欲以無害學業有裨智慮之品易之因本其素好遊戲之心符以利用算術之理作爲數碁之訣以授諸生俾寓學科於遊戲藉增智慮之發展復纂輯原理錯綜變法泐成一書作數碁（收款處）上海龍門路十六號孫籌成君

九四

名著

樂經亡後之國樂研究

·楊中一·

中國樂藝

中國樂藝，發展最早，伊耆有土鼓葦籥，葛天有玄鳥舞曲，朱襄之五弦瑟，宓犧之九弦琴，五十弦琴，女媧之笙簧，神農之五弦琴鐘磬，說詳禮記呂覽世本，至黃帝命伶倫制十二律管，以絲弦爲絙桑，而八音具，樂之有律，所以「立均」「出度」以「備數」也，至寡者，希臘之五律，與巴比倫希伯來同，其後迺有七律與埃及同，十二律與中國同，而暹邏十四律，安息大食十七律，捐毒二十二律，明季意人之十九律，清初比人之五十二律，清季匈人之四十一律，最多者，京房之六十律，錢氏之三百六十律，明季鄭儲創十二平均律，百餘年後，德人始知倡用，盛行至今，近有議采西亞二十四律者，即魏書樂志「小一之律」。

律分三系

古今中外之言樂律，雖分三系，要皆折中於軒伶，爲萬古律宗，唐虞之盛，八音克諧，南風琴徽，專用諸律，成周之隆，師說寖備，管左荀呂，最知聲律，管子「小素」，實弦音之度，呂覽「含少」，爲管律之基，國語「立均」，奠音和聲，依韋昭之注，即京房準，蔡邕笛，梁武通之類，「出度」計律造器，即考工「鐘磬」之制，中聲黃鐘之宮，定歌喉之閾，周禮「成均」正音調之型，復音「合樂」傳自春宮，轉調「還宮」，著於禮運，成周風雅登峯造極，國樂之須彌頂時也。孔子學琴聞韶，刪詩正樂，詩三百篇，皆弦歌之，樂經既亡，古律無傳，二千年來，長夜至今，淮南馬班，僅明準律，致仲呂不復還生，黃鐘京房知古理，未知古法，何承天十二匀律，仲呂可還，法具宋志，惜非虞周之諧律也。書廢無用，後周王朴十二正音律，羽角以下，各有斟分，不同舊數，而律準和弦，差近「成均」，若明管子「復於其所」一語，自可循環相生不窮，琴家皆知泛音當徵則鳴，莫知實音亦必當徵而後鳴，世惑於漢後俗律，習非成是，羽角以下，噍而失諧，致和聲贏亂之妙，絕迹隨後，反疑世界先進，不知西樂音純。

閏宮之妙

清康熙間，意人挾西樂說來華，僅有宮商角清角徵羽六聲，極於羽，不能再進則升角於角清，更起六聲，宮不能再退，則降清角於角位，更退六聲，其鍵在清角之升降而已。至乾隆時，有所謂新法者出，始知變宮爲七聲，即淮南之「和」，然後對位作曲，諸法相繼興爾，我則成周合樂，已極複音和聲之妙，千五百年前，梁末邱公明作幽蘭操，滿弦盡用和聲，凡西樂所謂協和長短增減各度，無不全用，隋後胡俗篡統，識古樂者，遂無人爾，漢武采詩夜誦，迺興樂府，漢有制氏，魏獲杜夔，古樂餘緒，賴以不墜，琴有清平側瑟諸調，南朝猶行清樂，隋承北禪，樂用龜茲，唐融胡俗，發明閏音，爲燕樂琵琶四弦二十八調寄犯之用，晉阮咸五弦銅琵琶，如秦制，十二柱，歷唐猶存，凌廷堪燕樂攷原引元稹張祜五弦詩，以徵唐備五，均宋太宗四弦加一弦，散呂五音，徽宗不知取法，借宮弦殺徵，補徵角二均，南宋又增變徵，成十二律八十四調，沈括張炎姜夔所述互有異同，陳暘謂樂主劈築；惜復徵反失閏宮之妙，僅存七宮十四調，樂主三弦，燕樂之緒流爲北曲，清樂之遺復化南詩，實存六宮一調，明清僅存小工一笛七調，國樂淪亡，興復何日，樂藝雅士，幸負此肩。

古城梨園大事彙

·ST生·

——有聞必錄　忠實報告——

著名編劇家翁偶虹君，經關德咸介紹，已允爲吳素秋担任編劇，俟吳宅關書送去，即可開始實行，其第一部作品，刻正在搆思之中，大約中秋重陽間，定有新作品與顧曲者相見於氍毹之上也。吳素秋已決心犧牲「新紡棉花」，此後將努力於舊劇之進展，與

課隙語序

孟子述孔子之書曰。學不厭而教不倦。學者。士君子之所以自修。教者。士君子之所以化人。自修而不厭。斯正己而已無不正。化人而不倦。將正人而人亦可正矣。士君子讀書何事。無非欲正己以正人爾。方今之世。滔滔者天下皆是也。而誰與易之。余自避亂來滬。寒暑三閱。今乃得一人焉。不屑不潔。隱教鄉村。將以化民成俗。爲天地間留此讀書種子。洵乎非今世之人也。學者稱爲雨鑱先生。茲出其所著課隙語一書。徵序于余。余自愧伯玉之知非。故益勉仲尼之學易。而研幾雖力。寡過未能。至易經救世之願。徒託空言。自訟之不遑。更安敢序人書。顧竊爲天下之真讀書者喜也。不可無一言以紹介。課隙有語。毋亦曰。學不厭而教不倦歟。學然後知不足。教然後知困。學有餘而教。教有餘而學。惟斅學半。教學相長。故能教有成材。學無止境。將所謂正己以正人者非耶。世有善讀書者乎。必於是焉觀。爰爲序。辛已長至。無錫楊踐形

叙(四)

大學一篇，本在小戴記第四十，鄭目録第四十二，劉向別録入通論十五篇中，廖季平列于學問，刑今古文同。「名曰大學者，」康成云「以其記博學可以爲政也。」孔穎達正義「大學之篇，論學成之事，能治其國，章明其德于天下。明德所由，先從誠意爲始。」

魏政和中，詔諸儒虞松等攷正五經，衛覬、邯鄲淳、鍾會以古文小篆八分刻之于石，流行禮記，而大學、中庸傳焉。松表述賈逵之言曰「孔伋窮居于宋，懼先聖之學不明，故作大學以經之，中庸以緯之。」則是學庸皆子思所作，故互相爲表裏。唐以前並列四十九篇中，蓋孔門遺書之舊，所謂古本者也。吳秋圃云「古本大學，乃漢孔安國所獻壁經原文。」自是一篇，無分經傳章節，漢注唐疏，列在學官，刻之碑版，從未有疑其錯衍錯簡者。後乃與中庸篇單行于世。宋仁宗天聖八年，以大學賜新進士王拱宸等。至拱宸同年歐陽修所取進士大程子，始爲表章而更定之，移克明德至止于信于古之欲明節前，淇澳二節聽訟節于南山節後，此謂知本二句仍依原文，是格本末之物爲格物，致先后之知爲致知也。小程子又更定之，移聽訟節于此謂知本二句上，嫌知本句衍。然以知本爲知至，未嘗謂格物致知別有它義。逮朱子因伊川之次，別以經傳，增補格物

大學古本質言敍　二

致知之誼，删改移補動及其半，書本殆已三變矣。厥後改本接踵而起，宋有吳守磐葉夢鼎董光槐車若水，元有王柏黃震吳澄，明有方孝孺景溫陵蔡清潘潢高攀龍葛寅亮季氏等，又皆各有其說。且董槐學于輔慶源王柏學于黃勉齋，並傳朱學，而亦並以格物致知之誼爲未亡，欲還知止而后節物有本末節于聽訟節之上，雖其徒亦疑其未可從也。至番禺豐坊乃更傳有正始三體，蔡邕石經本至善下接古之欲明節，與鄭曉引潘朴溪說同。是大學一書，有戴記舊本，有諸儒改本，又有正始石經本，各是其是，而無能定于一是。

夫六經之傳世舊矣，而四子書特表章于宋儒。誠以學庸與語孟，皆繼孔四聖一脈傳心之學，入德有門，作聖有梯，惟此最爲捷徑。故朱子竟程子之志，于戴記升學庸爲經，躋諸論語，而爲之章注。延道統于垂絕，開理學之新元，有功名教，夫豈淺鮮。惜其移簡補傳，自逞一得之見，蔑漢唐注疏之舊，失先聖蓋闕之誼，而輕啓後世竄改原文，不知妄作之漸。他日師心自用者流，各見各改，屢疑屢改，則聖經尚有完膚耶。豈非事與願違，表章其心，而毁滅其實哉。此王陽明所以尊信古本，而獨復漢唐之舊傳也。乃或者疑古本末之有也下，接此謂知本二句，文氣太急，必有缺簡。此說適釀成豐氏石經之本。然李巨來大學考云「修身爲本，本既明，而後由本以推之末，由所厚而推之所薄，故曰此謂知本，此謂知之至也。」徵之鄭注孔疏，蓋亦不容疑矣。陽明古本旁釋後，清有李光地古本說，而毛先舒格物說，鹿善繼孫奇逢說約近指二書，闡發特精。至王定柱大學臆古，義理該貫，邊延英古本大學說，與中庸自明誠之誼證合，楊亶驊古本大學輯解，中庸本解兩書互印，是皆有得于思之心學，庸一貫之誼者。咸豐初，雙江劉沅著大學古本質言成，其說不僅印合學庸語孟，一貫四聖之書，更與周易相通。揭其要則曰「明明德者，宅心宥密，由初學而神化，皆不可離，故名至善。而言爲學始終在是。」自敘亦曰「存心養性，必止於至善之地。」然則閑存此心，實體道義，劉氏是書，有補于學者，豈淺鮮哉。

孔聖學會沈君思敬，服膺孔聖有素，既印孔聖像，復校印是書，徵序于余。余自惟年逾知非，寡過未能，平日雖云時習，而正心誠意之功，慎獨篤行之效，自視猶覺歉然，何敢更序是書。顧異言龐雜，正道荒蕪，火熱水深，有岌岌不容終日之感。是書行後，庶幾狂瀾挽而人心正，救世願切，又何敢不序是書。追憶幼時，四歲通孝經，五歲竟大學，繼以中庸，慨然有四聖之志。而齒日加長，學無深造。其所以內省自訟者，惟曾子之其嚴，子思之如在，是用鑽研微言，而有學庸闡述之作。辛亥長至夜中，竟以感格玄聖事，詳姬生所作嫏謁尼山記一文。自是大成節前後，歲以爲常。丁巳秋，與俞仲還等創設靈學會，始來滬。識馮夢華、孫玉仙于尊倉會，而孔教會姚東木尤爲忘年莫逆，因隨拜經會諸耆宿詣明論堂誦大學。拙著大學古訓甫脫稿，示章太炎，許其旁通說文，示杭辛

大學古本質言敘

四

齋，取其會通周易。辛酉春，與康南海龍積之居茅山月餘，討論學庸禮樂之趣。返滬，文廟樂舞主任范隱深攜祀孔樂譜訪贈。余編大學歌舞譜以授盛德學生，分至祀天祀孔，習演羽籥干戚之佾。湘洗心社張鴻藻注大學書成，徵序于余，遣琴友三人來，特開放豫園歡迎之，到者皆一時名士。港孔聖會梁樹棠、濟道德會江希張，先後蒞滬會。李佳白請余講易尚賢堂，余以孔教代表出席國際教務聯合會，晤天師張曉初，爲侯病驥督學贛時之詩友，共論孔易學庸爲内聖外王一貫之道。丁丑夏國學會分設海上，金松岑約余再來滬，復與胡樸安寄塵昆仲，蔣竹莊、徐益修、沈瓞民、錢名山、張豫泉諸老商論孔易學庸諸誼。姚明煇等邀余播音講易，而余主講融五社，蒙沈心老最相得契重，計余在滬所交遊者，多年長以倍之耆宿。而避亂迄今，乃得一沈君思敏，洒然英俊，不與時下習，獨能服膺孔聖，校印大學，洵乎非今世之人也。余樂爲序其所印書。且余之一再序大學書也，並此劉著而三矣。余之致力於大學也，始有大學闡述，繼有大學古訓，至近著大學心傳而亦三矣。他日書成，未識沈君亦樂爲之印行否爾，所願非所敢望也。

沈君服膺孔聖，並欲流通孔門四聖之遺書，印大學其嚆矢爾。夫然更請進申大學之誼，與四聖一貫之道。夫大學者，大人之學，所以學爲大人者也。大人者，大德之聖人也。子貢曰：「賢者識其大者，不賢者識其小者。」子夏曰：「小道必有可觀，致遠恐泥，是以君子不爲。」孟子曰：「養其大體爲大人，養其小體爲小人。」荀子曰：「凡人之患，蔽于一曲，而闇于大理。」莊子曰：「一曲之士，不見古人之大體，故內聖外王之道闇而不明。」漢之興，伏生書大傳，新書容經篇，大戴保傅篇，亦有「就大學見大節，踐大義業大道」之說。然則自好一得而廢其全盡，自蔽一隅而失其正，求不該不備，不能相通者，其學豈易大哉。此大人之所以有學，而大學之所以有教也。蓋自鴻濛肇判，降衷于民，而民受天地之中以生。羲皇首出，作易垂教，立人道之極，俾性命各正，彝倫攸敘，而大道始傳。農軒堯舜禹湯文周列聖相承，以至于孔子。我孔子以生知天縱之資，好古博文之才，植一時中之德，繼往開來，集羣聖之大成，而大道以弘。是用表式人倫，楷模萬世，所謂前乎孔子者非孔子無以明，後乎孔子者非孔子無以發，豈不大哉。入其室，傳其學，成其教，以承其統者，則四聖一貫之道也。顏氏之子，賢哉庶幾，不違復，孔子已與之矣，豈特有聖人之一體。夫子之道，忠恕而已，是一貫之傳，獨曾子頓悟于一唯之頃，以得之。再傳復歸聖孫子思之述祖，故絜矩之道特著于大學一篇，與此相爲表裏者，即中庸君子所求先施之道，與不欲勿施之戒，所謂忠恕違道不遠者是。夫一貫之道，撮其要不外「己所不欲，勿施于人」二語。中庸「施諸己而不願，亦勿施于人」，程子以爲恕也。論語「我不欲人之加諸我也，吾亦欲無加諸人」，程子以爲仁也。大學之「所惡」「毋以」，吾則以爲誠也。蓋誠之存于己者，忠也，其施諸人物者，推己之心曰恕，待人以誠曰信，一也。人能盡己心之誠，推人物所同，則飢溺立達，近譬諸身，胞與爲懷，無間則仁矣。孔子嘗舉仁道之大，而必由忠恕之誠一以貫之，厥後孟子得其傳，曰「仁民」，曰「由仁」，曰「反身而誠」，曰「彊恕而行」，指其實，則「所欲與之聚之，所惡勿施爾也」二語盡之。夫子以四教，而忠信居其二，故大學曰「君子有大道，必忠信以得之」。然則先聖之所以爲教者，教此而已，非此無教也；後賢之所以爲學者，學此而已，非此無學也。中庸言教自明而誠也，明則誠矣，故盡性然後至誠。大學言學自誠而明也，誠則明矣，故正心必先誠意。孔疏之說其殆鄭注之舊乎？始于誠其意，終至明其明德于天下，正修之功，本末具在，緩急之施，有不可忽其先後者。明乎此，始可與言修身。易象傳「不遠之復，以修身也」，大學「自天子以至于庶人，壹是皆以修身爲本」，中庸「君子不可以不修身」，孟子「君子之守，修其身而天下平」，是始于其身修，而終于天下平，此聖經之所以爲教，即大學之所以爲學，亦即孔門顔曾思孟一脈傳心作聖之法，皆以修身立教，學人道之極則也。故曰「在止于至善」，止於至善而後父子有親，君臣有義，夫婦有別，長幼有序，朋友有信，三綱攸叙，五倫攸明。人心既正，社會自安，至善所止，天下自平，此則大學一篇應有之效果也。關懷世道之君子，其可不于孔氏遺書而三加諸意乎？人能手此一編，則作聖之權衡在我矣。彼何人斯，我何人斯，聖人亦人爾，聖人先得我心之同然爾，聖人先我而聖者爾，我則後乎聖人而求其必至焉者爾，吾何畏彼哉。聖門既闢，進吾往也，竭吾之力而無盡。左右逢原，其道一揆，先聖後聖，可以相視而笑，莫逆于心矣。然則沈君之印大學也，其將以大德之聖人望諸天下之人，而亦將以自希也夫。願與讀是書者共一勉之。是爲序。壬午冬中一子楊踐形識于孔聖學會之景行軒。

大學古本質言敘　七

，迴因向果，迴事向理。凡念經、拜佛、說法、都有功德。佛家破我，看衆生是一體的，故所有功德，必定迴自己向他人，是迴自向他。衆生是因位，成佛是果位，願衆生皆得成佛，故迴因向果。種種修行是事，結果要趨向眞如妙理故迴事向理。演講結束。我們也應該迴向。把還功德迴向全國人、全世界人，人人都去妄歸眞，永消戰禍，使世界變成極樂國土。（已完）

學說

唯識學（一）

楊踐形

印度佛學中興，龍樹空宗而後，世親有宗繼之。姚秦時，羅什覺賢傳入震旦，已分兩派。梁武時，眞諦來華，大宏有宗，以攝大乘論爲主。唐玄奘西遊返國，學揚護法，更以唯識論爲主。地論派以阿黎耶清淨識一轉而現爲妄境。攝論派以菴摩羅眞如識現爲妄境，失清淨本性稱阿黎耶。識論派以失眞如本性，專就妄境開發名阿賴耶。要之現象差別世界之緣起，皆一心虛妄所現。阿含等經心境俱有，爲小乘有教。般若等經說心境俱空，爲大乘空教。解深密經說心有境空，本宗自判爲大乘中道教，而賢首貶之爲大乘始教。小乘有教隱遍計執空，但約依他起說法有。空教隱圓成實有，但約遍計之我執，說諸法皆空。蓋遍計所執，體性都無，故非有。依他起即唯識相，凡夫不知唯識無境，起我法執，故幻有。圓成實即唯識性，眞空妙有，并破空執，故說非空非有之中道妙理。

釋迦于解深密等六大經中，已廣說法相唯識之妙理，至彌勒應無著之請，說瑜伽等五論，弘通此法門。無着造顯揚等論以廣之。世親更造五蘊百法等論，而以唯識三十論集唯識教誼之大成。後護法等依六經十一論，廣釋三十頌文，成立唯識誼。戒賢繼之，窮唯識之蘊奥，弘顯宗誼。玄奘周遊五印，從之學，歸傳中土，因窺基之請，融合十家之釋四千五百頌而弘通之，爲成唯識論十卷以授之。圓測盜聽得之，于西明寺先爲衆講。而此宗成立，必推慈恩寺窺基，所疏無論，著有成唯識論述記，別鈔樞要，及唯識論開發，三十頌略釋，二十論述記等，存二十二部，百有餘卷。弟子慧沼造唯識了義燈十三卷，楷定諸師之異解。再傳智周復有成唯識論演祕鈔了義燈記，樞要方誌等。當時唯識之宗風極盛。

依解深密經分別瑜伽品「諸識所緣，唯識所現，」稱研究此學者爲唯識宗，謂有爲無爲一切諸法約歸一識，故曰三界唯心，萬法唯識。八識能變，萬法所變，就能變誼云唯識，就所變誼云法相。依解深密經法相品，又稱法相宗，謂論諸法性相之理也。諸法說具百法性相約爲三性，法相者，一切萬有之總稱也。萬有各持自性，有秩有則，俾人知識，故以法名匹夫木鐸警千古。喚醒癡人夢夢心。若使及今仍不醒。能無太息淚霑襟。

岳航邱竹君

祝愛國報萬歲

吉光片羽好收藏。珍重中華一錦囊。擲地作聲成異響。沖霄端的筆尖光。

開此光明翰墨場。天孫爲織錦雲裳。遙知多少裔皇典。燦爛都含班馬香。

松江雷以豐劍丞

祝愛國報

從來愛國本仁人。孔教宣揚樂趣眞。一紙風行逢夏午。四方雲合滙春申。發蒙養正資提倡。救弊扶衰寓化神。統諸茫茫期勿墜。昌明經學舊翻新。

祝上海中華聖教總會

楊踐形

司徒敷五敎。聖學履端始。尋常日用間。何事不爲是。至道無古今。萬禩一孔子。杏壇既垂型。牆高更富美。衆星拱北辰。觀海難爲水。周流覆幬中。天下車同軌。志者兢上希。旦暮遇前揆。獨嗟彼陳人。未識茹甘旨。邪說塞聰明。莁榛類鹿豕。莫使勢蔓延。恐變橘爲枳。頑石尙點頭。豈用亂朱紫。國家本在身。推愛友善士。安得鑄南針。盡向正路指。虞書溯淵源。心傳十六字。夫婦與知能。平直如礪砥。簡便且易行。祗要守倫理。率性自踐形。偃草厲風。起共瞻入德門。化雨遍桃李。纘往覺後來。願以百世俟。發源有港會。今夏來於此。滬會相繼成。景從如歸市。革俗攘詖淫。綿蠻得善止。講社彙徵文。列報新民視。木鐸振遠聲。貫軼洛陽紙。大地被春融。吾爲頌福祉。

贈同社東園君　　靜庵翁守藩

山斗久傾未識荆。新詞睍我抵瑤瓊。品題幸獲龍門選。下走驚誇十倍聲。
騷壇歃血主詩盟。廣大能容教化名。我忝彭宣譜子列。願持瓶酒託 先生。

港會五十四期樂天報載慰問梁伯趙同社海程遇劫事因賦兩詩以誌之　　吳東園

天荆地棘賊如林。梁老重瀛受創深。百折不回堅忍志。一生獨抱善良心。振纓慷慨方希古。奮袂躊躇又論今。信是畏匡圍易解。仲尼到此亦彈琴。

文藝雜錄　　四七

三週開會集羣英心敢從戎紀念輕遺老尙談元帥府同官猶憶上津營莫捫飢蝨翻新語且學閑鷗結舊盟再到虎邱歸去好橋痕塔影看縱橫

和沈淇泉太史上巳聚餐原韻

孫福基

王迹詩情繼熄亡能無生死計彭殤春風但願花如意舊雨還期草吉祥八九欲吞雲夢盡重三亦學濊湊忙況當鄉丈多珠玉俚句無慚續雅蒼

建中先生寄示耶誕長歌并題夫人毓明女士繪雙棲圖奉和一律

汪滙汀

鞠凶天降苦蒼黎烽火漫迷急鼓鼙淞水兩經鴻雁至蓉湖臘有子規啼誠祈上帝撥雲霧開寫新詩印雪泥林鳥尋巢枝得借蘭閨妙筆繪雙棲

避亂

楊踐形

避亂滬濱鬻硯田教書生活最堪憐平生志氣消磨盡媿對親朋說眼前

自慰

服務至今數十年辛勤薄蓄有幾錢籌開學校動款額購印圖書值萬千扶老承歡媿色養教兒成立苦心研衣裳器物雖全失收穫還留手置田

和廉君四五述懷十首之二

孤島棲遲已二年故園荒落少人烟一生抱負盡流水萬事乘除總有天只苦無家如喪犬未知何日好歸田欽君後樂先憂志莫媿前賢弘道肩

梁溪佳話憶鴻光舉案齊眉率舊章比翼雙飛題畫閣生花五筆夢升堂唱隨早訂三生石意味相投百合湯羨煞潘郎(潘岳有悼亡詩)空獨宿可

憐化氣少良方（諺云家有賢妻化氣方）

三月望夜對月有作　王傑士

天半月光明春風拂檻生高穹浮鏡鑑大地滿刀兵勇士存溝壑英魂薄太清倒懸民困久何日覩昇平

東海太師母仙逝敬步　耐冰太夫子原韻一律藉誌感悼

陪荷齋主黃慕修

追憶黃門韻事悠婦賢夫義各千秋甘操井臼拋紅粉樂助蘽砧到白頭歐母再生綏後嗣孟光一去恨無儔風摧慈竹驚桃李東海潮淒咽月樓

建中大兄以雙棲圖索題於予謹集唐人句得五言兩首

庚辰暮春陪荷齋主黃慕修

歡笑情如舊（韋應物）風流天下聞（李白）
鴛鴦不獨宿（杜甫）隱處惟孤雲（常建）
卽此羨閑逸（王維）鶯啼送客聞（杜甫）
平生自有分（司空曙）白首臥松雲（李白）

集唐人句卽簡雙飛閣居士廉蓉湖

陪荷齋主黃慕修

下窺指高鳥（岑參）青天無片雲（李白）向來吟秀句（韓翃）徙此挹清芬（李白）

楊政先生與余同遊靜安寺天下第六泉賦此奉贈　廉建中

靜安古刹且逃禪憑弔江南第六泉本借佛光宏利濟誰知人世任顛連出山猶是澄清志居下能無惡濁緣記得濯纓桑梓日不堪回首惠山巔

海上聞名已有年三生何幸識高賢換鵝書法增姿媚刻鵠神工盡態妍每樂素心晨夕共更懷道

附録一

神形篇目録

序

潘子先霆、恬澹沉默、恂恂儒者、少年碩學、後生可畏、習業于約大、尤邃夫文哲、研究唯物辯証法、深知對象事實客觀存在、矛盾統一、對立互變、量如何漸變、質如何突變、與易象消息相通、復从余讀易。余自清光緒丁亥歲、搜集歷代易家專著、迄今五十餘稔、所得人不足九百家、書不過萬餘卷、而杭辛齋小道古堂易藏書目有四百餘部、丁福保詁林精舍易書數亦相近、張、蘇兩氏所藏易書亦各二百多部、今潘生搜集易著歷年所得已數百種、其用力可謂勤矣。近代易家稍著名者、有海甯杭辛齋、無錫黃元炳、蘇州曹元弼、南通徐昂以及彭俞、周善培、沈瓞民等、而潘生研幾繹象、上窺羲經孔翼之微率辭揆方，下踐震无咎善補過之旨，觀翫窺賾，已十閱寒暑，乃述周易終始三卷，闡發其微。復以餘力，優遊易林、太玄、潛虛、洪範之樊，尚友焦、京、揚、馬、邵、蔡諸先哲，噓吸含咀，契悟至味，探賾索隱，曲引旁通，兼四德之功，形生神發，華為神形一篇，基之以五，兼之而二十五，參之而百二十五，始易終定，以盡其變，淵也、卑也、窮也，衍三才以為經，一圖雙點三角四向五爻，齊五行以為緯，繼位相生，隔位相剋，辨旋合象以應十幹十二辰之錢展，以擬象斷，以議象總斷，其卦之大象臨斷其爻之分象，蓋玄之形而易之神。夫余學易六十餘載，讀八百餘家之言，愧未能纘先業之餘緒，嗣邠汾之貽德，深慚尼山不踰之暮齡，常凜龜山未發之祖訓，其孜曉有得，徒資充麓云爾。即丈琴點瑟、麗澤一堂，雖猶堪自慰，而斷簡殘編，埋頭半世，亦何補此生。今讀潘子此篇，恍若情綢繆而口囁嚅，足躊躇而影徘徊，其將惜運甓之分陰、稿囊螢之寸晷，習勞以鍛筋骨，彊動以健步履，如是而已。不欲復言易矣。展重陽日楊踐形識于學不厭齋。

序

潘子光霆，恬澹沉默，恂恂儒者，少年碩學，後生可畏，習業于紐大，尤邃天文哲，研究唯物辯證法，深知對象事實客觀存在，矛盾統一，對立互變，量如何漸變，質如何突變，與易象消息相通，復以余讀易，余自清光緒丁亥歲，搜集歷代易家專著，迄今五十餘稔，所得人不足九百家，書不過萬餘卷，而杭辛齋小道古堂易藏書目有四百餘部，丁福保詁林精舍易書數亦相近，張蘇兩氏所藏易書亦各二百多部，今潘生搜集易著歷年所得已數百種，其用力可謂盡勤矣。近代易家積著名者，有海寧杭辛齋、無錫黃元炳、蘇州曹元弼、南通徐昂，以及彭俞周善培、沈瓞民等，而潘生研幾窮繹象，上窺羲經孔翼之微，寧辭撰方，下踐衷无咎善補過之指，觀戮寢饋已十閱寒暑，乃述周易終始三卷，闡發其微，復以餘力優遊易林太玄潛虛洪範之樊，尚友焦京揚馬邵蔡諸先哲，嘘吸含咀，契悟至味，探賾索隱，曲引旁通，垂四稔之功，形生神發，萃為神形一篇，基之以五，兼之而二十五，參之而百二十五，始易終定，以盡其變，淵也旱也穹也、衍三才以爲經、一圓雙點三角四向五爻、齊五行以爲緯、縱位相生、隔位相剋、辨族合象以應十幹十二辰之幾、展以擬象、斷以議象、總斷其卦之大象、貼斷其爻之分象、蓋玄之形而易之神夫。余學易六十餘載、讀八百餘家之言、愧未能纘先業之餘緒、嗣邠汾之貽德、深慚尼山不踰之暮齡、常凜龜山未發之祖訓、其孜孜有得、徒資充麗云爾、即文琴點瑟麗澤一堂、雖猶堪自慰、而斷簡殘編、埋頭半世、亦何補此生。今讀諸子此篇、恍若情綢繆而以嚅嚅、足躊躇而影排徊、其將惜運甓之分陰、矯囊螢之寸晷、習勞以鍛筋骨、彊動以健步履、如是而已、不欲復言易矣。展重陽日、楊踐形識于學不厭齋

序

逝者如斯，子發在川之感；要歸无咎，易窮知化之神。物論難齊，驗天心爲消息；人情

易變，明吉事有滄桑。角者爲牛，鬣者爲馬，雖野稚村童亦尚知辨；而歎鳳之衰，傷麟

之窮，即隱賢遺佚，從游訕笑。嗚呼！人壽幾何，欲以有涯之生隨無涯之知，管窺蠡測，奚窮大海

之量；柰何從而覯人，戴胥及溺，不自檢悔，猶幹乎後難解。夫月暈知風，礎潤知雨，事機之因緣有

定，物理之感應無窮。枕石漱流，林泉多謏；履霜踐雪，松菊猶存。身非金石之堅，欲與草木爭榮，

不其哀夫！昔者文發明易之難，羑里演易，籀危微之幡，發易簡之蘊，衍六十四卦爲三百八十四爻，

撰方撰德，玩變繫辭，紹羲軒唐虞之傳，詔示來茲，所以與聖同憂，與民同患者至矣。尼山五十

以學，期無大過，韋編三絕，鐵撾三折，研幾知微，非執天人之故；洗心藏密，實驗性習之辨。其移風

易俗，善在新民之衷，蔑以加矣。自爾卜商入室，漢魏通經，家法師承，鼓揚鑣于象數，知來藏

往，尤紛論夫圖書，文不在茲，空存典籍。生又獨晚，徒感滄桑，馬齒漫長，懼違源之未得，古稀

將届，愧研幾之無成。討余治易，迭轉三期，觀覷瘦饋難逾六十三寒暑之久，廣集歷代易家

羣書參攷與籍垂二百數十種之多，而自謂未足，故輒發憤忘食，樂以忘憂，不知老之將至。回憶庚戌始興黄元炳切磋，承注闡發數理；壬戌又過杭，來齋共學，端木易指辯析疑義，既而鄞俞講易，來詢參星宿度；沈瓞民更以孟義就商，後識徐昂于滬，丙釋虞象，訂京數，洵漢易之殿軍，要能融通漢宋，洗刷虞鄭，應以曹元弼為最。二十餘年前，余由沈老介，講易浦樓，與會皆耆老，青年僅一毛生。厥後胡樸安邀余至安居論易，胡著周易古史觀，宗國寶博士請余在逸園講易，宋著富有研究，最後得潘君雨廷，少年老成，後生可畏，憤悱研幾，遇從無間冬夏者蓋十有餘載，其所成就，擷各家之要旨，表獨得之會心，發揮旁通，序始終之位，定貞坤既未，辨時位之不同，故能識陰陽之變化至根，明消息之周流無盡。六十四卦凡三百八十四爻，當位者百九十二雖動而不易，失正者亦百九十二爻，而變易成章，剛柔歸既濟文，簡易也。因撮為雜物撰德衍筮窩次，知周摩盪、格物易簡諸圖，而著周易繹微一書，洵初學而有造者矣。蓋自孔翼贊經，迄已二千五百餘年于茲矣，乃周易之大義微言，晦如長夜，彼執經尋卦者，多瑣碎支離，而拘象忘筌者，又空疏浮膚，其甚者輒望文生義，穀卦支辭，前後不貫，揆厥馴因，雖皆見知見仁，師心自圓，不

蘄符實之旨。故余學易自課，一不敢標榜門戶，二不敢心存主觀，三不敢違反作者原意，欲昌明
易道而反促使破壞，欲解釋經文而反重加鎖縛，必求達到以經解經，以本經解本經，即以周
易解周易之願望，為能忠實于繙譯，而得正確之訓詁，方堪自慰。惟有融通漢象宋理，清倒會
歸貫達，為研究易學之準繩。嘗慨歷來易家聚訟象義，未能莫夫是。誠知三才兼兩，即八
卦因重；撰雜參伍，即中爻同功；原始要終，即生爻成章，則演繹象象，思過半矣。至家人何以內，
睽何以外，離何以上，坎何以下，中孚何以柔在內，兑何以柔外，升如何柔升，晉睽鼎三卦如何柔進
而上行，蹇如何往得中，解如何來乃得中，大過如何滅木，豫頤如何由豫由頤，无妄如何剛來主內，大畜
如何剛上尚賢，損如何損下益上，益如何損上益下，小子丈夫何謂，老夫女妻老婦士夫何謂，先甲
後甲先庚後庚何謂，四德緣何七卦獨全，皆卦爻實有此象，非譬況虛擬之辭也。于此等
處，昔賢每視為畏途，而研幾之士，亦輒以稽覽。今潘子此編，獨能知決意攻此，斷非泛
泛義理，娓娓卦象者所可比。余老矣，無能為也已，觀厥成功，故樂而為之序。乙亥清
明後三日，楊踐形識于申江學不厭齋。

附録二

梁溪陸紘彤博士者，哲學研究會會長，亦即中一圖館長也。性堅毅，多藝能，博聞強記，好學不倦，藏書籍家，著作等身，君以哲學家而兼文學家教育家藝術家，抑且為藏書家也，若年即博覽羣

紘陸彤

書，諸子百家，因弗窮其理而窮其奧；既長負笈海外，學業輒冠學曹，研究科學，每有心得獨到處，尤擅中外哲理，編譯實用新書甚夥，曾一度被選為議員，君歎曰「吾寧為學者以著作貢獻社會友」欲挽君入政界，君辭曰「吾願從事教育以為改進社會之根本」先後歷任文大，盛中，明中，國專，文專，藝專，國講，文講，國函，文函，景市，江陰中一諸校校長，教務，文史系主任，教授等職。所編講義，有哲學，論理，心理，歷學史

學，文字學，文學史，藝術史，及羣經諸子之新註解，乃至金石繪畫，音律諸端，又長市教育事，于學務行政，多所規劃，督察各校教職甚勤，月必集會討論，互換心得，更注意貧寒子弟，及年長失學者。設平民義校五所，熱心辦學，解囊毁家，恆以樂育自慰，心力所瘁，尤在通俗教育巡迴演講及圖書館事業，遍訪各地圖書館，參觀內容，詳考組織，頗有志于革新計劃，研究圖書目錄之學，搜羅藏書至富，舉凡海內孤本，私家秘本，以及中國久佚而海外僅存之古本，既經寓目，不惜兼金購求，即或不可，亦必設法抄錄方已。先子學術研究社及文藝社附設圖書借閱處，以便好學之士。職乃樹辦楊氏中一圖書館一所，歷年採集新舊書籍，凡四千八百餘種，即手抄本亦復不少。分門別類，頗為詳備，書目之編製，用最新方法，兼求歷史根據之精神，近著有圖書目錄編製之研究，中外圖書統一分類之商榷，圖書館組織與管理之我見，圖書之使用與效益，通俗圖書館之設施。

無錫藝文志長編

經部　易類

先後天卦象爻變圖說一卷 附易學源流考 邑人俞家捐贈江左俞氏万卷樓藏本

今人楊聖撰。聖號踐形，學者稱中一先生。母侯氏，夢感瑞雲環身，宸斗隕懷，龍負圖象，矯首天中，麟吐玉書，光耀地上，聞空際語云：「群聖擁護，送一玉麒麟來。」遂生聖。髫齡穎悟强記，及長，博學多能，經、子而外，兼通科哲技術之書。太倉唐文治稱「楊君經學理學家，非文學家」，即聖也。平生治《易》學最力，家人謂「不合時宜，非緩急需」，而聖不之顧。民國肇建，聖講學海上，而《易》學因以大盛。所講輒登《國際公報》、《紅卍字報》亦轉載之。就所搜歷代《易》學專著六百餘種，濡染既久，而能條貫今古。因以漢之象數，宋之義理，以及清之體例之學，融匯一體，以爲治《易》之準，遂成《易學叢書》三十六種。南海康有爲築廬於茅山母氏墓側，炎暑之日，輒往居之。聖持以相質，曾談孔《易》微言，有爲亦頷之。是書即據漢之象數、宋之義理、清之體例三者，既精密究討，而復旁搜博覽，得《易》之尚變之微旨，因發明所謂先後天卦象之交變，爲圖十有八，爲説三十有一，因名其書曰《先後天卦象交變圖説》。何爲先天？指定象八卦方位。邵康節云：「此即伏羲八卦方位，所謂先天之學也。」何爲後天？指本象八卦方位。邵康節云：「此文王所定卦位，所謂後天之學也。」此卷中所載先後天之説也。何爲卦象？卦謂卦位，指小成三畫八卦言，所謂先天圓圖方圖也。象謂圖象，鄭康成所謂《易》含三義：先天定位不易之象，是謂定象之體；後天流行變易之象，是謂本象之用；而其造化之樞機，尤在簡易之象，所謂總象也。何爲交變？交者交易也，變者變化也。交易，指爻象言；變化，指卦象言。圖者，爲交變之圖，分合相示，以明體用一源，顯微無間，止此交變圖耳。此卷中所載卦象交變之説也。學者稱其究心尚變之道，精微深刻，而先後天説，尤視前賢所得者詳備，蓋非虚譽也。卷末附載《易》學源流，上溯伏羲，下訖三國，歷叙《易》之流傳，以明世之最古之哲學，尚能完存原作，歷經闡發，得以流播，俾天人感應之理，垂教後世，非偶然事也。自晉以後，具見所爲《中一楊氏易藏書目提要》，兹不備載。卷首載有沈恩孚、胡樸安、召國棠三人之序言。又聖自序，備述《易》學爲楊氏家寶，「宋楊氏得二程之真傳，吾道南矣，遂爲洛閩中樞。乃祖某教以時之《易》説，謂克傳家學，庶道南有繼人」云。

論語講義一卷　家庭工業社印贈巾箱本

今人楊中一撰。中一名聖，自號中一。有《先後天卦象交變圖説》，已著録。是編列《里仁》篇各章，共二十有五，首列每章全文，下列逐字逐句之訓釋，廣搜經、史、子、集四部之書及《説文》，引證各書所載，採用其字句，以詳釋各章、各句、各字之旨。不崇漢儒，不棄宋儒，而使每章深意明白曉暢而後已。學者得之，觀每章下條列之訓釋，則自易貫穿通曉矣。每章訓列，多則數十條，少或三數條。蓋各章意義，繁簡不同，故所列有多寡耳。要之不悖古人治經之旨，具近世科學之趣，而能折衷己意，獨闢蹊徑，尤見聖力學之深，其裨益學者正非淺鮮也。首尾無序跋，所印行如干種，亦無考。

附録三

附録三　《談話録》中的楊踐形

一九八六年一月十八日

先生言：出學問、出事業跟憂患環境有關，唐（文治）、熊（十力）、楊（踐形）、薛（學潛）皆如此。

一九八六年一月二十七日

先生言：我和楊先生一起寫《易》，終於還是没有合攏。關鍵是時代兩樣了，不能從地主階級角度搞，而要從資産階級角度搞（此爲譬喻）。故需注意現在的時代潮流，青年關心什麽，所以我無論如何要注意現代科學的最新成就。

一九八六年一月三十一日

先生言：堯舜并無實事，是中國人之理想國。唐先生等對此有宗教情感，但是熊先生、薛先生皆不以爲然。我從唐先生讀《尚書》。熊先生處一個月去一次，薛先生處一星期去一次，楊先生處去的次數比較多。對氣功楊先生通瞭，熊先生稍知道一點，薛先生不懂。對這些内容不能説前一點，要積一段時間。

一九八六年二月一日

先生言：熊、馬、薛、楊諸先生都没有逃過「文革」此一大劫難，我遇到他們，起先也不覺得，現在常常在想這些巧合。

一九八六年二月二日

先生言：我自己有時常常想到薛先生（學潛）、楊先生（踐形）所講的話，往往想不起來了。有些問題最好當初問一下，但現在已來不及了。多聽一些有好處。

先生言：我希望你們儘快到達某種程度，然後能促進我。得到促進，我還能再翻出東西來。當時我跟楊先生最後未合，另外搞出一套東西，本來也能促進楊先生更上一層樓，但他的處境實在太惡劣，故未能，希望你們能促進我。

一九八六年二月三日

先生言：心理學現在大發展，夢境極可注意，弗洛伊德心理學也從釋夢開始，《周禮》有六夢。我學氣功就是從夢境開始的，夢境能自己控制，就懂氣功了。莊子云「至人無夢」，要自己掌握夢境，把夢境化到沒有，就懂了。要説有方法嗎？方法是没有的，全在自己注意。夢有個根，觸到這個根，夢就没有了。夢和白天完全相應，我當年做算術題做不出，結果夢境中解開了。下圍棋，夢中清清爽爽一盤圍棋。氣功雖與夢境相似，又不相等。有人思念佛，結果夢中出現佛，有一道白光，去追求，結果完結。這種境界我完全經歷過，故知道。一個人的年齡有關係，青年人的夢和老年人的夢完全不一樣。遺傳到了這種年齡階段，這種類型的夢就多，到了那種年齡階段，那種類型的夢就多。精力要緊！楊先生（踐形）那時和人約好，夜間和人在某處相會，第二天再對照彼此所見情形。我不高興那樣（按：先生多次提及志向，欲上友古人），故没有參加。這不可以隨便講的。楊先生後來精力衰了，就没有再那樣。（已理解「平淡點好」的意義。）

先生言：當初楊先生有人送他一副壽聯，我還記得：「宿世早應成佛去，此生猶爲著書來。」楊很滿意，給我看。（問：似有恭維之意。）當然是有的。但是我近來已感覺到此問題了，自己一生做些什麼呢？我寫這些稿子，難道還去爲名爲利？還不是相信中國文化有東西，要發揚出來。

先生因談《雜卦》《序卦》，論及六種卦的體象方法。

一爻：爻變

二爻：半象

三爻：八卦（二體）

四爻：互卦

五爻：伍卦（參伍以變）

六爻：楊定名爲圜（乾爲圜），我在《易經》中再找一個字「旋」，其旋元吉（履）。六十四卦總結爲十四旋卦。（《雜卦》與《序卦》，上下篇調十二卦）

旋卦舉例

大過

一九八六年二月四日

先生言：現在的人做夢也簡單化，做夢複雜代表想象豐富（楊先生夢伏羲等）。經學束縛人，五四打掉經學，「啪」散開來，哪知换了一種思想收束得更緊，夢也給控制了。現在的人思想禁錮得已經可怕了，夢也不敢做了。

一九八六年二月七日

當初一九六〇年左右，楊先生、薛先生在此談《莊子》，與我此地談完全不同，但完全相同，是他們的氣概使我懂的。

一九八六年二月八日

先生言：明末四大師三教合一的東西，藕益注《易》，德清注《老》，當時社會非常兵荒馬亂，但是學問也興盛起來。明末徐光啟等，受到外國進來東西（宋代泉州就有大船）的刺激。清末嚴復第一代，唐先生（文治）第二代，薛先生、楊先生都懂外國的東西，到了我更是從西洋入手。所以我希望你將來有了機會，也到外國去看一看。

先生言：這正是大問題，影響到遺傳。男性社會父權制之確立，至今已有所變化，此正是研究中國學問的動力。薛、楊皆如此認爲。

先生言：你現在是直接加入我日常的研究工作，不是看我已經寫成的東西，當初我跟楊先生就是如此。已經寫的東西和正在考慮的東西不同。我現在寫的東西完全破經學，但是二千年的東西還有作用，你要注意，要補起來，要厚。

一九八六年二月十四日

先生言：要看到與師的合與分在什麽地方，學問就來了。楊先生（踐形）説他有三個學問：一、《易經》，説已交給我了；二、古史；三、音韻文字（他懂甲骨文），此學問未成。我現在搞古史，也是繼承楊先生的遺願。

一九八六年二月十五日

先生言：楊先生過去告訴我一句話，我現在告訴你，對於讀《易》很重要。就是後來的《易經》，都是抓住《繫辭》的某一句話，加以發揮成一部書，所以看起來很快，而《繫辭》也由此水漲船高。這是進化，不應截流而觀源。

先生言：過去有人批評我太執着《易經》，此話我又同意又不同意。楊先生、薛先生就是這一點上幫助我非淺，每讀一本易注，他們馬上把時代背景點出來。所以我没有單獨讀《易經》，而是讀時代和時代中的思想，後來越積越厚，變化也出來了。我現在《易經》纔可以不要了。

一九八六年二月十九日

先生言：楊、薛二先生都跟過去不同了。但是楊難免仍有地主階級味道，薛難免仍有資産階級的味道。我的時間比他們在後，故論《易》有所不同。楊先生已云：孔子又不是與我認識，爲什麽我要維護經學？治《易》當然是爲了現代。

先生言：熊先生我已有一文了（指《敬論熊師的思想結構》）。唐先生的學生多，暫時不急。薛、楊兩先生孤緒至我，我有責任把他們表彰出來。當然還有周孝懷（善培）、鍾鍾山（泰）諸人。

先生言：我見過丁福保一面，楊先生壽聯「宿世早應成佛去，今生單爲著書來」即丁送（與二月三日略異）。

先生言：這些東西（指十翼作者之結構等文）寫出來後就没有作用了，藏往是爲了知來。先生見示他和楊先生合著書之目録，有幾大册。原稿有一抽屜，在「文化大革命」中抄走。爲活索引，每一字都有一象，象與象相通。先生與楊先生最終未合，後又著《周易終始》，《終始》後又另有發展。

先生言：楊先生《易經》未成書，因爲解放後環境太惡劣。楊精氣功和《易》，自然能預知自己，且已盡力避之，如不去兒子所在大學，得以免充軍青海等。但是大環境太差，無法生存，且大環境無法避免，因爲他也不贊成國民黨，故不可能去臺灣。

一九八六年二月二十四日

先生言：楊先生三次夢伏羲，一次想出律吕之理，又一次想出序象。從《漢志》序卦跳到《史記》序象，一下躍過一百年，安得不夢？又言：凡跳一跳，必有伏羲在。比如解放，如果舊政權好就不會失敗，然而其不好，不是現在宣傳的不好。能思得其失敗之理，即爲一跳。乾元必上出。又言：思之思之，鬼神通之。楊先生思得之理，現在看來仍然是錯的。又論做夢言：人們津津樂道迷信之事，固非盡僞，但是我堅持不相應。我有我的明確立場，用不着這樣。並不是畏懼唯物主義纔如此説，我已堅持幾十年了。

一九八六年二月二十六日

先生言：《彖辭結構圖》自當年楊先生以來没人知道過，你是第一個知道的，我很高興。此所謂師者之「傳道」。

一九八六年三月五日

先生言：西洋人的著作，一看知道就這點東西。中國人與此不同。一個人超一點時代，後面的人看見了再超一點，再超一點，於是後來居上，境界愈來愈高。又言：不超時代不行，如吕秋逸學問很好，可惜没有超時代的東西，歐陽竟無把他給牢牢束縛住了。楊仁山又把歐陽竟無給束縛住了。楊先生也講歲差，薛先生也講歲差，但民國十三年（一九二四）我出生前一年歲差一調，我們一輩子就在此之下。薛先生《政本論》雖然好，但不過時的是其科學著作，至少現在不會過時。薛先生講過好幾次了，量子將來有什麽稀奇，人人都知道，但《易經》還是《易經》。這纔是懂《易》之人。

一九八六年三月六日

先生言：《易》不在易書上，單單通一套象數規律没用（均爲如何走向既濟）。而師在幾方面試探你的反應，看你懂不懂《易》。當初楊先生就是這樣説我懂《易》的，要拉住我一起搞《易經》。

一九八六年三月十五日

先生言：熊先生是自誠明，楊先生是直接從氣功中看《易經》是什麽東西。

先生言：我寫《雜卦》等文，不搞預知等，如同佛教不談神通。楊先生卜筮、算命等都會，我不願意接受這些東西。

一九八六年三月二十日

又言：各人的業必須各人自了。楊先生解放後歷經艱難困苦，但在「文革」前去世，避免了這場災難。薛先生一生享受，但在「文革」中仍然受了兩年驚嚇。我年輕則關係淺，掘防空洞而安然。算命者説我解放後有翻天覆地的大變動。我告訴他從未出此屋，彼驚愕。但我完全相信他的話。我之所以没有外在的大變動，是我腦筋里不知翻了多少曲折，我自己在腦筋里把此（DNA？）改了，否則在解放後搞《易》之類還了得？

先生言：參公案就是時時刻刻想此問題，這方面的腦筋就進步。參破後公案本身全無用處，但參的時候完全是真的。當年我聽楊先生講，這個問題這樣，那個問題那樣。有的我覺得極好，有的我覺得無論如何不能同意。於是反身，我有此判斷，是因爲我腦筋里先有是非標準。此是非標準究竟對不對？於是參此。以後我的是非標準逐漸豁達了，雖然仍不必同意楊先生的所有結論，但是這部分腦筋確確實實進步了。

問：先生治《易》一生，晚年得馬王堆、數字卦兩個幾，於是上出，先是又有唐、熊、楊、薛諸先生，故可於易學劃時代。此爲天造地設之主客觀條件。然豪傑之士，雖無文王猶興，設先生身處清末，如何劃時代？按理推斷之，每人一生必有自己上出之幾。先生言：我曾數次對周坤榮（習算命者）説，乾隆時候有種命（八字），是現在全世界三十億人没有的，他不理解。故客觀時間和人必有合。（大意）如果有這種命，不可能降生於清末。曹操所謂「治世之能臣，亂世之奸雄」是其義。（大意）

先生言：前面有些話你們可以記下來，這跟文章兩樣，是活生生的東西。當初我就記了楊先生許多東西，後來在「文化大革命」中散失了。

一九八六年三月二十四日

先生言：現代談宗教無論如何是不行了。西方青年是没有虔誠信仰的，中國還不知道有没有。去教堂是一回事，信仰又是一回事。故必須談科學，乾元用九，乃見天則。先生見示《神形篇》，一九五八年作，擬經，五進位，有楊、薛等序。

一九八六年三月二十七日

問：思單刀直入，直接觸及内容。先生言：你能直接觸及内容，我就承認你懂《易經》了。當初楊先生就是這樣講我懂《易經》的，你現在還是一句空話。問：我現在還不能直接進入《易經》，衹是做點準備，直接進入要有能力的。先生言：是啊。我已經把二千餘種易注直接簡化到四種了。一、《周易集解》，李鼎祚；二、《周易註疏》，王弼、孔穎達；三、《周易折中》，李光地；四、《周易述》，惠棟。讀了這四種，我就可以和他討論《易經》了。奈不得此人何，再簡又如何簡呢？王醫生已經算得喜歡了，把我的録音都拿去聽，還是和《易經》隔得不得了。

一九八六年三月二十九日

先生言：我寫這些東西，是入世的，已經盡量地淺了。過去寫的，衹有楊先生等一二人懂。

先生言：我在此一星期講二次，是隨便講，不算上課。既然一直有此攤頭（從楊先生、薛先生來），就利用利用。又言：當初寫一篇就講一篇，故一星期一篇。那些文稿（極大量）就是那時積下來的。

一九八六年四月三日

先生昨日對杭州來求教氣功某人言：（此人認識楊踐形，受二十多年連累）將乾兑離震巽坎艮坤佈於身上，到一定時候氣就通了。先生言：研究學問没有問題，但是剛解放時，要争奪信仰，處理必嚴。

先生言：隨便談談中能得幾。當時跟楊先生時，不知錯了多少，一講就轉上去了。常常覺得與君一席話，勝讀十年書。

一九八六年四月十二日

又言：當初楊、薛諸先生來這兒時，我三十來歲，年紀最輕。現在仍在此處，也不是我要變不要變，自然而然就兩樣了。你們到我這兒來的人，正是我當初的年齡。

一九八六年五月二十二日

問：近來數次夢寐之中，感覺氣從背脊上衝至頭頂，且發生於極端疲倦之時。此真耶，抑夢耶？先生言：真。此爲生物本能。自文昌魚脊椎動物以來，便有此氣。此尚粗淺，非，然亦爲必經階段。先生言：過去我遇到此類事，就去找楊先生，兩人靜靜坐一會。又言：老師不可以先講出來，衹能講前面一點點的東西，否則成障。又言：此類現象出現，應當跟聽《悟真篇》有關。（按：一九八四年末至先生處時，講《悟真篇》已近尾聲。）

先生言：我的特點是有師（唐文治、熊十力、楊踐形、薛學潛等），也有若干學生，但是缺少共同研習之友。一些教授如馮契，談到一定程度就不可能再談上去了。

一九八六年八月十二日

先生言：時代無情。清末有一祖傳老店，售辮子之各種繩結（其子曾同往楊先生處聽課），清末剪辮子，其店衹好淘汰。馬克思提出共産主義，是針對十九世紀資本主義而言，但後來資本主義的情況也已經變化。

一九八六年八月二十二日

問：叔本華哲學。先生言：楊先生曾罵叔本華，説佛教傳到中國來，被中國人搞得多麽像樣。傳到西方去，被叔本華等人弄得面目全非了。

一九八六年九月四日

先生言：儒家當然是宗教。剛解放時，孔子誕生二千五百週年，我和楊先生、薛先生等五六人還在家悄悄祭奠過一回。可見孔子在解放前知識分子心目中的地位。先生言：現在是大崩潰的形勢，俞樾所謂「又是春秋戰國風」。這層意思，楊先生常常提到。我對你説此，又延續三十年。

一九八六年九月二十八日

老傅(紫顯)言：楊先生講，「《易經》的光照着一點是有好處的」。此語可深味之。

一九八六年九月三十日

先生言：清末學問可比鄭康成的有曹元弼。解放後知其爲舊學人，又和滿洲國有關，生活無着，經內部轉圜，政府乃供給生活費。曹去領，主事軍人嗟來予之。曹氣極，當場口吐白沫昏倒，次日即死。唐先生(文治)很悲痛，寫文悼念，次年亦死。楊先生亦有詩，我尚能憶起。

一九八六年十月八日

問：寫王國維，常感覺他已經到達門口了，但就是跨不出最關鍵的一步，甚爲可惜。先生言：此天意不讓王國維成。當初楊先生到最後也没有完成，但在他已至矣盡矣。我寫了這許多文章，都留着尾未成，你催我快點完成，但是我仍在觀天意。

一九八六年十月十七日

問：《參同契》一文帶回去看，可以靜一點。先生言：不，就要在此靜下來，要現在。當初在楊先生處也是如此。

一九八七年一月三十一日

先生言：楊先生的學問一路從廖季平、康有爲中出。康爲楊亡妻作傳，未知全集中還有此文否。康有爲晚年楊跟從之，曾同去茅山。一路又到章太炎處聽。此二路當時絶對不相合，但楊都知道。此外則搞宗教，氣功極好，又特别提出一部《易》來。先生言：楊晚年處境困難，生癌，得氣功後身體還是有變化。但以爲如此就没有那東西了吧，又不是。

先生言：楊先生解放後和我一起搞密宗。

一九八七年二月六日

問：《讀書》一九八七年一月，趙一凡文《哈佛教育思想》。先生言：此即孔子是政治家還是教育家的問題。我贊成是教育家。問：教育家是否即導師。先生言：是。又先生未讀此文時，已先言他在大學讀的是教育，當時和楊先生等人就在研究教育的問題，教育和政治的關係。

一九八七年三月六日

問：下午在家讀書不懂，來先生處纔看出它的精彩處，感到精神狀態不同。先生言：我自己就是這樣讀懂的，在楊、薛諸先生處得着。

一九八七年四月六日

先生言：當年我見楊先生時，楊開口第一句就是王弼、程傳一樣的。起初我不相信，後來纔知道這是對的。他把兩個時代會通了，讀《易》必須知此，方識抽象。

一九八七年四月十三日

先生日來曾言及咒語事（因陳敬容問）。當年楊先生想爲《易經》完成一個體系，同先生弄了十幾稿，最後歸結爲一組訣。如果照訣而行，最後也會有特殊感應。但是先生覺得不對，全部推翻重來，又上去了幾層。把搞出來的東西給楊看，楊最後首肯。先生言：我讀惠棟、曹元弼，一度百讀不厭，不是讀他們，而是讀自己的思想變化。

一九八七年四月十九日

先生言：楊先生曾在晚間出來和某人約好碰頭，第二天兩人會面互述所見，以此覈對。同時代這點距離的感應不算稀奇，要知禹與顔淵易地皆然之理。

一九八七年四月十九日

先生言：楊先生言，地球南北有個道理，即兩極。東西有個道理，就是中國和美國，兩頭隔太平洋緊緊挽住。上古白令海峽是通的，中斷後，中國這塊地域大發展，美國是空的。近代美國大發展，成世界中心，中國有漸空之勢。但是中美仍有關聯，中國的發展，從深圳、廣州來似不行，從蘇聯來則落後，主要還是看美國。中國古代確爲世界中心，澳大利亞人種與中國有關。現在這塊地域擺在那裏……終不行，最後仍在大陸。知道一點歷史的人，決不敢輕視中國。人類發現美洲、澳洲，不過幾百年的歷史，故全球觀念的意識有時間性。

一九八七年四月二十四日

問：杭辛齋未成，楊先生未成，到先生成了。先生笑：我亦未成。問：何時。先生言：等。

一九八七年五月八日

先生言：楊先生有時對來人隨口瞎講，和對我談的全部兩樣，當時感到很奇怪。但來人也得着東西，這就是《易》。

一九八七年五月十五日

先生言：薛先生的能量是經濟條件好，完全不操心。他是聲色場中人，當時天天在跳舞場中。楊先生條件艱苦，妻子死後，決意不再娶。但是兒子成右派，對他打擊太大，其能量全從氣功中得着。

先生言：我年輕時讀書，尚有讀書人習氣，楊先生反復吟味孔子稱許管仲之言「如其仁，如其仁」。後來閱歷漸長，纔體會到話裏的意味。

一九八七年五月十七日

盧爲收集《易經》，曾和江南的幾個易家聯繫，楊踐形等也在內。我到北京去，和他談了一個多月。

一九八七年五月三十一日

某人問：過去有人用牙牌數卜筮，極準。先生言：再巧也没有用，這是過去禪宗講的「第二樓頭」，都在别人排好的範圍内。第一樓頭是看出他如何排成這樣，自己也可以排。楊先生曾經研究過牙牌數，這裏有一套宇宙的大道理。

一九八七年六月十二日

先生言：（大意）要開放系統，楊先生去世時，我得着不少東西，薛先生去世時，我又得着不少東西。原先還不大清楚的東西一下懂了，而且六維空間的象也一下全部出來。當然自己性宫裏也要有東西，否則不會得此。

一九八七年十月七日

先生言：我見過《因是子静坐法》作者的先生顧伯叙，當時爲唐生智軍師，因促動唐反蔣并掩護過共産黨，解放后周恩來徵詢其意見，安排爲上海文史館館員。五六十年代，薛先生、楊先生、我在此處講《易》，他也一周一次在家講《安般守意經》。在湖南時曾開辦學校，收養孤苦兒童。其中有一人吴明，見其有出息，將女兒嫁給他。此人現爲湖南省委統戰部長、船山學報社社長，與我極好，注《船山愚鼓詞》也好。

一九八七年十二月二十七日

先生言：《卜筮正宗》的方法，當初楊先生分析，這裏到這裏是什麽道理，這裏到這裏是什麽道理。但我就問他最後的東西，最後使判斷準的是什麽東西？他説不上來，我於是就不願學下去了。其實判斷還是在人，最後靠的還是靈感，其他是形式。卜筮最後的判斷就是非理性主義，其他一切的一切都衹是形式。

一九八八年一月七日

先生言：初學三年，天下去得，再學三年，寸步難行，真是有這種感觸。過去聽楊先生、薛先生講，一直感到他們爲什麽不把後面的東西談出來，談出來好了。但現在自己也感覺到後面的東西不大好講。

一九八八年十一月二十日

先生言：《卜筮正宗》的關鍵是一篇《黄金策》，傳説爲劉伯温著，講五行生克。過去楊先生講過，但我不願學，因爲這一路搞下去都在自私裏。還是孔子對，看大勢，「百世可知也」，所以今天還有作用。

一九八九年八月六日

先生言：中國的地形，東西方向是水流的順逆，南北方向是氣流的寒暑，故中國一直是黄河影響長江，合成以後是西北與東南。凡順易而逆難，偉大人物可以逆走，老子的偉大在西出函谷。後天圖西北是天門，天極爲乾，東南巽爲地户，此二方向永遠衝突，但哪個最後取勝是没有的。西南是最後一次造地運動，形成喜馬拉雅山，東北是白令海峽，故西南爲坤土。白令海峽今已不可通，故艮成終成始。元是西北，清是東北，古今一模一樣。又艮陽土坤陰土，此二土合成於中，即《參同契》所云「飲刀圭」。此即後天圖的四個角，後天圖四正，震兑爲東西爲動，坎離爲南北爲静。而取坎填離，後天返先天有三法，楊先生之法爲移風易俗，想出來後夢見伏羲。薛先生之法爲第三八卦，寫成《第三八卦》，要義在同位素。

一九八九年八月十二日

先生言：《周易發蒙》主要是六龍圖。

	56	14	23
	34	25	16 楊踐形（綜）
潘四隅（比）	12	36	45

焦循（應）

比　應　比

楊先生爲綜比圖。先生概括爲六龍圖。主要爲兩象易。

又有既成萬物圖（綜爲比的一種）。

$4^3=64$ 卦，準備用於分子生物學。

「六爻發揮，旁通情也」。旁通衹講了九種，還有六種。

同位異功，剛好共六種，人情全部講完。此書爲《周易撝謙》。

三｜五　四｜上
／初－　／二－

一九八五年十月至一九八六年一月

先生論《易讚》六十四句，將《易經》整體化於此。一九六〇年寫作，楊先生當年講還可以。

一九八六年一月十二日

是日和先生一起出門。先生言，昔日與楊踐形先生春日一起步行走到西郊公園，吃了中午飯後，再走回來。

一九八六年一月二十六日

楊先生講，思想越到北方越唯物，越到南方越唯心，因爲北方苦，南方吃穿不愁。邵是周口店地方人，從河北涿縣至河南輝縣，後又搬到洛陽。三十歲繞行天下，走了一大圈，回來，不動了。周敦頤是南方人。

一九八六年二月二十三日

先生言：康熙送西人易圖，現在有外賓來，僅可送《中國歷史地圖集》。楊先生夢伏羲，至少從《漢書·藝文志》走到《史記》。任何地方你能跳一跳，就能達到伏羲！上出到這一點，可以；祇守住這一點，不行。比如解放前是有不對的地方，否則不會解放，但不對的地方不是他們説的不對。思及此，可以跳一跳。

一九八六年十一月二十三日

當時還同楊先生談，楊先生講，你從電子計算機中發現八卦。

後記

《楊踐形著作集》於二〇二二年末編成，由於種種原因，遷延未能出版。幸運的是，新發現了兩篇佚文，可以增補此集。古人云：「書有自己的命運。」不其然乎。

兩篇佚文是《課隙語序》（辛巳，一九四一）和《大學古本質言叙》（壬午，一九四二）。兩文發表的時間接近，内容也有相關性。《大學古本質言叙》牽涉比較多，試略作引述。

《大學古本質言》又作《古本大學質言》，是清代劉沅的作品，著於咸豐二年（一八五二）。劉沅（一七六七—一八五五），字止唐，號清陽居士，四川雙流縣（今四川省成都市雙流區）人。他在當地講學四十餘年，創建了槐軒學派，故又被稱「槐軒先生」，著作大多收入《槐軒全書》。

劉沅於《大學》，不取程朱改本。初著《大學恒解》，恪遵義疏古本解釋，文字簡略，未能暢所欲言。於是再著《質言》，樸實説理，期於人人可知。寫成《質言》時，劉沅八十五歲，三年後八十八歲，又更定《大學恒解》，並於該年去世。

《大學古本質言》於民國三十三年（一九四四）由中國孔聖學會重印刊行，有唐文治、沈恩孚、姚明輝、楊踐形、沈思敏叙。此書重刊時，作者去世已九十年。如果合觀劉沅原叙與唐文治等五篇叙，可以見時代的差異。討論涉及《大學》的漢宋源流，以學術而言，或後出轉精。

唐文治、沈恩孚、姚明輝，筆者在本書序中已述及。據序跋所言，沈思敏爲浙江上虞人，當時任中國孔聖學會副理事長，推動此書重印。《蔣維喬日記》稱許沈「獨自捐資辦理孔聖學會，殊爲難得」。（一九四三年五月十六日）唐文治《茹經堂文集》六編卷四，有《上虞沈君思敏〈顔子傳略〉序》。《顔子傳略》在沈輯録的《顔子言行録》中，一九四七年由孔聖學會出版。

楊叙中的追憶生平，可與《學鐸社叢書》徐璣衡序（甲子，一九二四）、楊本人《先後天卦象交變圖説》自序（癸未，一九四三）相參，作爲印證和補充。試節引如下，並略作辨析：

追憶幼時，四歲通《孝經》，五歲竟《大學》，繼以《中庸》，慨然有四聖之志。而齒日加長，學無深造，其所以内省自訟者，惟曾子之「其嚴」，子思之「如在」。是用鑽鞶微言，而有《學庸闡述》之作。

辛亥長至夜中，竟以感格玄聖，事詳姬生所作《寢謁尼山記》一文。自是大成節前後，歲以爲常。丁巳秋，與俞仲還等創設靈學會，始來滬。識馮夢華、孫玉仙於尊倉會，而孔教會姚東木尤爲忘年莫逆，因隨拜經會諸耆宿詣明倫堂誦《大學》。

拙著《大學古訓》甫脱稿，示章太炎，許其旁通《説文》，示杭辛齋，取其會通《周易》。辛酉春，與康南海、龍積之居茅山月餘，討論《學》《庸》禮樂之趣。返滬，文廟樂舞主任范隱深攜祀孔樂譜訪贈。余編《大學歌舞譜》以授盛德學生，分至祀天祀孔，習演羽籥干戚之佾。

湘洗心社張鴻藻注《大學》書成，徵序於餘，遣琴友三人來，特開放豫園歡迎之，到者皆一時名士。港孔聖會梁樹棠，濟道德會江希張，先後蒞滬會。李佳白請余講《易》尚賢堂，余以孔教代表出席國際教務聯合會，晤天師張曉初，爲侯病驥督學贛時之詩友，共論孔易《學》《庸》爲内聖外王一貫之道。

丁丑夏，國學會分設海上，金松岑約余，再來滬，復與胡樸安寄塵昆仲、蔣竹莊、徐益修、沈瓞民、錢名山、張豫泉諸老商論孔易《學》《庸》諸誼。姚明煇等邀余播音講《易》，而余主講融五社，蒙沈心老最相得契重。

「四歲通《孝經》，五歲竟《大學》，繼以《中庸》，慨然有四聖之志。」六歲讀《易》，其前有讀《孝經》（漢）、《大學》、《中庸》（宋）的基礎。四聖指孔門後學，分别是顔子（復聖）、曾子（宗聖）、子思（述聖）和孟子（亞聖）。

「其所以内省自訟者，惟曾子之『其嚴』，子思之『如在』。」要在已知反身，方可著《學庸闡述》。前句出《大學》：

「曾子曰：十目所視，十手所指，其嚴乎。」後句出《中庸》：「子曰：鬼神之爲德，其盛矣乎。視之而弗見，聽之而弗聞，體物而不可遺。使天下之人，齊明盛服，以承祭祀。洋洋乎，如在其上，如在其左右。」「如在」句，可上通《論語・八佾》：「子曰：祭如在，祭神如神在。」

「辛亥（一九一一）長至夜中，竟以感格玄聖。」此事楊踐形一再提及，應該是思想變化的契機。長至指夏至。玄聖指孔子，語出《莊子・天道》「玄聖素王之道」。大成節即孔子誕生日，以陽曆而言，當九月二十八日。

「《大學古訓》甫脱稿，示章太炎，許其旁通《説文》。」可見章太炎讀過楊書，關注偏重小學。「示杭辛齋，取其會通《周易》。」杭辛齋的關注，當然偏重《易》。章、杭所見不同，猶《系辭上》「仁者見之謂之仁，知者見之謂之知」。

「辛酉春（一九二一），與康南海、龍積之居茅山月餘，討論《學》《庸》禮樂之趣。」參見楊《先後天卦象爻變圖説》自序：「辛酉夏，與康南海住茅山月餘，暢談孔易微言，每及窮理盡性以至於命。」此言「辛酉春」，彼言「辛酉夏」，楊與康相處，蓋春夏之間。又此云《學》《庸》禮樂，彼云孔易，亦見由宋而漢，由四書而六經，並歸宗孔易。龍積之指龍澤厚（一八六〇—一九四六），廣西臨桂人，光緒優貢，曾任廣東翁源知縣。在廣州從康有爲學，爲萬木草堂學長。編有《南海先生上書記》。

其餘交往者，大體已見筆者前序。胡樸安寄塵昆仲，即胡樸安（一八七八—一九四七）、胡懷琛（一八八六—一九三八，字寄塵）兄弟。蔣竹莊即蔣維喬（一八七三—一九五八），曾任鴻英圖書館館長。查《蔣維喬日記》，有二處言及楊（一九四二年十二月二十五日，一九四五年十月二十五日），未見學術交往。徐益修即徐昂（一八七七—一九五三），江蘇南通人，深於漢易。

楊序於文末言：

余之致力於《大學》也，始有《大學闡述》，繼有《大學古訓》，至近著《大學心傳》而亦三矣。

所言三書，《大學闡述》是早年著作，應該在《學庸闡述》內。《大學古訓》，推想即呈送章、杭之本。《大學心傳》不知是否已完成。

張文江

二〇二四年十一月四日—六日

附記

林潼找來楊踐形的兩篇佚文，並協助查覈資料，江貽旭對此文亦有貢獻。

注釋

① 查閲《蔣維喬日記》，有一意外收獲，記録於此。《日記》：「一九五四年五月二十五日。是日老友無錫黄元炳（星若）無疾而終，享壽七十六歲。」筆者過去搜遍全網，未能查到黄元炳卒年，至此順利解決（參見拙稿《楊踐形先生的兩篇序》）。讀《日記》可知，從一九三〇年九月七日開始，黄長期與蔣有聯繫。二人共同研《易》，習道家功法，蔣爲其校書、出版著作，並爲其還債。如果將來有人研究黄元炳，可注意勾稽《日記》中的史料。